本书属于山东省 2016 年社会科学规划委托研究项目"绿色生活研究"（16AWTJ09）

墨子尚俭思想研究

王凯 等◎著

人民出版社

责任编辑：洪　琼

图书在版编目（CIP）数据

墨子尚俭思想研究／王凯　等著 . —北京：人民出版社，2022.6
ISBN 978 - 7 - 01 - 024167 - 8

I. ①墨⋯　II. ①王⋯　III. ①墨翟（前 468—前 376）- 哲学思想 - 研究
　IV. ① B224.5

中国版本图书馆 CIP 数据核字（2021）第 253656 号

墨子尚俭思想研究
MOZI SHANGJIAN SIXIANG YANJIU

王　凯　等　著

人 民 出 版 社 出版发行
（100706　北京市东城区隆福寺街 99 号）

北京中科印刷有限公司印刷　新华书店经销

2022 年 6 月第 1 版　2022 年 6 月北京第 1 次印刷
开本：710 毫米 ×1000 毫米 1/16　印张：17.5
字数：280 千字

ISBN 978 - 7 - 01 - 024167 - 8　定价：79.00 元

邮购地址 100706　北京市东城区隆福寺街 99 号
人民东方图书销售中心　电话（010）65250042　65289539

序

朱传棨

　　王凯在他当选连任新一届中国墨子学会副会长的同时，推出他的新著《墨子尚俭思想研究》。应该说，这部著作是他墨子研究的一项硕果。阅读这部著作的书稿后，我认为这部著作，不论就其立论主体、立场观点，还是逻辑思路和研究方法等方面看，均显示出这部著作是当前墨学研究中富有开拓性的创新佳作。

　　首先，这部著作立论主体本身就具有开拓性创新之意，关于墨子尚俭思想研究，相对诸多墨子研究著述看，为罕见之著。已存的墨子研究著作，多注重对《墨子》全书和《墨经》的"注释"、"解读"，或对其"逻辑"思想和"兼爱""非攻"作专题研究，形成专著，以及对其"尚贤""尚同"的社会政治思想、或对"耕柱"经济思想作注重研究成书。而对"节用"、"节葬"、"非乐"作深刻研究的成果较少，特别是从肯定性、积极意义视角研究这几篇的著作更为罕见。因而，我认为，王凯的这一著作，将《墨子》的"节用"、"节葬"、"非乐"等主张概括为"尚俭"思想，紧密结合墨子十大主张进行了整体性的系统研究和论述，深入发掘其历史意义和现实意义，是很有新意的。作者对尚俭思想进行历史性考据的同时，分别对先秦道家、儒家和法家的尚俭思想做了比较评述，以彰显墨子尚俭思想内涵的新颖性和特有的历史影响。

　　作者的这种开拓性的创新研究，对我们有两点最主要的启示：第一点是，对已有研究的论域和着重点有所突破，以往的研究和著述中，一些学者以消极否定性的视角分析和评判《节用》、《非乐》等诸篇中的主要思想，认为其是狭隘的小农意识的节衣缩食简单之举，责难墨子不了解音乐对培养人们良好情操的意义。其实这种观点的研究是很偏颇的，其忽视了墨子提出节用和非乐针对的主要对象和目标。第二点是，具有科学方法论的启示，从作者对墨子尚俭思想整体性的、历史的、全面系统的研究和论述中，深刻表明：一方面，对《节用》、《节葬》、《非乐》等篇的研究，既要紧密结合《兼爱》、《尚贤》、《尚同》等诸篇中的政治观和变革社会政治制度的主张，予以深刻研究；另一方面，更要紧紧结合《天志》、《耕柱》、《七患》、《法仪》等诸篇中的思想做具体研究。

墨子提出非攻、非乐、节用、节葬等政治主张，无疑是为了让平民百姓得以安居乐业、针对贵族统治者奢侈淫乐、攻伐杀掠的暴政所作的批判，喊出了平民百姓劳动者不堪忍受税赋和徭役的反抗心声，是积极的进步主张。就一定意义说，"非乐"也是"节用"的重要组成部分，但它主要是对劳动力的节用。从当时社会生产发展水平和劳动生产者的实际情况看，墨子提出"非乐"，并非是反对音乐本身，而是反对为满足贵族统治者的淫乐享受所从事的音乐活动。在墨子看来，专门为满足贵族寻欢作乐、淫荡不羁的音乐活动，必然会加重人民的负担，特别是使青壮劳动者为贵族统治的享乐而牺牲生产劳动，是应该反对和废除的。他说："统治者，为满足奢欲而制作多种乐器，将必厚措敛万民"，为了演奏众多乐器而征集大批青壮年男女，不仅使他们脱离生产劳动、损害生产，而且还要为他们供给艳衣美食，势必加重了人民的负担。墨子依据当时的战乱情势和广大民众的实际困苦情况，进一步指出，从事为统治者的音乐活动，不仅无任何益处，反而对社会的发展是极其有害的。他在《非乐》中写道："姑尝厚措敛乎万民，以为大钟、鸣鼓、琴瑟、竽笙之声。以求兴天下之利，除天下之害，而无补也。"故结论："为乐，非也！"现在看来，墨子在当时为反对贵族专制制度，积极推行变革社会政治制度的主张，而对音乐未全面分析和论述，是其缺陷，但不能由此说明他反对音乐本身。应该说，他针对贵族淫乐、放荡的腐朽习俗，有其历史的进步意义。

墨子提出的"节用"和"节葬"是他倡导兼爱利民的一个基本思想的内在组织部分，是针对统治者骄奢淫逸的腐败生活方式提出来的，并借助"天志"的名义和要求统治者改掉其恶习，要仿效古代"圣王"的生活方式。他在《节用》中指出，古"圣王"的"节用"原则，是以能否有利于人民的利益为准则的。凡是有利于人民利益的就做，无益的就不做。他说，古"圣王"的生活方式，既有"饮食之法"，又有"衣服之法"，还有"节葬之法"。我们认为，对《节用》的全面理解，必须紧密结合墨子的经济思想，就是说，墨子提出的《节用》并不是消极地缩衣节食，而是防止或制止浪费的行为，是和积极地发展生产、增强经济相结合的。所以，墨子是非常关注"强本"思想的，即加强生产、发展经济的具体要求，其中又强调农业生产的优先性，认为粮食是国中之宝。他在《七患》篇中说："凡五谷者，民之所仰也，地不可不力也，用不可不节也。"并且，他还借古贤人之名，进一步强调了注重农时、节约用粮，搞好农业生产的重要性。所以说，墨子的"节用"思想不是消极的缩衣节食之举，而是增加生产、制止浪费、崇尚节俭的导向，是具有积极意义的。墨子主张"节葬"，实际上是"节用"的一个重要方面，是"节用"中的应有之义，是对贵族统治者奉行的厚葬久丧恶俗的严厉批判。他鲜明地指责统治者奉行厚葬久丧恶俗是愚蠢之举，这是毁国害民之治。他在《节葬》篇中说："以厚葬久丧者为政"，其恶果是"国家必贫，人民必寡，刑政必乱"。因此说，墨子提出"节用"、"节葬"，是以变革社会习俗和腐败风尚为主旨的，这在当时具有进步意义和革新精神的。时至今日，墨子的这些崇尚俭约的主张，对于我们反腐倡廉、净化社会风尚、发展生产、勤俭建国仍具有现实的借鉴意义。

　　其次，作者在该著首章中就鲜明地提出："'尚俭'是实现'兼爱'的必然要求"，而且作者还认为，"尚俭"是"兼爱"的重要组成部分。这里深刻表明，"兼爱"所爱的人不是抽象的、孤立的人，而是鲜活的、现实的人。现实的人都是生存在一定的生活物质条件的社会环境中的，而且伴随着社会环境的发展而发展。爱人自然对人的生存环境和需要的物质条件给予爱心。"尚俭"就是施予这种爱心最好要求。"尚俭"是实现"兼爱"的必然要求的深层意蕴，涉及人与自然的关系如何和谐共生的哲学问题。作者在其著作的第二章第二节已作了初步阐述。但仍要做进一步分析和论述。恩格斯曾指出："人本身是自然界的产物，是在自己所处的环境中并且和这个环境一起发展起来的。"这里，一方面说明，人类起源于自然环境，依赖自然环境的生存和发展；另一方面，人的活动也改造和重塑了自然环境，自然环境永远是人类生存和发展的基本条件，但随着人类活动不断深化，其活动疆界也就进一步拓展，突破自然环境的"容忍性"，乃至导向生态危机。由此表明，人类活动应有"生态限度"。因此，有的理论研究者，以生态学研究，提出解决人与自然和谐共生的问题。他们认为，人与自然和谐共生是当代生态哲学追求的核心价值，因而要研究和确立人与自然和谐共生的"生态限度"，在这个限度内，人的物质资料的生产活动就不会破坏自然环境的平衡发展，从而使人和自然环境处于和谐共生的生态中。不过，这种见解，还只是理论上的说明，而如何具体实施还有待进一步研究。行政管理部门，则制定各种治理环境的规划、政策和举措，并积极要求有限度地开发自然环境，以实现人和自然的和谐发展。然而成效并不理想，因为人类如果不能从自身节制自己的欲望，就不可能从根本上消除潜伏着的危机和隐患。因此，大力弘扬和积极实现"崇尚节俭"思想，就可以防止和克服人们无节制的欲望，为实现人和自然的和谐共生提供坚实的思想基础和有力的保障。这是西方"人类中心主义"和"自然中心主义"长期争论而无法解决的问题。

再者，该著作最为创新研究的亮点，集中于第六章的全部内容，即关于墨子尚俭思想与当代绿色发展问题的深刻研究，既全面又系统，不仅体现了作者立足现实对墨子尚俭思想的研究，而且是具有体系性的论述。其中就尚俭与绿色经济可持续发展问题的研究，既阐明了绿色的经济模式，分析了低碳的节约集约利用问题，还论证了相应的科学监管体制保证，及多层次的社会节俭教育问题。文中进一步从生活方式的规范问题，具体地分析阐明了尚俭与当代绿色简约的诸多内容和加强践行问题。这里充分说明，作者的这种立足于当下发掘中华优秀传统文化基因的研究，是按照"创造性转化和创新性发展"的原则，对墨子尚俭思想做深刻分析、研究和阐述的。正如习近平总书记所指出："要加强对中华优秀传统文化的挖掘和阐发，使中华民族最基本的文化基因与当代文化相适应、与现代社会相协调，把跨越时空、超越国界、富有永恒魅力、具有当代价值的文化精神弘扬起来。"① 习近平总书记的这个重要指示和要求，是我们研究和传承中华优秀传统文化的理论原则和科学指导。

---

① 《习近平谈治国理政》第二卷，外文出版社 2017 年版，第 340 页。

目　　录

导　　论

春秋战国时代，墨子作为一位平民出身的杰出思想家，犹如一颗璀璨的明星，在中华大地上升起，在他的周围聚集着一群志同道合的同仁，他们顺应历史的潮流，"摩顶放踵"，奔走天下，不畏强权，倡导兼爱非攻，追求平等与和平。

《吕氏春秋》言："孔墨徒属弥众，弟子弥丰，充满天下。"（《上德篇》）据《淮南子》记载，"墨子服役者百八十人，皆可使赴火蹈刃，死不旋踵"。他们扶助贫弱，不图回报，行侠仗义，即使牺牲性命也在所不惜，甚至"无地为君，无尊为长"。在这方面，这个团队是春秋战国时期其他的学派无法与之相比的，在中国历史上也是极为罕见的。

作为一个学派，墨子及其追随者作为平民的代言人，既有鲜明的理论主张，亦有果敢的实际行动，与当时的上层社会进行抗争，为劳动人民摇旗呐喊。墨家打起的平民旗帜，让身处水深火热中的劳苦大众，在黑暗中看到了一线希望和光亮。

墨子所创立的墨家学派，是先秦百家争鸣中的一个非常活跃的学派，当时的影响很大，与儒家、道家、法家等学派一样，在中国思想史上留下了浓墨重彩的一笔。墨子把"兴天下之利，除天下之害"作为墨家学派的宗旨，提出了"兼爱"、"非攻"、"天志"、"明鬼"、"尚贤"、"尚同"、"非命"、"非乐"、"节用"、"节葬"十大主张。这些主张根植于中国传统文化深厚的土壤，对社会和历史的发展产生了极为深刻的影响。

尚俭，是墨子思想体系中的一个重要主题，是十项主张中的主要内容，同时也是墨家学说鲜明特色的突出体现。尚崇俭德，节俭节用，是中华民族悠久的历史传统，自古代原始先民始，世代传承，薪火相继，尤其是在墨子这里得到了进一步发扬光大，形成了系统的理论体系，并付诸实践。墨子的尚俭思想，是中华民族历久弥新的生存哲学和道德哲学，亦是中国古代国家治理智慧的生动表达。

墨子所处的春秋战国时期，是我国历史上社会转折的重要历史时期。由于铁器的运用、牛耕的推广，使得生产力水平有了迅速发展，井田制瓦解之后，出现了郡县制的生产方式，地主阶级和农民阶级取代了奴隶主和奴隶。随着周王室的衰落，以分封制、宗法制为标志的奴隶社会制度，开始为以专制为特征的中央集权制取代。与之相适应，导致了急剧的社会变革，旧的势力已经无力回天，旧的思想观念受到猛烈冲击。这也是一个思想空前解放的时期，知识分子著书立说成为一种风气。为了迎合现实的需要，社会上涌现出各种学派，并迅速形成了百家争鸣的局面。这些参加争鸣的学派，史称"诸子百家"，其中主要的有儒、道、墨、法、名、阴阳、兵、纵横、农、杂等家。韩非子在其《显学篇》中将墨家与儒家并称为"世之显学"，可见当时影响之大。

墨子的尚俭思想，作为他整个思想体系的重要组成部分，是与他的以"兼爱"为目标的社会理想相关联的。"兼爱"是其重要的理论基石，也是贯穿墨子思想的一条主线。尚俭思想则是"兼爱"思想的扩展，尽管儒家的思想在中国的传统意识形态中占据主导地位，但作为墨学的"兼爱"及其尚俭思想，对于中华传统文化的形成，对社会的发展发挥了不可忽视的重要作用。

为了实现"兼爱"的社会理想，墨子大力倡导节俭、节用，他的尚俭思想的形成和提出并非偶然，而是有着特定的历史根源和思想背景。勤劳尚俭是古代先民留下的朴素遗风，也是中华民族世代传承的文化和美德。作为古代朴素的节俭观念和节用意识，既是一种自然萌发的生存感知，亦是一种自觉能动的生活智慧。原始先民很早就意识到，人与天地万物有着共同的本原，遵循着共同的法则，人离不开大自然的馈赠，大自然给人类提供了能够维持和延续生存的环境资源及生活物质，这个生存环境及生活资料，是我们世世代代赖以生存和延续的基础和保障，是十分珍贵的，必须用心加以维护，不能只顾一时之利，肆意浪费。

"俭"，即节俭、节制，也包括吝惜、收敛、克制的意思。老子讲"治人事天，莫若啬"，"俭"就是"啬"。"俭"的含义既有物质层面的，也有精神层面的。在物质层面是指节约各种资源；在精神层面是指节制各种过度的欲望。墨子和老子一样，十分重视"俭"，这是他们切身的体验，能否做到尚俭，无论是对于国家治理，还是对于个体的现世生存，都具有重要的现实意义。

无论是道家还是墨家，都对当时的社会状况不满，对人民的生存处境感到焦虑。远离了自然之道，人为物所奴役，灾难必然要降临，尤其是统治者及其上层权贵，于百姓们身处与水深火热之中而不顾，贪婪奢侈，为了满足自己的私欲，不惜动用各种手段，获取财富，肆意挥霍，使社会陷于动乱。他们都提醒统治者，要效仿圣人，带头节制欲望，节俭消费，这样才能保证国家稳定，百姓心安，否则就会引发社会严重的危机。

儒家也提倡勤俭节约的精神，孔子讲"节用而爱人，使民以时"，认为节用对一个国家来说是非常重要的，因此应该节省一切用度，减少不必要的开支。而且他还做到身体力行，认为节俭可以养德，奢侈就会败德。既不要吝啬，更不要奢侈，以节俭适度最好。孟子主张"亲亲而仁民，仁民而爱物"。

韩非子不仅继承和发展了慎到、商鞅等人的思想，而且也吸取了儒、道、墨等学派的成果，提出了节俭和节制的思想主张。在讨论法治问题时，也涉及了消费问题，在消费方面他强调要节俭，反对奢侈浪费，认为统治者贪图享乐就是"养殃"，大搞奢侈消费，必遭"亡国之祸"。

在墨子的救世方案中，尚俭是其中重要的一环。墨子将尚俭视为基本的国策之一，事关国家的安危，"节俭则昌，淫逸则亡"。他在《七患》篇中总结了七种祸害国家甚至导致灭亡的灾害。

墨子的尚俭思想，首先是体现在他的"节用"主张上，他说："国家贫，则语之节用。"他讲的"节用"，是对传统礼乐制度的抵制，其目的是为了保证国家的合理有序、社会的和谐稳定。节用可以说是墨子尚俭思想的核心内容，是墨学思想体系的重要组成部分。

墨子"节用"的提出，深受古之圣王的深刻影响。墨子在建构他的思想体系时，言必称"三代"，十分推崇尧舜禹之道，赞美禹汤文武"使饥者得食，寒者得衣，劳者得息，乱者得治"（《非命下》）。墨子把节用思想寓于圣人之行，发挥示范效应，希望统治者能施行节俭治国，抵制奢靡消费，形成良好的节约风气。为了推广"节用"，墨子提出了节用之法，包括服饰之法、饮食之法、宫室之法、舟车之法、节葬之法。节用之法的内容具体详细，对于减轻国家和百姓的负担，抵制奢侈浪费行为，促进经济发展起到积极的作用。

墨子节用思想不仅体现了尚俭的道德观念，也蕴含着国家治理的智慧。我国是一个历史文化根基深厚的国家，墨子把"利国利民"作为衡量统治者是否清廉的标准，代表了劳动人民的利益诉求。在国家治理方面，墨子在制度建设、个人修养、人才选拔、吏治环境等四个方面，阐述了他的国家治理理念。在制度建设方面，墨子提出要制定一套社会规范，这样才能有法可循，才能让人们遵循规矩；在个人修养方面，墨子提出贤人的德行标准；在人才选拔方面，墨子强调重贤者和任用有才能的人；在吏治环境方面，墨子强调选拔人才应突出德才标准。墨子的这些吏治建设主张，对我们今天的国家治理、反腐倡廉以及从政者的道德建设具有多方面的启示。

　　"非乐"是墨子的十大主张之一，在《墨子》一书中占了较大的篇幅，墨子的尚俭思想是一个较为系统庞大的体系，"节用"、"非乐"、"节葬"都是尚俭思想内容的不同方面，它们之间构成了相互补充的关系。墨子在"非乐"篇中所"非"的"音乐"活动是有针对性的。

　　"非乐"，首先是针对统治阶层与音乐相关的享乐活动。墨子认为，凡事应该利国利民，可当时的音乐活动却适得其反。因为统治者及其贵族权贵们迷恋音乐享受，耽于荒淫，整日精神恍惚，无心理政，荒废了国家的治理。音乐活动耗资巨大，光是制造乐器就需要花费大量的钱财，也会占用民众大量的生产劳动时间，不利于社会生产的正常发展。因此，必须要禁止大规模的音乐活动。其次，是针对以儒家礼乐文化中的"乐"。在墨子看来儒家礼乐文化的"繁饰礼乐"，过于追求形式，并不符合节俭的原则，对百姓没有什么实际的好处，因此以"非乐"来与儒家维护礼乐文化的立场针锋相对，而与道家崇尚的无为之"乐"，虽出发点有所不同，但基本倾向是一致的。

　　"节葬"也是墨子的十大主张之一，亦是墨子尚俭思想的重要内容。墨子的"节葬"主张是推进社会进步的一项具体措施。丧葬习俗在经历了原始社会和夏、商、西周的发展后，在春秋战国时期已经基本确立，由于厚葬久丧给劳动人民带来沉重的负担，严重影响了生产的正常发展。墨子效法古圣王的节俭之道，针对当厚葬久丧的弊端，提出了"节葬"的主张，"国家贫，则语之节用、节葬"。墨子认为我们应以一种理性的方式对待死者和丧葬礼，反对丧葬礼仪方面过多的形式和巨大开销，悼念应"以哀为本"，而不需要过多伪饰的成分，这些思想表达了对死者的公正态度以及对孝道的基本看法。

　　墨子的节葬思想，不仅历史影响深远，也为我国当代的殡葬改革提供了重要启发。虽然墨子"节葬"的具体内容，是针对当时的社会现实提出来的，并不适合现代社会，但是其中所包含的尚俭精神却没有过时。尽管我们已经步入了新的更加文明的时代，但各种旧的风俗习惯依然存在，迷信的观念也并没有完全消失，厚葬现象在一些地方还比较严重。因此，墨子的节葬思想在今天仍具有重要的现实意义，为我国目前正在进行的殡葬制度改革、推广绿色丧葬、树立时代新风尚提供了珍贵的思想资源。

墨子的尚俭思想，与当代的绿色发展理念有着紧密的内在联系。自然资源的有限性与人类需求的无限性，是不可避免的矛盾。为了缓解这一矛盾，人类必须克制日益增长的欲望，减少资源的浪费。近几十年来，随着我国经济的飞速发展，资源消耗的速度是十分惊人的，也带来一些比较严重的后遗症。在此情况下我们必须保持清醒的头脑，珍惜和节约各种物质资源，在新的历史背景下，树立全新的绿色发展理念，坚持走可持续的绿色发展道路。

绿色发展理念强调的社会健康可持续的发展，绿色经济，体现了社会经济方式的深刻变革。所谓绿色经济，就是指在生产、流通、消费诸领域，通过减少资源消耗，获得最大的经济和社会收益的经济形态。

墨子的尚俭节用思想，对推进国家治理体系和治理能力现代化具有重要意义。"凡足以奉给民用则止"，在利用和消费资源时，应该做到够用则止，物尽其用。要节约集约利用资源，实现资源利用方式的根本转变。坚持可持续发展，低碳循环发展，建立绿色低碳循环发展产业体系，尤其要加快建设清洁低碳、安全高效的现代能源体系。

绿色生活，是社会生活方式的转型。继承和发扬中国节俭的优秀传统，借鉴现代国外的绿色生活实践经验，倡导简约适度、绿色低碳的生活方式，反对奢侈浪费和不合理消费，这样一种绿色的生活方式，体现的是一种新的社会发展趋势。

绿色简约生活，指的是指一种节俭、健康、环保的生活样式，是自然的生活、朴素的生活、恬淡的生活、简约的生活。如今，绿色简约生活已经成为新的时尚，人们开始用新的观念看待生活的品质，绿色服装、绿色饮食、绿色居住、绿色出行等，得到越来越多年轻人的认可。作为一种新的时尚，随之伴随的是新的绿色文化的兴起。

让我们迎接崭新的时代，走进绿色简约的生活。

第一章　墨子及其社会理想

墨子是我国古代杰出的思想家之一，他所创立的墨家学派是先秦百家争鸣中的一个重要学派，墨子及其墨家在中国历史上占据显著位置，他把"兴天下之利，除天下之害"定为墨家学派的宗旨。其一切主要主张，如"兼爱"、"非攻"、"尚贤"、"尚同"、"节用"、"节葬"、"非命"、"非乐"等都是以这个宗旨为出发点的，墨子以其独到的见解和鲜明的主张，对中国社会和历史文化的发展产生了极其深远的影响。墨子在诸篇中系统阐述了他的以兼爱为中心的尚俭思想，历代思想家对其给予高度评价。尚崇俭德，节俭节用，薪火相继，世代传承，既是中华民族历久弥新的生存哲学和道德哲学，亦是国家治理智慧的生动体现，对当代社会的建设和发展也具有重要的启示意义。

第一节　墨子的身世与背景

墨子尚俭思想的提出，有着特定的社会历史背景和思想根源，也与他的平民身世及社会实践密切相关。

春秋战国时代，是一个动乱的年代，墨子作为一位平民出身的思想家，目睹了当时的社会现实，同情劳动人民的悲惨的生存境况，为百姓奔走呼号，举旗呐喊。墨子与他的同仁们，打出兼爱非攻的旗帜，为天下百姓谋利，提倡平等、和平、博爱。"这种兼具高层次的思想与果敢行动的集团，在中国文化历史上是绝无仅有的"（日本著名墨学专家渡边卓语），正因为如此，他们和当时的儒家学派一起形成了先秦时期名扬天下的儒墨显学。墨家打起的平民旗帜、提出的主张，让广大劳动人民在黑暗中看到了希望。

墨子，名翟，墨家学说的创始人，春秋末战国初期鲁国人。①

据童书业、张知寒等著名学者的考证，墨子出生于山东滕州，这里曾经属于"小邾国"，并与夏后氏之祀的杞国相邻。《左传·僖公二十三年》说："杞，东夷也。"所以杞国就是墨子故里的近邻。

墨子虽然创立了影响很大的墨家学派，但史书中关于他生平的记载却寥寥无几。司马迁并未单独给他作传，而只在《史记·孟子荀卿列传》中简略提及，"盖墨翟，宋之大夫，善守御，为节用。或曰并孔子时，或曰在其后。"这就使得后人只能根据有限的文献材料，对墨子的生卒年月和里籍进行推测。

关于墨子的生卒年月，梁启超认为大致为公元前463年—前385年（前后误差为5年）。②胡适认为，墨子大约生于公元前500年—前490年，死于前425年—前416年。钱穆认为墨子约生于前479年，卒于前394年。③侯外庐等把墨子的生卒年月限定在公元前490年—前403年。④任继愈认为墨子大约生于公元前480年，死于公元前420年。⑤各家说法不一，前后误差大约为30年，虽然具体的年月没有确切的结论，但他们的研究为我们大致勾勒出了墨子的生活年代，使我们的研究有所依据。这里我还是根据任继愈先生的考证，把墨子的生卒定为公元前480

---

① 关于墨子名氏、里籍、生卒年，学界争论较大，本书采用比较公认的孙诒让的说法。孙诒让撰：《墨子间诂·墨子年表》，中华书局2001年版，第692—706页。
② 顾颉刚：《古史辨》（四），上海古籍出版社1983年版，第249—252页。
③ 顾颉刚：《古史辨》（四），上海古籍出版社1983年版，第272—278页。
④ 侯外庐等：《中国思想史》（第一卷），人民出版社1957年版，第192页。
⑤ 任继愈：《墨子与墨家》，商务印书馆1998年版，第12页。

年—前 420 年。

关于墨子，由《墨子·贵义》中墨子游说楚国，我们可知，墨子出身于社会的下层，被楚惠王和穆贺称为"贱人"。

墨子是一个地地道道的草根，在《墨子》书中，也可以看出他对"草"有一种特殊的情结。据《墨子》的《贵义》篇记载，墨子南游于楚的时候，楚国的君臣都对墨子的出身颇有微词："子之言成善矣，而君王，天下之大王也，无乃曰：'贱人之所为而不用乎？'"墨子立即回答："唯其可行。譬若药然：天子食之以顺其疾，岂曰一草之本而不食哉？今农夫其税于大人，大人为酒醴粢盛，以祭上帝鬼神，岂曰贱人之所为而不享哉？故虽贱人也，上比之药，曾不若一草一木乎？""汤曰：'今有药于此，食之则耳加聪、目加明，则吾必说而食之。'"

对于墨子的这种"草根"出身与意识，杨义曾经结合墨子的出生地有过专门的考证，他在《墨子还原》一书中就说：墨学作为草根显学有四重含义："贱人相对于士君子为草根，民间相对于官方为草根，边鄙相对于主邑为草根，东夷相对于华夏为草根。""草根之学在本质上是实干派，是脚踏实地的。"

这种分析的确是符合墨子与墨家学派实际的。不仅今存的《墨子》书中有大量的论述可以印证，而且在《墨子》的佚文中同样有相同的表述：《艺文类聚》卷六《地部》引墨子佚文有："禽子问：'天与地孰仁？'墨子曰：'翟以为地为仁。泰山之上则封禅焉，培塿之侧生松柏，下生黍苗菀蒲，水生鼋鼍龟鱼，民依焉、食焉、家焉、死焉，地终不责焉。故翟以地为仁。'"在墨子前后的时代，中国人的观念中一般都是以天为大、为仁。但作为草根思想家的墨子却是以地为仁，其理由就是：普天下之民能够以此"衣、家、死"，总之从生到死都与之息息相关。这就是典型的草根意识。

墨子早年亲自参加生产劳动，熟悉生产知识，因此可以在其著作中常对生产劳动者的日用技艺近取譬喻。他的门徒也大都是农民、小私有者和手工业工匠，相互协作，劳作于城市手工业的行伍中间。他们的社会地位和社会经历，使他们更加了解和同情劳动人民的疾苦，思想也更接近于广大民众。所以墨子提出"赖其力者生，不赖其力者不生"，如果想要生存，就必须从事生产劳动，反对上层寄生性的生活，认为只有从事生产，国家才会富裕，人们才会富足。如果这是"开源"，那么"节用"就是"节流"。倘若"国家去其无用之费"，即对已经生产出来的财富有节制地使用，这样可使"民德不劳，其兴利多矣"。任何事只要对百姓有利，就可以施行，无利则止。"仁之事者，必务求兴天下之利，除天下之害，将以为法乎天下，利人乎即为，不利人乎即止"（墨子·非乐）。所以百害而无一利的厚葬久丧自然受到墨子的强烈反对。

墨子还曾系统地学习过儒家文化，但因其"礼烦扰而不悦"，认为其"厚葬靡财而贫民，久服伤生而害事"（《淮南子》），所以最终成为儒家的反对者。

对于墨子的出身，史料文献记载较少，学术界也是"见仁见智"。有学者认为墨子出身士这一阶层，代表了小生产者的物质利益观。还有的学者认为他是工匠或农业等手工业者。

梁启超在《墨子学案》中称"墨子始终是个平民，没有做过官的"。墨子也多次自称"贱人"（《墨子·贵义》），"鄙人"（《吕氏春秋·爱类》），虽有自谦的成分，却也有实指之意。他南游到楚国宣扬自己的学说，楚国的穆贺说他的学说是"贱人之所为"，国君有可能不采用。在当时，"贱人"指的范围比较广，有农夫，"今农夫入其税于大人，大人为酒醴粢盛以祭上帝鬼神。岂曰贱人之所为而不享哉？"（《贵义》）有奴仆，"彭氏之子曰，伊尹，天下贱人也。"（《贵义》）还包括商人。以上这些统称为"贱人"，也即梁氏所说的"平民"。

从《墨子》一书中可以看出，墨子的叙述言谈离不开百工耕织之事，这表明他对下层百姓的生活极为熟悉。《鲁问》《备城门》中记载他不仅精通制造机械，而且擅长兵器。墨子出身平民，遂"在经济、政治、伦理、教育等方面皆是从平民之角度着眼"。[1] 这一说法虽有些简单化，但还是有一定道理的。

关于墨子的出身，现有文献不多，《史记·孟子荀卿列传》中有记载："墨翟，宋之大夫。"郭象在《庄子注》：中说"墨翟，宋大夫"。《汉书·艺文志》中也讲道："墨子，名翟，为宋大夫。"

"大夫"在春秋战国时期是属于"士"阶层的，他们凭借自己所拥有的知识为社会服务，从而获得必需的生活资本。任继愈认为："墨子是手工业出身的士。""墨子后来完全脱离了直接劳动，加入士的行列，从事教育和游说活动。""墨子出身于城市手工业师傅，行会的生活使他的等级观念比之普通百姓更为强烈。"[2]"士"为某一个阶级服务，也具有一定的知识和特长，墨子本人也承认自己是"贱人"，是小生产者的代言人（《墨子·贵义》）。他曾经做过造车的工匠，《墨子·鲁问》中记载了一段墨子出游的经历：子墨子南游使卫，关中载书甚多。弦唐子见而怪之，曰："吾夫子教公尚过曰：'揣曲直而矣'。今夫子载书甚多，何有也？"子墨子曰："昔者周公旦朝读书百篇，夕见于七十士。故周公旦佐相天子，其修至于此。今翟上无君上之事，下无耕农之难，吾安敢废此。"这里可以看出，墨子当时已不直接参与劳动生产，而是致力于读书、游说之事，属于"士"这一阶层。也正是因为如此，墨子才会提出以"兼相爱，交相利"为纲领的十大主张，为下层百姓伸张权利，呼唤明君贤臣。

墨子所处的春秋战国时期，是我国由奴隶社会向封建社会过渡的重要历史时期。在经济方面，由于铁器、牛耕推广，生产力迅速提高，井

---

① 孙中原：《墨学通论》，辽宁教育出版社1993年版，转引自何绍明、田小中：《墨子平民思想探析》，《蒙自师范高等专科学校学报》2002年第3期。

② 任继愈：《中国哲学发展史（先秦）》，人民出版社1983年版，第207、222页。

田制瓦解，出现了郡县制的生产方式，形成地主阶级和农民阶级，出现了独立经营的手工业者和商人。在政治方面，周王室衰微，"征伐自诸侯"，世卿世禄制为军功制取代，以分封制、宗法制为主要内容的奴隶社会政治制度为专制主义的中央集权制度取代。在思想文化方面，出现了我国历史上第一次思想上的解放，旧的思想观念受到冲击，对人的重视在社会上普及开来，学在官府的局面被打破，私人讲学开始流行，学者个人著书立说成为风气。为适应各种政治派别的现实需要，社会上出现了各种学派，并迅速形成百家争鸣的局面。在军事方面，诸侯国在争霸称雄的战争中，在政治、经济、军事方面推行改革，富国强兵，这在客观上有利于帝制因素的成长，加速了新旧体制的更替过程。在思想文化方面，出现了"百家争鸣"的局面。参加争鸣的各派，史称为"诸子百家"。其中主要的有儒、道、墨、法、名、阴阳、兵、纵横、农、杂等家。在思想领域影响最大的是前四家，其中墨家和儒家有并称显学的说法。

第二节　《墨子》其书

《墨子》一书是墨家学派留下的经典文本。

据《汉书·艺文志》载《墨子》有71篇，现存只有53篇，已亡佚18篇。其中《节用下》、《节葬》上中、《明鬼》上中、《非乐》中下、《非儒上》有存目，其他10篇并目亦亡。

关于《墨子》一书的作者，一般认为先秦子书均非一人完成，实际是一家一派的总集，《墨子》也不例外，《四库全书总目提要》说其是"门人之言，非所自著"。学者们一般采用分类的方法，对墨子全书进行研究，因分类依据不同，分类方法也不尽相同。胡适在《中国哲学史大纲》

中将全书分为五组（这种分类方法影响较大），第一组，自《亲士》到《三辩》共7篇，这组争论最大，有的学者认为是伪作，有的认为是早期墨家思想的一般论述；第二组，从《尚贤》到《非儒》共24篇，大致认为是墨子思想的精华所在，其中有墨子学说也有后人添加的材料；第三组，有《经》上下、《经说》上下、《大取》、《小取》6篇，或认为是别墨所作，或认为是墨家门徒所作；第四组，包括《耕柱》、《贵义》、《公孟》、《鲁问》、《公输》5篇，是对墨子言行的记载，可能是墨子的弟子所作；第五组，自《备城门》至《杂守》共11篇，是关于墨家守城备敌和兵法的记载。

这五部分，虽有的是墨子所作，有的是墨家门徒的整理记录或增益，有的是后人的窜改、讹误，但大致上勾画出了墨子的思想体系，是我们研究墨子的第一手资料。

墨子的社会思想，主要贯穿于《兼爱》、《非攻》、《尚贤》、《尚同》、《节用》、《节葬》、《非乐》、《非命》、《天志》、《明鬼》10篇中，其中"兼爱"意在打破人与人之间原有的贵贱、贫富差距，代之以新的平等关系，达到一种"兼相爱"的理想状态；"非攻"反对劳民伤财，坚决制止不义之战，在和平的解决国家矛盾、减轻人民的痛苦方面发挥了相当的作用；"尚贤"、"尚同"是其政治思想总结，要求打破旧的贵贱等级制度，选贤者而任之；"非命"、"天志"、"明鬼"是墨子在宗教信仰上的主张，说的是天、鬼对人的监督和义务以及人对天命的否定态度；"节用"、"节葬"、"非乐"是其经济学说的反映，墨子要求"兴天下之利"，积极地改善人民的生活处境，这必然要节约物质财富，其中"非乐"把满足人民最基本的物质需求放在首位，反对淫乐；"节葬"则把人之现实生存视为重中之重，反对在丧葬仪式上过分铺张浪费。

韩非子在其《显学篇》中将墨家与儒家并称为"世之显学"，可见墨家在当时的影响之大。作为墨家创始人的墨子"无爵位以显人，无赏禄以利人"，"盛誉流于北方，义声振于楚越"（《吕氏春秋·当染》），难怪墨子的弟子们声称："天下无人，墨子之言犹在。"墨子的思想包容甚广，涉及哲学、军事、经济、科学等诸多方面，梁启超在《子墨子学说》中认为墨家的社会思想主要有：兼爱、非攻、尚贤、尚同、节用、节葬、非命、天志、明鬼、非乐等 10 项。

第三节　墨子的"兼爱"与尚俭

墨子的尚俭思想，是他整个思想体系的重要组成部分，与他的以兼爱为目标的社会理想密切相连。

与道家一样，墨家和儒家也都是作为春秋战国时代的显学，墨子作为墨家学派的创始人，其思想学说在当时极具感召力和影响力。《吕氏春秋·当染》篇记载墨子"盛誉流于北方，义声振于楚越"。墨子的弟子也声称："天下无人，墨子之言犹在。"由此可见，墨子及其思想影响和传播很广。在墨子的全部思想和论说中，"兼爱"思想是其重要的理论基础，是其思想体系的主旨和核心，也是贯穿墨子思想始终的一条主线。其尚俭思想也是"兼爱"思想的扩展，正如孙中山先生所言：古时最讲"爱"字的莫过于墨子。尽管儒家的仁爱思想在中国的传统文化中占据主导地位，被统治者所推崇，但墨学的"兼相爱，交相利"思想，在民族思想发展以及广大平民阶层中始终没有中断，也对社会的稳定发挥了积极的作用。

一、"兼爱"的提出

在先秦的诸多思想流派中，墨家学派之所以能够成为与儒家并称的

"显学"，并且在当时影响巨大，独树一帜，主要是因为建立了以"兼爱"为核心的成熟完整的思想体系。墨家的"兼爱"思想不仅是一种道德诉求，更是作为整个思想体系以及尚俭思想的基础。

春秋战国时期，是中国历史上由奴隶制向封建制转型的时期，是一个社会大动荡、大变革的时代。在这一历史时期，周王朝势力日渐衰微，已经无力维护大一统的局面。因诸侯争霸、贵族倾轧导致战火连绵、民不聊生、纲纪废弛、礼崩乐坏。动荡的社会局势使处于社会下层的庶民、奴隶等饱受战争的蹂躏，处在水深火热之中。

因急剧的社会变化，原本就缺乏稳固的社会构成遇到冲击和挑战，从而进入社会制度的转型期。在这个变革时期，旧的多元性质的宗法制度开始崩溃，一元性质的郡县制度开始萌动。由于冶炼的进步和推广，铁制工具的大量使用，社会生产力得到显著提高，手工业获得迅猛发展。经济、社会的变动使地域的闭锁发生了变动，生产力的提高使氏族共同体的基业开始解体。随着商品的进一步流通，商业也日益发展起来。这些都为文化和学术的发展提供了经济基础，也为理性的发育创造了良好的社会环境。知识分子获得了相对自由的言论空间，特定的社会环境为各家思想的建立提供了土壤和契机，终于形成了中国历史上难得一见的"百家争鸣"格局，诸子之争，造就了空前的学术繁荣，也为中国传统文化思想的成熟和发展奠定了坚实的基础。

在这一时期，战乱纷飞，各诸侯国进行着大大小小的兼并战争，给广大人民尤其是处于社会底层的劳动者带来巨大的灾难，人们过着"衣不遮体，食不果腹"的生活。墨子目睹了诸侯争霸给广大劳动人民带来的无穷灾难。频繁的战争消耗了大量的人力、物力，极大地破坏了生产力。当时的战争规模也愈来愈大，动辄十数万人，"久者数岁，速者数月"（《墨子·非攻下》），由于征途遥远，粮食接济不上，"厮役以此，饥寒冻馁疾病而转死沟壑中者，不可胜计也。"（《墨子·非攻下》）"今攻三里之城，七里之郭"，"杀人多必数于万，寡必数于千"（《墨子·非攻中》）。墨子控诉兼并战争："当今之时，天下之害孰为大？曰：大国之攻小国也。大家之乱小家也。强之劫弱，众之暴寡，诈之谋愚，贵之傲贱。此天下之害也。"（《墨子·兼爱下》）他在《墨子·非攻下》中感慨道："繁为攻伐，此实天下之巨害也。"也正如孟子所言："春秋无义战。"（《孟子·尽心下》）

战乱不仅给百姓的生活带来了深重的灾难，也阻碍了社会的和谐与稳定，因此，在这一社会背景下，以墨子为代表的墨家学说应运而生，旗帜鲜明地提出了兼爱的口号，号召人们燃起爱心，人人相爱，一视同仁，大力伸张社会公平和正义。

墨子出身于工匠家庭，长期生活在社会底层。作为小私有劳动者和平民中的一员，墨子目睹了血腥的战乱，亲身经历了底层百姓生活的困顿和艰辛，深切感受到了当时统治者对劳动人民的压迫和残暴，"饥者不得食，寒者不得衣，劳者不得息"[1]。是当时底层百姓生存面临的实际困境。

墨子是一位十分关注民生问题的思想家，社会底层的小生产者的生存权问题成为墨子最为关注的问题。墨子所处的社会地位和当时的社会现状，使他对社会的黑暗有着敏锐的感受和深刻的体认。他从身处社会底层的小生产者的利益出发，提出了一系列维护劳动者利益的思想，成为社会下层劳动者的代言人。

他的思想中含有反对贵族统治，反对诸侯争霸，渴望稳定有序的社会秩序的内容；同时，他关注平民的劳动者的社会经济生活，渴望改变自身的社会地位，反对传统的周礼和宗法制度。他为广大劳动人民摇旗呐喊，替百姓呼唤贤明的君主，宣扬兼爱互利，倡导和平相处。他创立

---

[1] 孙诒让：《墨子间诂·非乐上第三十二》，中华书局 2001 年版，第 251 页。

的学说，思想深刻，内容丰富，尤其是偏重于实用，用今天的话来说就是很接地气。

在墨子的思想中，既含有反对贵族统治、诸侯争霸，渴望稳定有序的社会秩序的内容；也包括提倡节俭节用，倡导无等级、无差别的兼爱，关注平民劳动者的社会生活，敬天信鬼神等内容。在先秦诸子中，墨子的思想可谓独树一帜，除了"兼爱"、"非攻"，还有"尚贤"、"尚同"、"节用"、"节葬"、"天志"、"明鬼"、"非乐"、"非命"等主张，这些都是围绕"兼爱"思想的拓展和延伸，与"兼爱"有着紧密的联系。

韩非子在《韩非子·显学》中曾说："世之显学，儒、墨也。儒之所至，孔丘也。墨之所至，墨翟也。"[①] 平民出身的墨子，他做过工匠，尤其擅长机械制作，时常称自己为"鄙人"、"贱人"。在战乱纷争的年代，墨子提出"兼爱"的思想，主张人人都有爱人之心，人与人之间要互利互惠，反对奢侈浪费，他认为社会财富来之不易，要懂得节约和爱惜。这些思想主要是站在平民的立场上提出来的，在当时是不被统治阶级所接受的，但是却深得广大的平民的民心，墨学也因此成为流行的显学，与道学、儒学并立。由此可见，墨子的思想与他的下层出身背景密切相关，有着深厚的平民基础和独特的风格样式。

二、"兼爱"的内涵

1."兼爱"是平等之爱

众所周知，兼爱是墨子思想的核心，是墨家学说体系的主线，也是把握墨学理论的关键所在。梁启超先生在《墨子学案》中认为："墨学所标纲领，虽有十条，其实只从一个根本观念出来，就是兼爱。孟子说：

---

① 胡子宗、李权兴：《墨子思想研究》，人民出版社 2007 年版，第 59 页。

'墨子兼爱，摩顶放踵利天下为之。'这两句话实可以包括全部墨子。"①
邢昺在《尔雅疏》中引《尸子广泽》篇时说："墨子贵兼。"何为"兼"？
许慎《说文解字》曰："兼，并也"②，具有平等的含义。墨子认为"兼则
善矣"③，"天下爱人利人者"为"兼"。

墨子讲的爱是关爱，即关心、爱护。兼爱，就是要平等地相互关
爱，重点强调的是要像对待自己那样来对待他人的。《墨子·兼爱中》说：
"视人之国若视其国，视人之家若视其家，视人之身若视其身。"就是讲
要像对待自己的国家那样来对待别的国家，要像对待自己的家庭那样来
对待别人的家庭，要像对待自己那样来对待他人。

墨子提出的"兼爱"，从一开始就在诸子中引起争议，甚至遭到非
议。例如孟子就曾经批评墨子的兼爱是"无父"，是"禽兽"（《孟子·滕
文公下》)，这实际上是误解了墨子的本意，是把墨家思想与儒家思想对
立起来，以此压制墨家思想的影响和传播。

事实上，墨家的"兼爱"并非是"无父"，更非是"禽兽"，因为正
相反，墨家也是讲父母之爱、亲情之爱的，也倡导儿女对父母双亲的孝
敬，《墨子·经上》说："孝，利亲也。""孝：以亲为芬，而能利之，不
必得。"对父母双亲的孝敬是儿女的应尽责任和义务，所以做儿女的应
尽自己的能力来做对父母有益的事情，而并不需要得到什么样的回报。
"兼爱"之"兼"也包含有整体、全部的意思。墨子的"兼爱"和"尽爱"、
"俱爱"、"周爱"等都是相通的。"兼爱"强调要把"爱"推广到各个层
面，《墨子·小取》说："'爱人'，待周爱人而后'爱人'；'不爱人'，不
待周不爱人：失周爱，因谓'不爱人'矣。"说"爱人"，必须周遍地爱
所有人才可以这么说；说"不爱人"，不依赖于周遍地不爱所有的人：没

---

① 梁启超：《墨子学案》，商务印书馆 1923 年版，第 15 页。

② 胡子宗、李权兴：《墨子思想研究》，人民出版社 2007 年版，第 448 页。

③ 孙诒让：《墨子间诂·兼爱中第十五》，中华书局 2001 年版，第 102 页。

有做到周遍地爱所有的人，因此就可以说是"不爱人"了。可见，墨子讲的"兼爱"是要求爱所有的人，是没有区别、没有偏见的爱，不能对爱的对象进行有意的选择，有选择的爱就不是"兼爱"。

总的来说，墨家的"兼爱"不但要平等地爱人，而且要平等地爱所有的人，只要人家有需求，你就应该一视同仁地去帮助他，毫无区别地去关爱他，没有远近地域之分，也没有亲疏贵贱之分。

2."兼爱"是爱人如己

墨子之所以讲爱，是因为他看到人间缺少爱。天下之所以产生祸乱，其根源在于"不相爱"。君臣、父子、兄弟互不相爱，故损人以利己；盗贼只爱其室而不爱异室，故窃人以利己；大夫各爱其家而不爱异家，故乱异家以利其家；诸侯各爱其国而不爱异国，故攻异国以利其国。消除祸乱、治理天下的办法就是"使天下兼相爱，爱人若爱其身"①。墨子还说："厚不外己""爱无厚薄""爱人不外己，己在所爱之中。己在所爱，爱加于己。伦列之，爱己，爱人也。"（《大取第四十四》）厚爱别人并不是不爱自己，爱别人与爱自己，要没有厚薄的区分。爱别人并非不爱自己，自己也在所爱之中。自己既在所爱之中，爱也加于自己。无差等的爱自己，也就是爱人。这就是说，无等差的爱己就是爱人，从而也就达到了兼爱。墨子提倡兼爱，要求人人互爱互助，抛却身份等级和富贵贫困的差异，爱人如己，体现出平等、博爱的人生观。可见，墨子的"兼爱"思想与儒家的血缘之爱是不同的，更具有朴素的平等思想和人本意识。他把爱的主体对象进行换位，"兼爱"的主体对象是地位低下的平民百姓，而不是以上层贵族作为对象，更加凸显出"兼爱"思想的公平、平等。孙中山先生认为，墨子是拯救民族于生死存亡之际，拯救

---

① 孙诒让：《墨子间诂·兼爱上第十四》，中华书局 2001 年版，第 99 页。

百姓于水深火热之中，他继承和借鉴墨子的"兼爱"思想，在新的历史时期提出构建民主社会的设想，主张建立"大同社会"。

自古以来，儒家的"安家治国平天下"，成为无数仁人志士不断追求和奋斗的目标，他们为了实现这一抱负，不断地寻找着可以"安家治国平天下"的道路，他们有的寒窗苦读，积极入仕；有的征战沙场，建功立业；凭借自己的智慧和胆略辅佐君王，以此来实现自己的人生价值，渴望安家治国平天下的最高理想的最终实现。但是，他们作出的这些努力却始终未能实现"安家治国平天下"的理想，因为大多是被统治者所利用，他们为了自己或者国家的利益依然发动战争，社会从来就没有长期安定过。因为他们没有"兼爱"的思想，墨子的"兼爱"思想要求人们"爱人如己"，这不仅是解决社会矛盾和祸乱的最佳途径，也是实现"安家治国平天下"的更高境界。

3. "兼爱"是兼以易别

墨子讲的"兼爱"，虽然是无差等的平等之爱，但并不是盲目的乱爱，"兼爱"思想是建立在实际利益上的，具有互利性和原则性。墨学所讲的利益原则并不是谋求自己的私利，而是一种公利，即社会中广大劳动群众的利益，是一种普遍化、最大化的社会利益。"仁人之所以为事者，必兴天下之利，除去天下之害，以此为事者也。"[1] 墨子认为，天下正义在于公利，为天下兴利除害是治理好国家的根本对策。"兼爱"提倡人与人之间的平等博爱，要有爱人之心，但是对于有害的人或者事物，要进行消除和摒弃。天下之人不相爱而相贼，必然导致君臣不惠忠，父子不慈孝，兄弟不和调，消除这些祸患和怨恨最有效的方法就是推行"兼爱"。"兼相爱，交相利"，强调了人与人之间的平等，提出了

---

① 《墨子间诂·兼爱中第十五》，中华书局 2001 年版，第 100 页。

无差别、无等级的兼爱观，要求人与人之间互爱互助，不损人利己，不唯利是图，没有自私自利的弊病，实现强不执弱，众不劫寡，富不辱贫，贵不敖贱，诈不欺愚的和谐局面。墨子所提倡的是一种不分亲疏贵贱，普遍平等、互助互爱的思想，这与我们今天倡导的"与人方便，与己方便"、"互惠互利，合作双赢"等理念从根本上是一致的。

墨子认为"兼"和"别"是相对的。爱人、利人的，会被称为"兼"；恶人、贼人的，则被称为"别"。"分名乎天下爱人而利人者，别与？兼与？即必曰兼也"，"分名乎天下恶人而贼人者，兼与？别与？即必曰别也。"①

"兼"是兴盛天下利益的根本，是公正的、平等的；"别"是制造天下祸乱的根源，是不公正的、不平等的。因此，墨子提出了"兼以易别"、"以兼为正"、"别非而兼是"的观点。即使是反对"兼"的人，在自己遇到困难的时候，也会向实行"兼"的人寻求帮助，而不是向赞成"别"的人寻求。"为人君必惠，为人臣必忠，为人父必慈，为人子必孝，为人兄必友，为人弟必悌。故君子莫若欲为惠君、忠臣、慈父、孝子、友兄、悌弟，当若兼之不可不行也。"②

在墨子看来，爱、利、仁、义，这四者是不可分开的。"兼爱"具有互利性，"兼而爱之"就相当于"从而利之"，实行兼爱才能得到利益的最大化。"兼即仁矣，义矣。"③ 在墨家思想中，利与义是一致的，重利就是贵义。《墨子·经上》篇记载："义，利也。""利所得而喜也。""害所得而恶也。"就是说，人们会因得到利益而欢喜，得到害处而厌恶。

应该说，关于爱、利、仁、义，在先秦诸子中，墨子谈得是比较多的，也是很深刻的，他最早批评了"仁内义外"的学说。《经说下》篇记载：

---

① 《墨子间诂·兼爱下第十六》，中华书局 2001 年版，第 124 页。
② 《墨子间诂·兼爱下第十六》，中华书局 2001 年版，第 126 页。
③ 《墨子间诂·兼爱下第十六》，中华书局 2001 年版，第 119 页。

"仁，爱也。义，利也。爱利，此也。所爱所利，彼也。爱利不相为内外，所爱利亦不相为内外。其为：仁，内也。义，外也，举爱与所利也，是狂举也。"① 对于"利"、"义"的关系问题，儒家和墨家的观点是不同的，儒家重义轻利，甚至把义和利对立起来，孔子说"君子喻于义，小人喻于利"。② 也就是说义重于利，他们把"谋利"看成是一种小人的行为。

孔子看重的是仁和义，对"仁"、"义"与"利"进行了严格的区分，在他看来，人之所以为人，就是要行仁行义，而是不谋利。

4."兼爱"的民本思想

墨子的"兼爱"学说，明显蕴含着民本主义的思想。

首先，"兼爱"学说肯定所有人在人格上是平等的，这种平等是取决于天意，是由天的意志来决定的。承认人与人的平等是实现兼相爱的前提，墨子认为即使是君王也应该与平民百姓是平等的，因为"官无常贵，民无终贱"。③"杀人者死，伤人者刑"，就是体现了人与人在法制上的平等。

其次，"兼爱"学说肯定人性是应该得到对等回报的。如《墨子·兼爱下》曰："投我以桃，报之以李，即此言人者必见爱，而恶人者必见恶也。"④ 对等互报本身也是一种平等观，墨子"兼爱"思想中的平等观念，体现出了人与人之间互动的相爱和谐关系，这也是民本思想的体现。通过人与人之间的信任和沟通，建立一种亲切良好的人际关系，大家都能平等友好地相处，这样就可以减少或消除一些破坏性的冲突，使大家都能在满足"自爱"的同时又能"爱人"，都能实个体的合理利益需求，

① 孙诒让：《墨子间诂·经说下第四十三》，中华书局2001年版，第391页。
② 杨伯峻译注：《论语译注·里仁篇》，中华书局2009年版，第38页。
③ 孙诒让：《墨子间诂·尚贤上第八》，中华书局2001年版，第46页。
④ 孙诒让：《墨子间诂·兼爱下第十六》，中华书局2001年版，第124页。

这样既符合人的自然本性，又符合社会的道德规范，社会也才能和谐安定。

"夫爱人者，人亦从而爱之；利人者，人亦从而利之。"①唯有恪守这样的观念才能达到"视人之国若视其国，视人之家若视其家，视人之身若视其身"（《墨子·兼爱中》，才能实现让百姓成为"兼士"、君主成为"兼君"。

再次，"兼爱"学说肯定了君王的积极作用，这也是民本思想的体现。墨子的"兼爱"虽然讲平等，但并不否定和反对君主的合法存在，相反，在墨子看来，社会需要君主，君主的作用也是很大的，社会的现状如何，直接与君主密切相关，但社会需要的不是庸君，而是贤明的君主，那么，什么是贤君呢？就是懂得和推广"兼爱"精神，这是实现和谐社会的重要条件。

> 昔者晋文公好士之恶衣，故文公之臣皆牂羊之裘，韦以带剑，练帛之冠，入以见于君，出以践于朝。是其故何也？君说之，故臣为之也。昔者楚灵王好士细要，故灵王之臣皆以一饭为节，胁息然后带，扶墙然后起，比期年，朝有黧黑之色。是其故何也？君说之，故臣能之也。……②

晋文公喜欢臣子穿简陋的衣服，所以他的臣子为了迎合他的喜好都穿羊皮衣裳，楚灵王喜欢细腰的人，所以他的臣子每天都只吃一顿饭，屏气束紧腰带，以此来讨得君王的欢心。墨子通过晋文公好士之恶衣和楚灵王好士细腰两个事例，来表达"君说之，故臣能之也"这样上行下

---

① 孙诒让：《墨子间诂·兼爱中第十五》，中华书局 2001 年版，第 105 页。
② 孙诒让：《墨子间诂·兼爱中第十五》，中华书局 2001 年版，第 103 页。

效的良好效果。墨子认为，只要君王喜欢"兼爱"，并能够带头支持"兼爱"，则"兼爱"精神就很容易被接受和推广实行。因此，一个贤明的君王对于推广和实施"兼爱"思想，所发挥的能量是不可低估的。从这里也可以看出，上行下效是一种非常重要的措施和手段，要想推行"兼相爱，交相利"的观念，维护社会的稳定和发展，就需要开明、贤明的君主，需要具有民本思想倾向的君主。

然而，这毕竟只是美好的愿望而已，一方面，开明的君王并不是百姓选择的；另一方面，"兼爱"的思想在当时社会从根本上说是不符合统治者的利益的，因此，这一思想不可能真正为统治者所接受，"兼爱"以及天下和谐的理想也就不可能得以实现。尽管历史上也有一些贤君、明君，他们也带有一定民本思想的倾向，但都是有限度的，这是由社会制度所决定的。

三、尚俭是实现"兼爱"的必然要求

墨子以兼爱为核心的学说，体现出浓厚的生存关怀。这个关怀是从他的"天志""明鬼"思想中萌发出来的。

在墨子那里，"天"是一个重要的词语，在各篇中出现的次数很多，天是作为最高主宰，而鬼神则是作为天志的执行者，虽地位不同，角色不同，但却是相辅相成的，共同组成一个管理社会的监督系统。

在《墨子》一书中，"天"既是自然之天，也是神性之天，不论是自然之天还是神性之天，都是人类所处的自然环境，人与自然环境的关系是密不可分的。

关于人与天，或人与自然环境的关系，墨子说：

然则奚以为治法而可？故曰：莫若法天。天之行广而无私，

其施厚而不德，其明久而不衰，故圣王法之。既以天为法，动作有为，必度于天。天之所欲则为之，天所不欲则止。然而天何欲何恶者也？天必欲人之相爱相利，而不欲人之相恶相贼也。奚以知天之欲人之相爱相利，而不欲人之相恶相贼也？以其兼而爱之，兼而利之也。奚以知天兼而爱之、兼而利之也？以其兼而有之、兼而食之也。（《法仪第四》）

在这段话中，墨子的本意是讲法。法，即法度。《说文解字》云："灋，刑也。平之如水，从水，廌所以触不直者去之，从去。"

在墨子看来，"天下从事者无不可以有法仪"，"百工从事，皆有法所度"，"治国""治家"、做人也都有法。在所有的法中，天是最高的法，"莫若法天"。

可见，天，在这里，有自然之天的含义。作为自然之天，是人生活于其中的世界，是人类生存与发展的世界，具体地说，也应该包含有环境、资源等含义。是人类赖以生存的家园。

概括起来说墨子使用的"天"大体上可以分为三种含义：

第一，是指天地万物之母。墨子认为，天是创造之母，创造了包括人在内的宇宙万物。"古者天之始生民"（《墨子·尚同下》）。人是天创造的，根据人的需要，天还做了其他许多创造："以（离）为日月星辰，以昭道之（照明引导人民）。制为四时春秋冬夏，以纪纲之（以作为人民劳作休息的常规）。陨降雪霜雨露，以长遂（生长）五谷麻丝，使民得而财利之。列为山川溪谷，播赋百事（广布各种事业）。为（置立）王公侯伯，以临司（监察）民之善否，使之赏贤而罚暴。"（《墨子·天志中》）天不仅创生人类，而且制定自然的结构和秩序，广开产业，设官分职，兴办人事。因此，天是至高无上的，具有创世的最高神明的地位。墨子讲的天与老子讲的道有相同的地方。老子讲的道，就是作为

"天地之始"、"万物之母"的天道。

第二，是指具有人格特征的神。这一点与老子是不同的，因为老子是不讲人格神的。墨子讲的"天"与《圣经》中的"上帝"类似，也有人格神的含义，而且人格特征还很突出。如《天志上》篇"天下之士君子之于天也，忽然不知以相儆戒……"意思是世人之所以作出一些不仁不义的非君子行为，是因为心中没有天来约束他们。这里的天是具有人的行为特征的，能对人进行约束和管制的神。具有此类含义的句子还有《天志上》的"焉而晏曰焉而得罪，将恶避逃之曰：无所避逃之。夫天不可为林谷幽门无人，明必见之"。《天志中》篇的"天之意，不欲大国之攻小国也……杀不辜，天予不祥……爱人利人顺天之意、得天之意者，有之。""故子墨子之有天之意也，上将以度天下之王公大人为刑政也，下将以量天下之万民为文学，出言谈也。"

第三，是指必然的规律。《天志上》曰："天欲义而恶不义""我有天志，譬若轮人之有规，匠人之有矩。轮匠执其规矩，以度天下之方圆。曰：中者是也，不中者非也"。《天志中》曰："天之意不欲大国之攻小国也……杀不辜，天予不详……爱人利人，顺天之意，得天之意者，有之。"《天志下》曰："必为天之所欲，去天之所恶……天欲义而恶不义者也……而不明天之正天子也……吾以此知天之重且贵于天子也……顺天之意若何？曰：兼爱天下之人……"通过这些议论可以看出，墨子讲的"天"是有意志的，天的意志体现着必然的规律，因而是不可违背的。顺从天意就可以获得成功，违背天意就会遭到惩罚。

墨子的"天志"表达了其独特的天人合一思想。他说：

　　故古者圣王，明知天鬼之所福，而辟天鬼之所憎，以求兴天下之利，而除天下之害。是以天之为寒热也节，四时调，阴阳雨露也时，五谷孰，六畜遂，疾灾戾疫凶饥则不至。是故子墨子曰："今天下之君子，中实将欲遵道利民，本察仁义之本，天意不可不慎也。"且吾所以知天之爱民之厚者，有矣。曰："以磨为日月星辰，以昭道之；制为四时春秋冬夏，以纪纲之；雷降雪霜雨露，以长遂五谷麻丝，使民得而财利之；列为山川溪谷，播赋百事，以临司民之善否；为王公侯伯，使之赏贤而罚暴，贼金木鸟兽，从事乎五谷麻丝，以为民衣食之财。自古及今，未尝不有此也。是故子墨子曰："尝若鬼神之能赏贤如罚暴也。盖本施之国家，施之万民，实所以治国家利万民之道也。若以为不然，是以吏治官府之不絜廉，男女之为无别者，鬼神见之；民之为淫暴寇乱盗贼，以兵刃毒药水火，退无罪人乎道路，夺人车马衣裘以自利者，有鬼神见之。是以吏治官府，不敢不絜廉，见善不敢不赏，见暴不敢不罪。民之为淫暴寇乱盗贼，以兵刃毒药水火，退无罪人乎道路，夺车马衣裘以自利者，由此止，是以莫放幽间，拟乎鬼神之明显，明有一人畏上诛罚，是以天下治。"

由此可见，墨子笔下的天是有着最高权威的人格神。日月星辰、春夏秋冬、雪霜雨露、五谷麻丝、山川溪谷、金木鸟兽以及对世间赏善罚恶无不受其指使而为之。这说明，天在墨子看来是集自然事物与人间社会于一身的崇拜对象，它掌握着对世间万物生杀予夺的至高权力。墨子之"天"带有某种自然宗教性色彩，也带有浓厚生态气氛。在人格神的外衣下，"天之为寒热也节，四时调，阴阳雨露也时"。天具有"节"、"调"、"时"的功能与特征，正是具有了这样的生态价值，从而才有了"五谷孰，六畜遂，疾灾戾疫凶饥则不至"般风调雨顺、丰衣足食的社会景象。墨子所赋予的天，能够关心民间疾苦，赏贤罚暴，这对当时陷于水深火热的下层人民而言无疑是有安慰作用的，天虽然高高在上，很威严，但却是一个有同情心、有正义感的至上神。只有在天的庇护下，自然与社会之间才能出现井然有序、和睦相处的景象。天不仅分化出日月星辰，定出春夏秋冬，降下霜雪雨露，形成山川溪谷，还设出王公侯伯，这些都是为天下百姓谋利益。

因此，墨子的"天"不过就是为爱人、利人而预设的，天志实际上就是墨子推行各种主张以及践行的行为依据，这和一般宗教讲的天还是有区别的。

墨子尤为关注人类的生存环境与生存现状，认为生产劳动是保障人类得以维持其基本生存的首要条件，《墨子·非乐上》有这样的议论：

> 今人固与禽兽麋鹿、蜚鸟、贞虫异者也，今之禽兽麋鹿、蜚鸟、贞虫，因其羽毛以为衣裘，因其蹄蚤以为裤屦，因其水草以为饮食。故唯使雄不耕稼树艺，雌亦不纺绩织纴，衣食之财固已具矣。今人与此异者也，赖其力者生，不赖其力者不生。

可以看出，墨子这里是把人类视为自然界中的普通一员，是将人类放置于整个自然界的生态系统中。在自然界中，其他动物生物都可以凭借其自身的遗传基因条件在其已经适应的生态环境中生存下去，可人类的衣食住行却主要靠自己的生产劳动，只有劳动才能维持和延续生命的链接，才能立足于自然界。

但是，人类的生产劳动和劳动成果的消费不应该是无限制的、盲目的，而是要符合自然规律的，是要保证可持续发展的。例如：

> 古者圣王制为节用之法，曰："凡天下群百工，轮车鞼匏、陶冶梓匠，使各从事其所能，曰：凡足以奉给民用，则止。"诸

加费不加于民利者，圣王弗为。(《墨子·节用（中）》)

意思是从事生产要各尽所能，而消费则应以保持基本的生活条件为限度，超过这个限度，过度的消费就是浪费。墨家提出要合理地利用自然资源和人口资源，而不要过分地剥夺这些资源，这是有利于可持续生产活动的。

墨家主张尽物而节用，不为奢华，足用而止。衣服不在华丽、饮食不在丰盛，保暖则止。"古者圣王制为饮食之法，曰：'足以充虚继气，强股肱、耳目聪明，则止。不极五味之调，芬香之和，不致远国珍怪异物。'……古者圣王制为衣服之法，曰：'冬服绀之衣，轻且暖；夏服绤之衣，轻且清，则止。'"(《墨子·节用中》)反对铺张浪费，认为要首先以满足人民的需要为宗旨，任何奢华浪费都是应该谴责的。

应该说，在先秦诸子中，墨子是对尚俭论述最多、践行最有力度的思想家，他提出了十大主张，其中的非命、非乐、节用、节葬都是直接的论述，其他主张也涉及尚俭的问题。接下来做详细介绍。

第二章　墨子尚俭思想的产生

为了实现以"兼爱"为核心的社会理想，墨子大力倡导节俭，他的尚俭思想的形成和提出并非偶然，而是有着特定的历史根源和思想背景。勤劳尚俭是古代先民留下的朴素遗风，也是中华民族世代传承的文化和美德。作为古代朴素的节俭观念和节用意识，既是一种自然萌发的生存感知，也是一种能动的生活智慧。中国古人很早就意识到人与天地万物有着共同的本原和法则，人离不开大自然的馈赠，大自然给人类提供了能够维持和延续生存的环境资源及生活资料，这个生存环境及生活资料是我们世世代代赖以生存和延续的基础和保障，是十分珍贵的，必须用心加以维护，不能只顾一时之利，肆意浪费自然资源和生活资料。

第一节　先秦朴素的尚俭观念

一、"节俭"一词的考据

"节俭"一词，由"节"和"俭"组成。节，竹节。字形以竹为形旁，即为声旁。说文解字注："竹约也，约，缠束也。竹节如缠束之状。"《吴都赋》曰："苞笋抽节。引伸（申）为节省、节制、节义字。"

"节俭"一词，与"节约"、"简约"相关联。其实最初的"节约"一词是指一种马具，这种马具同其他马具衔、镳、当卢、同泡等一样，在商代晚期就已经铸造成型。马具"节约"是用来连接络头和辔带的配件，根据一些考古文物记载：各式马具"节约"的一个普遍特点就是它形制小，除开装置，主要的部分是单个铜管或是交叉的形制，它的主要用途是作为颊带、项带、咽带、鼻带和额带的连接点。"节约"套在绳带上时就犹如一个竹节连接主杆枝叶一般。马具"节约"是竹节"节约"的借用，而其他许多的相关词义又是由此演变的。

在墨子书中，也使用了"节约"一词，如："金玉珠玑比乎身，纶组节约，车马藏乎圹。"（《墨子·节葬下》）

"俭"，即节俭、简约。"俭"，《说文解字》解释为"俭，约也"。段玉裁注释为："约者，缠束也。俭者，不敢放侈之意。"俭字的本意就是对自己加以束缚，如《易·否象传》中有："君子以俭德避难。""俭"字后来引申为简约、节省、节约、不浪费、不放纵等，例如《左传》中有："俭，德之共也。侈，恶之大也。"墨子说："俭节则昌，淫轶则亡"，韩非子曰："俭于财用，节于衣食。"

清朝金缨在《格言联璧·持躬》中说："俭则约，约则百善俱兴；侈则肆，肆则百恶俱纵。"意思是，节俭就会有节制，有节制则百善都会兴起；奢侈就会放肆，放肆则百恶都会爆发。又如，《晏子春秋·谏下十四》："法其节俭则可，法其服，居其室，无益也。"《史记·平津侯主父列传》："盖闻治国之道，富民为始；富民之要，在于节俭。"唐白居易《太平乐词》之一："岁丰仍节俭，时泰更销兵。"《英烈传》第六三回："大抵尝历艰难，便自然节俭；稍习富贵，便自然奢华。"

节俭，也往往与"俭约"、"简约"、"节约"等相连。节俭，亦有简朴、调节之意。墨子讲节俭，其基本目的就是为了实现"民富国治"。

关于"简约"、"简约"、节约的词语，也很早就出现了，《后汉书·马援传》：有"时皇太后躬履节俭，事从简约"。晋葛洪《抱朴子·诘鲍》："质素简约者，贵而显之。"作为简约的最初含义，一方面指节俭、节约；一方面指品质、素养精干的人，虽从简低调但仍显其干练、简练、朴实、自然。《汉书·辛庆忌传》："庆忌居处恭俭，食欲被服尤节约。"

《宋书·五行志三》："今宜罢散民役，务从节约，清扫所灾之处，不敢于此有所营造。"

孙诒让间诂："《淮南子·齐俗训》云：'古者非不能竭国糜民，虚府殚财，含珠鳞施，纶组节束追送死也。'许注云：'纶，絮也；束，缚也。'案，'节约'与《淮南》书'节束'义同。"

《后汉书·窦宪传》："瓌少好经书，节约自修，出为魏郡，迁颍川太守。"《朱子语类》卷五二："今学者要须事事节约，莫教过当，此便是养气之道也。"

明何景明《何子·严治》："法者，所以节约其散，而整齐其乱之具也；严者，所以立节约而作整齐也。"

明王世贞《艺苑卮言》卷二："傅武仲有《舞赋》，皆托宋玉为襄王问对。及阅《古文苑》宋玉《舞赋》，所少十分之七……岂武仲衍玉赋以为己作耶？抑后人节约武仲之赋，因序语而误以为玉作也？"

二、商周时期的资源节约意识

1.《逸周书》：保护和节省资源的法规

中国古代最早的节俭意识是与环境和资源意识密切相连的，中国古代的资源和环境意识可谓源远流长。人们很早就明白这样一个简单的道理：人的生存一刻也离不开大自然，是大自然给人提供了能够维持生活的生存环境和自然资源，我们的祖先很早就意识到珍惜身边环境和节省资源的重要性，也发现破坏资源、浪费资源的危害，维持制定了许多应对的具体措施。

为了保证人们正常、稳定的生活，早在中国第一个朝代夏朝就已经有了保护自然资源、节省利用资源的法规，据《逸周书·大聚解》记载：

> 禹之禁，春三月，山林不登斧斤，以成草木之长；夏三月，川泽不入网罟，以成鱼鳖之长；不麛不卵，以成鸟兽之长。

春天不能入林砍伐，那么什么时候可以入林呢？《周礼》上说："草木零落，然后入山林。"

早在周代就有了类似于我们今天的河长负责制，其实这种"河长"在《周礼》中叫"川衡"，不仅有河长，还有山长，看山的叫"山虞"。可见当时先民的资源和环境意识是多么强。

另外，1975 年 12 月，在湖北云梦县发掘出土的秦代竹简上，发现了刻有《田律》的文告：

> 春二月，毋敢伐材木山林及雍（壅）堤水。……唯不幸死而伐绾（棺）享（椁）者，是不用时，……百姓犬入禁苑中，而不追兽及捕兽者，勿敢杀；其追兽及捕兽者，杀之。

规定：从春季二月开始，不准进山砍伐林木；不准堵塞林间水道；不到夏季不准入山采樵，烧草木灰；不准捕捉幼兽幼鸟或掏鸟卵；不准毒杀鱼鳖；不准设置诱捕鸟兽的网罗和陷阱。以上禁令，到七月得以解除。这里既规范了一般的保护范围——森林、水植被、其他植物及动物，又照顾到特殊的例外——人死入葬，伐木成棺，不受时间限制。在秦代的立法中就能有这样的严厉的资源保护法规，足以说明当时人们是多么重视可持续的生产生活。

2.《礼记·月令》：保护和节省资源的禁令

针对资源的破坏和浪费严重的现象，在《礼记·月令》中，根据不同的时令、不同的气候，采取相应的保护和节省资源的具体对策，节约生产和生活资料，这也是比较早地表达了环境意识和尚俭观念。

例如，在孟春正月：

> 命祀山林川泽，牺牲毋用牝（母兽），禁止伐木，毋覆巢，毋杀孩虫，胎夭飞鸟，毋麛毋卵。

命令祭祀山林川泽的牺牲祭品不要用雌的。禁止砍伐树木，不要毁坏鸟巢，不要杀死幼兽、胎兽、刚出生的动物、初飞的小鸟，不要捕杀小兽，不要掏取鸟卵。

仲春二月：

> 是月也，毋竭川泽，毋漉陂池，毋焚山林，天子乃鲜羔开冰，先荐寝庙。

在这一个月，不可用干河川、湖泊之水，不可用渔网在陂池中捞鱼，也不准用火来焚烧山林。天子先在寝庙举行荐礼，用小羊和新发的冰为献。

> 是月也，祀不用牺牲，用圭璧，更皮币。

在这个月，祭祀不用牺牲，改用圭璧与皮币来替代。

季春三月：

> 田猎罝罘、罗网、毕翳、餧兽之药，毋出九门。

捕捉鸟兽用的器具和有毒的药物，都不许带出城门。

> 是月也，命野虞无伐桑柘。

这一个月，要命令看管田野山林的官吏禁止砍伐桑柘树木。
孟夏四月：

> 是月也，继长增高，毋有坏堕；毋起土功，毋发大众，毋
> 伐大树。

在这个月，所有生物都在继续生长增高，不可有毁坏的行为；不要
在此时举办大工程，征召群众，亦不要砍伐大树。

> 是月也，驱兽毋害五谷，毋大田猎。

在这个月，要经常驱赶家禽野兽，不使之伤害五谷结实，也不要举
行较大规模的畋猎。
仲夏之月：

> 令民毋艾蓝以染，毋烧灰，毋暴布。

在这个月，要命令人民不要刈割蓝草来染布，也不要烧灰来煮布。

季夏六月：

> 是月也，树木方盛，乃命虞人，入山行木，毋有斩伐不可
> 以兴土。不可以合诸侯，不可以起兵动众。毋举大事，以摇养
> 气。毋发令而待，以妨神农之事也。水潦盛昌，神农将持功，
> 举大事则有天殃。

这一个月，是树木长得最茂盛的时候，就命虞人前往林区巡查，不
许有盗采滥伐的事情发生，包括不可大兴土工。也不可会合诸侯，也不
可兴兵动众。因为地上有这些大规模的行动，会摇荡养生的气息。亦
不可乱发悖时的命令，来妨害土神的工作。由于这时水潦方盛，土神正
在水潦的协助下竭力培养万物，如果举大事而摇荡土气，妨害土神的工
作，就要受到上天的责罚。

当时的礼仪活动和祭祀活动都是很重要的活动，规格也很高，为了
节省短缺的物质资源，《月令》提出具体的措施，不惜简化程序，降低
标准，这充分说明了当时的人民已经意识到了爱惜珍贵资源和倡导节俭
的重要性。

其实在中国历史的各个朝代，留下的许多典籍中，我们都可找到一
些关于保护自然环境和禁止浪费资源的规定及具体措施，可以说这也是
一种朴素的可持续发展意识。

3. 《诗经》：节俭、节制的消费

《诗经》作为中国第一部诗歌总集，用诗歌这一文学体裁将商周以
来直至春秋之时的人类生存智慧流传了下来，展现出一幅人在自然中和
谐生活的图景。和谐不仅体现在人与自然、人与人之间的亲近，也表现
在令人向往的朴素、节俭、恬淡的生活情境。

作为一部表现现实生活的著作，《诗经》中记录了许多描写人类劳动、情感、思想的篇章，《诗经》所吟唱的就是周人淳朴的劳作和生活情景，诗歌运用比兴手法，描写人们朴实的生产劳动和日常生活、生动再现了浓郁的自然生态和精神生态。

通过对一些篇章的研究，我们不难发现，当时人们的日常生活简单、平静、简朴，虽然并不富裕，甚至贫穷，但依然充满乐观。尽管简单、简朴，但依然感到愉快而充实。

不仅如此，《诗经》中的一些作品，还表达勤勉、节俭及其合理的消费观念。例如《唐风·蟋蟀》：

蟋蟀在堂，岁聿其莫。今我不乐，日月其除。无已大康，职思其居。好乐无荒，良士瞿瞿。

蟋蟀在堂，岁聿其逝。今我不乐，日月其迈。无已大康，职思其外。好乐无荒，良士蹶蹶。

蟋蟀在堂，役车其休。今我不乐，日月其慆。无已大康，职思其忧。好乐无荒，良士休休。

翻译过来就是：天寒蟋蟀进堂屋，一年匆匆临岁暮。今不及时去寻乐，日月如梭留不住。行乐不可太过度，本职正业要担当。娱乐又不废正业，贤良之士多警觉。天寒蟋蟀进堂屋，一年匆匆临岁暮。今不及时去寻乐，日月如梭不停留。行乐不可太过度，职外之事也不误。娱乐又不误正事，贤良之士多奉献。天寒蟋蟀进堂屋，行役车辆也收藏。今不及时去寻乐，日月如梭追不上。行乐不可太过度，还有职事让人忧。娱乐又不忘忧患，贤良之士有节制。

此篇三章意思是相同的，开头两句始感物伤时。诗人从蟋蟀由野外迁至屋内，天气渐渐变冷，联想到"时节忽复易"，忙了一年已到岁暮。

古人习惯于用虫对气候变化的反应来表示时序更易,《诗经·豳风·七月》写道:"七月在野,八月在宇,九月在户,十月蟋蟀入我床下。""九月在户"与此诗"蟋蟀在堂"说的应该是同一时间。《七月》用夏历,此诗则是用周历,夏历的九月为周历十一月。

诗人在岁末见蟋蟀入室有感而发。首句丰坊《诗说》以为"兴",朱熹《诗集传》定为"赋",理解角度不同,但各有其理。从起兴上看,与《诗经》中一些含有"比"的"兴"不同,它与下文没有直接的意义联系,但在深层情感上却是密不可分的,即起情作用。所以从"直陈其事"说可以是"赋",从触发情感说则可以是"兴"。这一感物惜时引出述怀的写法,对后来影响很大。

比兴是古代诗歌的常用技巧,宋代朱熹对此有比较准确的解释,他认为:"比者,以彼物比此物也","兴者,先言他物以引起所咏之词也。"通俗地说,"比"就是比喻,是对人或物加以形象的比喻,使其特征更加鲜明突出。"兴"就是起兴,即借助其他事物作为诗歌发端,以引起所要歌咏的内容。

这是《诗经》中很有特色的一首,可以说是有感脱口而出,直吐心曲,坦率真挚,以重章反复抒发,语言自然中节,不加修饰。押韵与《诗经》多数篇目不同,采用一章中两韵交错,各章一、五、七句同韵;二、四、六、八句同韵,后者是规则的间句韵。

从内容上看,这是一首岁末述怀诗。《毛诗序》说:"《蟋蟀》,刺晋僖公也。俭不中礼,故作是诗以闵(悯)之,欲其及时以礼自虞(娱)乐也。此晋也,而谓之唐,本其风俗,忧深思远,俭而用礼,乃有尧之遗风焉。"蒋立甫《诗经选注》受王质说启发,定此篇为"劝人勤勉的诗"。

《唐风》是山西晋南一带的地方民歌,因此,《蟋蟀》一诗也应该是这一带先民的创作。但是,学者通过文献与文物实物考证,《蟋蟀》是周公姬旦的原创。清华简《耆夜》记载"武王八年，征伐耆，大戡之，还，乃饮至于文大室"，"周公秉爵未饮，蟋蟀造降于堂，周公作歌一终曰《蟋蟀》"，内容如下：蟋蟀在堂，役车其行。今夫君子，不喜不乐。夫日□□，□□□荒。毋已大乐，则终以康。康乐而毋荒，是惟良士之□□。蟋蟀在席，岁聿云莫。今夫君子，不喜不乐。日月其迈，从朝及夕。毋已大康，则终以祚。康乐而毋荒，是惟良士之瞿瞿。蟋蟀在舍，岁聿云徂。今夫君子，不喜不乐。日月其除，从冬及夏。毋已大康，则终以惧。康乐而毋荒，是惟良士之瞿瞿。

这里说的周公姬旦的《蟋蟀》虽然内容有残缺，但语言风格和主旨与《唐风·蟋蟀》基本上是一致的，很明显是在前者的基础上做了进一步的完善。有学者还认为，武王八年周公在饮至之礼上所歌《蟋蟀》本是周公的创作，后来成为王朝的乐歌，有专门的乐师演唱、传习。周公封叔虞于唐，或周天子命晋文侯、晋文公为方伯时，以《蟋蟀》作为乐则赐予了晋国，连同《蟋蟀》的乐师同时也被赐予了晋国。此后，《蟋蟀》乐诗在晋国开始流传，但随着时间的流逝，其原作者以及民歌的来源被逐渐淡忘，竟然被认为是晋国的民歌，在不断演唱的过程中又被改编，直到最后被编入了《诗经·唐风》之中。[1]

《诗经·唐风》不仅是提倡勤勉，也提倡有节制的合理的消费观，既要及时行乐，及时消费，也要有所节制；也就是说既要充分享受生活，也要时刻保持忧患意识。

按古人的讲法，三年耕才有一年储，九年耕才有三年粮。作为古老的农耕社会，生产力还十分低下，粮食的储备率是很低的。该消费就要消费，该享乐就要享乐，这是合情合理的，无可非议。但不能失去忧

---

① 贾海生、钱建芳：《周公所作〈蟋蟀〉因何被编入〈诗经·唐风〉中》，《中国典籍与文化》2013 年第 4 期。

患意识，要未雨绸缪，而不能放纵欲望，即便是丰收了，也不能过度消费。在积极消费和节俭克制之间选择一条中间道路，这是有合理之处的，是一种值得赞赏的切合实际的选择。

4.《周易》："节以制度"

《周易》提出"生生之谓易"（《周易·系辞》），"天地之大德曰生"（《易经·屯挂》）此"生生"者，乃生命繁衍的连绵不绝，"生"是生命的本体，亦是生命的本能，"生生之谓易"强调的是持续的生存，持续的发展。那么如何才能做到生生不息，就是要能够符合天理，顺应天道。

《周易》卦象和现实中的人类生活有着紧密联系，以正常的、可持续的生存作为目的，例如，《既济》卦的《九五》爻辞："东邻杀牛，不如西邻之禴祭。实受其福。"意思是，东方邻国杀牛举行大祭（处于既济状态，祭祀十分隆重），不如西方邻国举行简朴的祭礼（禴祭是夏祭，五谷还没有丰收，所以礼仪简单）诚敬而合于时宜，更加经济实惠，能得到神灵施降的福泽。

再如《节》卦，专门阐明适当节制的道理。卦辞："节，亨"（节制，亨通顺利）《彖》辞解释说："天地节而四时成，节以制度，不伤财，不害民。"就是讲凡事要有节制（包括节俭、节约、节欲），不可过度开发，肆意掠夺，无限制地向自然索取，不可挥霍无度，暴殄天物。《咸》卦，象曰："天地感而万物化生，圣人感人心而天下和平。"《周易·升·象传》曰："地中生木，升。君子以顺德，积小以高大"，木生于地中，由纤细幼嫩的芽逐渐长成了一棵枝繁叶茂的大树，这个是一个日积月累的过程，告诫人们要顺应规律，按时而动。

三、先秦道家的尚俭思想

1.老子的尚俭思想

(1)"俭"、"啬"。

老子曰:"我有三宝,持而保之。一曰慈,二曰俭,三曰不敢为天下先。"(《老子·第六十七章》)三宝:三件法宝,或三条原则。慈:慈心。俭:节俭、啬。这句话的意思是含藏培蓄,不放肆,不奢靡。老子还说"俭故能广",俭啬所以能宽广。王弼说:"节俭爱费,天下不匮,故能广也"。什么是"三宝"?一个是"慈",另一个是"俭",还有一个是"不敢为天下先",这三个东西是达到道的三种基本方式。慈,一般释为爱,能爱,才能勇武。慈爱之心在积极意义上是对万物的同情,愿意把自身给予万物;有了慈爱之心也就有了勇气,敢爱才敢恨。节俭,是缩小;广,却是扩大。不敢为天下先,意味着为后,为下,为小,可结果反倒是先,是上,是大,成为万物的"器长"。

那么,如果背道而驰,舍弃"三宝",会有什么后果呢?"今舍慈且勇;舍俭且广;舍后且先;死矣!"舍弃"三宝"也就是舍慈求勇,弃俭求广,舍退求先。如此一来就会失去生命之道,易死亡,是一条死路。老子举出"慈"、"俭"、"不敢为天下先"三宝,这三宝都与"道"相关联,掌握并运用这三宝,就可以获得成功,舍弃这三宝就会导致失败。

对于"三宝",徐梵澄《老子臆解》的解释是:"慈,爱也。俭,约也。不敢为天下先,无争也。——此三者,皆说人与社会之关系。'不敢为天下先',此义出自大易。乾恶居首;初潜勿用,上亢有悔。'见群龙无首,吉',不为先,则不争。不争则不急剧,盖从容而善为者。以是有成,所谓后之以发,先之以至者。故终于为长。俭,谓不放侈,不放侈而恒约,则财用足,财用足则人多附之,故广。慈,谓仁惠加于人。此天地间之正道,坦坦然可行者也。履此正道,又何畏何惧而不勇?人将爱之。物且与之。善将兵者，爱其士卒如子弟，故称子弟兵。子弟兵者，爱其将帅如父兄，则上下揖睦。师于是乎大和。由是'以战则胜，以守则固'。"

"慈"，是指慈心，也含有柔和、爱惜的意思。老子第四十章讲的"弱者道之用"；第四十三章讲的"天下之至柔"，第五十二章讲的"守柔曰强"等内容，都与"慈"紧密相关，都是老子"无为"思想的展开，因此，可以把"慈"看成是老子无为思想的另一种表达词。"慈"是三宝的首要原则，有了"慈"进攻可以得胜，退守则可以坚固。做到"慈"，不仅是以慈爱之心待人，而且也是以慈爱之心待物，待人则怜惜爱惜，待物则惜物爱物。

"俭"，即节俭，有节制，也包括吝惜、收敛、克制的意思。第五十九章讲"治人事天，莫若啬"，与这里的"俭"是相同的含义，"俭"就是"啬"。"俭"也应面向两个方面：一个是物质层面的；另一个是精神层面的。在物质层面，要节约人力物力等各种资源；在精神层面要节制欲望，积蓄能量，等待时机。

总之，"慈"、"俭"、"不敢为天下先"这"三宝"，是老子社会实践经验切身的体验结晶，是"道"、"德"义理的具体运用。老子的"三宝"，无论是对于治国安邦，还是对于个体生存，都具有现实指导的意义。

《老子·第五十九章》曰："治人事天，莫若啬。""啬"是指俭啬、爱惜、保养。"啬"是达到道的一种方式，就是爱惜、珍重，要否定的是浪费。老子认为，国之长久，人之长生，都不能离不开"啬"的原则，无论治身、治国都要该厚培根柢，培蓄能量，收藏精神，厚藏根基，充实生命。无论是在物质层面，还是在精神层面，老子都主张去奢崇俭。

"啬"，甲骨文字形，粮食收入谷仓形。原意是收获谷物，指耕稼之事。"啬夫"亦称"农夫"，"啬事"亦称"农事"。农夫收割五谷而藏于谷仓，多入而少出，所以"啬"也称为"爱濇"。《说文》："啬，爱濇也。""此字本训当为收谷，即穑之古文也。转注为爱啬之义，或借为濇。"（朱骏声《说文通训定声》）"腊之祭也，主先啬而祭司啬也。"（《礼记·郊特牲》）"王狩，啬人不从。"（《仪礼·夏小正》）"凡事之本，必先治身，啬其大宝。"（《吕氏春秋·先己》）老子将这"啬"字来表示治身、治国的原则，是其取爱惜、俭啬、收敛之义。

书之所谓"治人"者，适动静之节，省思虑之费也。所谓"事天"者，不极聪明之力，不尽智识之任。苟极尽则费神多，费神多则盲聋悖狂之祸至，是以"啬之"。"啬之"者，爱其精神，啬其智识也。故曰："治人事天莫如啬。"（《韩非子·解老篇》）

爱惜精神，持守元气，就要做到谨于内闲于外，内心不驰，外欲不动，精气不劳，这样人才能长生。魏源在《老子本义》中说："盖'道'之啬，而至于早服无间，德之积雨至于莫知其极，则敛舒咸宜、体用兼妙，以之有国则可以长久，以之固己则可以长生，惟其治人事天，无所不可，故曰莫如青。"

曾国藩说："余之志事，颇近秋冬收啬之气……余意以收啬而生机乃厚。平日最好昔人，'花未全开月未圆'七字，以为惜犗之道、保泰之法莫精于此……星冈公昔年待入，无论贵贱老少，纯是一团和气，独对子孙诸侄则严肃异常，遇佳时令节，尤为凛不可犯，盖亦具一种收啬之气，不使家中欢乐过节，流于放肆也。"（《家书》同治二年正月十八日《致沅弟》）

"啬"可以解释为治人事天的原则，同时也可以解释为省用、节俭的美德。老子认为，"俭"是合乎道的生活方式，"啬"也是一种"俭"。"啬"或"俭"表面上似乎是保守的，其实从长久来看是积极的。"啬就是留有余地；留有余地，才能早为之备；早为之备，才能在事物即将发生之顷及时予以解决；在事物即将发生之顷及时矛以解决，才能广有蓄积；广有蓄积，自然就战无不胜攻无不克；战无不胜攻无不克，自然就具有了无穷的力量。老子认为大而维持国家的统治，小而维持生命的长久，都离不开'啬'这条原则，都要从'啬'这条原则做起。所以说它是'长生久视之道也'。啬与俭当然符合'无为而无不为'的思想；不过，如果强调它是一种消极、退守的政治倾向，就未免只从表面形式上看问题，不见得是看到了它的精神实质。"①

（2）"知足不辱，知止不殆"。

老子所处的时代春秋战国时代，是中国历史上的一个重要的转折期，长期的诸侯割据，频繁的吞并战争，造成连年祸乱。在统治者的威迫下，人们相互残杀。"今世殊死者相枕也，桁杨者相推也，刑戮者相望也。"（《在宥》）被处死的人残籍堆积，戴着镣铐的人连连不断，被刑杀的人比比皆是。这是一个"争地以战，杀人盈野；争城而战，杀人盈城"（《孟子·离娄上》），"老弱转乎沟壑，壮者散之四方者"（《孟子·梁惠王》）的白色恐怖时代，这是一个"窃钩者诛，窃国者为诸侯"（《庄子·胠箧》），"福转乎羽，莫之知载；祸重乎地，莫之知避"（《庄子·人间世》）的现实凄惨人间。

也正如墨子所目睹和描述的，这是一个"饥者不得食，寒者不得衣，劳者不得息"（《墨子·非乐》），"百姓饥寒冻馁而死者不得胜数"（《墨子·非攻中》）的畸形社会。

诸侯相互争霸，战争连绵不断，人的尊严和价值无法得到保障，在这样的社会背景下，许多人还轻身而求名货，贪得而不顾危亡，这显然是违背了人的自然本性，远离了自然之道。人被物所奴役，是人类走向了自身的异化，灾难必然要降临，更可怕的是人对物的欲望日益增长和膨胀。统治者的暴行是来自无穷的贪欲，人们为物欲所驱使，疯狂地追求财富和权力，不惜动用各种手段，以最大程度地满足占有欲，生命的意义被严重扭曲了。

---

① 张松如：《老子校读》，吉林人民出版社1981年版，第331页。

就是在此背景下，老子向世人发出警告：

　　名与身孰亲？身与货孰多？得与亡孰病？甚爱必大费；多藏必厚亡。故知足不辱，知止不殆，可以长久。(《老子·第四十四章》)

　　声名和生命相比哪一个更亲切？生命和货物比起来哪一样更贵重？得到名利和丧失生命哪一样有害？过分地珍爱名利就必定要付出更多的耗费；丰厚的藏货就必定会招致惨重的损失。所以，知道满足就不会遭到屈辱，知道适可而止就不会遇到危险，这样才可以保持长久的平安。

　　"甚爱必大费；多藏必厚亡"，老子认为名声都是虚的，所以名也就是一个虚名而已。过分地看重名，是要付出代价的，会得不偿失。

　　老子通过提问，提出了两种可能性。名与身、身与货、得与亡，要求决断选择。当然还有一种可能，即两者都不是。老子提出这种选择时，也对人的思想进行了区分。

　　老子要否定的，并没有明说出来。但是，在这里从另一方面进行否定。老子要否定的是"甚"、否定"多"，不否定一般的"爱"，一般的"藏"，而是否定"甚爱"，"甚藏"，达到知足。知足，知道并守住自身的边界。

　　"故知足不辱，知止不殆，可以长久"，"知足"、"知止"的结果便是"长久"。老子的长久是有限性的，不是无限性的，即不是长生不老，也不是万寿无疆，而是对有限性的克服，从终结处回到开端，这里包含着老子思想的奥妙。

　　老子提出人要自重、自爱的道理。与名与货、身与货、得与亡的对比，强调人要自重、自爱，保持人的尊严。常人多因追逐名利而轻身，因贪得财货而不顾危亡，老子却告诫世人：生命比名利更可贵，人要贵生重己，珍爱生命，大可不必为名为利去铤而走险。"甚爱必大费；多藏必厚亡"，对待名、利，都要适可而止，只有保持知足知止的心态，才能避免危机和灾祸。这实际上是在另一个角度上重申了他的"见素抱朴，少私寡欲"的人生价值观念，体现了老子深切的人生关怀。老子以冷静的思维，提醒人们应当珍惜生命，不可为求虚名货利而不顾一切，甚至于自贱其身，因为唯有人的生命，唯有人的尊严与价值，这才是最宝贵的东西。

"知足不辱，知止不殆"，既是老子做人处世的精辟见解，也是一种控制欲望、节制物欲的深刻主张。只有"知足"，才能节制，才能久安。任何事物都有自身发展的极限，超出极限，就必然向相反的方向转化，走向极端。

因此，人应该节俭、克制，欲求不可过高，欲求得越多，付出的代价也就越大，积敛得越多，失去的也就越多。老子也警告统治者，尤其是强势者，对财富的掠夺和占有欲，已经很过分了，甚至超出了极限，这是十分危险的，必须要收敛，适可而止，只有知足，才可以做到"不辱"。

老子告诫我们一定要做到寡欲，他说："罪莫大于可欲，祸其大于不知足，咎莫大于欲得。故知足之足，常足矣。"（《老子·第四十六章》）人若怀有"可欲"、"不知足"之心，则有了贪念；只有"知足"带来的满足感，才是真正的满足。老子还说："五色令人目盲，五音令人耳聋，五味令人口爽。"（《老子·第十二章》）沉醉于声色犬马和口腹物欲会使人神昏意乱，使身体的感官和灵性受损；所以老子要求人"无欲"、"去欲"，故谓："是以圣人去甚、去奢、去泰。"在生活起居、待人处世上应"见素抱朴，少私寡欲"，而这种"寡欲"，在我看来，就是淡泊。"寡欲"的生活方式，也就是节俭的生活方式。

必须要节制欲望，止于满足。欲望引发人的"不知足"，"不知足"

又引发"欲得"。欲望的膨胀，既把国家引向动乱，也把平民百姓引到道德沦丧的境地。因此在一个欲望沸腾、物欲横流的时代，必须提倡"寡欲"。

"知足"就是"寡欲"的具体体现，老子非常看重知足，因为能否做到知足，最终决定着人的荣辱祸福，决定着人的生存状态。富莫大于知足，懂得了把满足作为满足的道理，就可"常足"，"常足"是精神上的财富，在此意义上，"常足"就是富有。相反，物质财富再多，但由于不知足，贪得无厌，仍然是不幸福的，而且还伴随着随时的祸患。

"乐与饵，过客止"，寡俗与知足是密不可分的。老子提出寡欲、知足，警告统治者不可贪得无厌，任意挥霍财富，而要收敛过度占有的意欲，持守清静无为之政，这对当时社会的发展、国家的和谐、民众的安定具有实际的意义。

"多藏"，就是过度地占有资源，是对物质财富的过度追求，为的是满足过度的欲望。为了这个过度的欲望，就势必会采取各种极端的手段，以实现和满足自己的目的，甚至不惜一切代价。"多藏必厚亡"，占有丰厚的财富，浪费大量的资源，必然会带来严重的损失，这个损失并不仅仅是指物质方面的损失，而且还有人的价值尊严的损失。所以，忽视生命价值而去追名逐利，完全是本末倒置，轻重颠倒，实不可取，这是值得我们深思的道理。

（3）"圣人为腹不为目"。

《老子·第五十九章》曰："圣人为腹不为目，故去彼取此。"为腹不为目，即只求温饱恬淡，不为情声色所获。"腹"在这里代表一种简朴安宁的生活态度；"目"则代表一种放荡多欲的生活态度。王弼注曰："为腹者以物养己，为目者以物役己。""去彼"指舍弃"为目"的生活态度；"取此"指采取"为腹"的生活态度。去彼取此，就是要摒弃声色物欲的诱惑，而保持简单知足的生活状态。

作为老子欣赏的圣人之道，是真正的健康之道。正常的生活应该是为"腹"不为"目"，为"腹"，是一种宁静恬淡的生活；为"目"，是追逐外在贪欲的生活。正如《庄子·逍遥游》曰："鹪鹩巢于深林，不过一枝，偃鼠过河，不过满腹。"物欲的生活，不过是解决安饱而已，没有必要过于放纵欲望。

作为老子治身修性之"俭欲"，是一个由内到外的过程。《老子·第十章》讲的"营魄抱一能无离乎"，也强调要守住自我心灵内在的安静。老子强调要俭束自我的感官游离于身外，而不要角逐于声色货利。东晋葛洪曰："荣华势利诱其意，素颜玉肤惑其目，清商流征乱其耳，爱恶利害搅其神，功名声誉束其体。"（《抱朴子·至理篇》）

总之，人应该效法圣人，做到恬淡宁静，清心寡欲，安于冲和，生活节俭。也有必要"遏欲视之目，遣损明之色，杜思音之耳，远乱听之声"。（《抱朴子·至理篇》）

老子生活的时代，新旧制度交替，社会动荡不安，奴隶主贵族阶层贪欲奢侈，挥霍浪费，纵情声色，腐朽糜烂。老子对贵族阶层的揭露和劝诫，也是严正的警告。

老子并不否认追求幸福的生活，他也希望人们能够丰衣足食，但他更看重人的精神生活，向往一种内在恬淡的生活方式。一个人越是向外寻求，心灵就会日益空虚。所以，老子才提醒人们要摒弃外界物欲的诱惑，保持内心的清静和淳朴的天性。

当代社会，物欲横流，有不少人的价值观、道德观日益扭曲，许多人单纯追求各种欲望的满足与发泄，灵性的断伤到了骇人的地步。由于各种竞争的加剧，人的心灵越来越趋于浮躁，我们随处可以看到欲火放纵、人心狂荡的情景。还有一些人比阔气，比消费，到处炫耀，并不以挥霍浪费为耻。今重温老子之教诲，实在是令人感慨之。

老子也并不否认人的正常的感觉和欲望，人有欲望是正常的，但人若等同欲望就不正常了，或者说人不能完全被欲望所规定，所左右，对欲望要有一定的限制，否则人与动物就没有什么区别了。因此，人必须要跟自己的欲望相分离，这才是圣人之道。圣人为腹不为目，就是要满足基本的欲望，但不能放纵欲望。既然人不能等同于自己的欲望，就必须适当地对欲望加以限制，不能放任欲望，放任欲望其实就是所谓的纵欲，而纵欲显然是违背圣人之道的。腹与目，都是身体器官，在生理上本来是一致的，但在这里却扮演了不同的角色。老子要限定欲望，要人和欲望保持一定距离，同时也要让腹与目保持一定距离，这实际上也是一种欲望的俭啬，然这会让人产生一定的压抑，然而这恰恰是通往圣人的道路。

总之，无论是从维持国家长治久安的角度、社会可持续的角度，或者从个体生活的角度来说，老子以"俭""啬"为准则的节俭观，都是普遍适用的，只有奉行"俭""啬"的节俭原则，也才能让人和社会回归自然性，从而实现"无为而无不为"。

2. 庄子的尚俭思想

（1）"知足"、"知止"。

正常的欲望总是需要的，人之为人不能没有欲望，正常的欲望是社会发展的动力，也是维持个体生存的保证。与老子一样，庄子也没有否定人的合理欲望。但是，在现实社会中，人们盲目地追求物欲，这是不可取。功名利禄也是世俗之人所需要的，它们可以满足人的物质需要和精神需求，但人如果过分地追求，欲望过度，非但无益于生命，反而会残害生命。

人的欲望大大推动了人类物质文明和精神文明的发展，同时也给社会和人类自身带来许多灾难。正如庄子所说："自三代以下者，天下莫不以物易其性矣！小人则以身殉利，士则以身殉名，大夫则以身殉家，圣

人则以身殉天下。故此数子者，事业不同，名声异号，其于伤性以身为殉，一也。"（《庄子·骈拇》）

庄子时刻提醒人们淡泊名利，少私寡欲，不要以物易其性。在功名利禄面前要"知足"、"知止"，顺于自然，安于自然。"虽富贵，不以养伤身；虽贫贱，不以利累形。"（《庄子·让王》）一个人要善于学会满足，只有知足才能常乐。对此庄子有一个很好的比喻："鹪鹩巢林，不过一枝；偃鼠过河，不过满腹。"（《庄子·逍遥游》）功名利禄，都是外在的东西，一些人大富大贵，腰缠万贯，但不一定就是幸福快乐的，真正快乐的是那些清静无为，清心寡欲的人。

那么，怎样才能真正做到"抱朴"、"守真"、"知足"、"知止"呢？老子主张要"致虚极，守静笃"，庄子则在老子虚静之说的基础上，提出"缘督以为经"的养生之道。"缘督以为经"，既讲心养，亦讲物养，既养神亦养形，适得其中。既符合本能的欲望，又不违背自然之道，达到心与物、形与神的和谐自然。

"知足"、"知止"体现了庄子的节俭消费思想，这一思想是符合他的天道观及逍遥游精神的。他说：

> 夫大道不称，大辩不言，大仁不仁，不廉不嗛，不勇不忮。道昭而不道，言辩而不及，仁常而不成，廉清而不信，勇忮而不成。五者圆而几向方矣。故知止其所不知，至矣。孰知不言之辩、不道之道？若有能知，此之谓天府。注焉而不满，酌焉而不竭，而不知其所由来，此之谓葆光。（《庄子·齐物论》）

庄子是把"知足"、"知止"上升到逍遥无待的境界，也是天人合一的境界。在《庄子·天运》篇中，他是这样论述食于苟简之田，立于不贷之圃的："逍遥，无为也；苟简，易养也；不贷，无出也。"

庄子在《庄子·大宗师》篇中，对于古之真人的那种"其寝不梦，其觉无忧，其食不甘，其息深深……喜怒通四时，与物有宜而莫知其极"的生活境界极为赞赏，真人的与世无争、节俭素朴、优游自在的生活方式，是合乎道的，只有这种生活方式才能完全摆脱外物对于身心的束缚，并使人能够轻易与周围无欲无求的自然万物融为一体，从而使人的身心处于一种逍遥无待的完美境界之中。

庄子笔下的"真人"、"至人"，已经达到逍遥游的境界，古代那些道德修养极高的人，就是以"真人"、"至人"为楷模，在物质生活方面简单朴素、无奢无华，但在精神生活方面却自由自在、无拘无束，逍遥自适，他们是洒脱的，可以自信地立足于这个世界。

如果从消费的角度讲，庄子这里同时也是提倡了一种"知足"、"知止"的简单、朴素的节俭消费观念，而这一观念是有其现实意义的，因为现实社会中我们看到的更多的是不知足、不知止的行为表现，明明是违背天道，却不以为然，这是令人担忧的。

> 畜天下者，无欲而天下足，无为而万物化，渊静而百姓定。（《庄子·天下》）

庄子指出古代那些养育天下的统治者，正是因为自身的清心寡欲、无所追求才使得天下百姓安居乐业，正是因为自身无所作为才使得万物自行变化发展，因为自身的深沉宁静而使得天下百姓民心安定。

对于统治者而言，只有合理消费、节制消费，才能保证国家稳定、国泰民安。如果过度消费、无节制消费，就会导致社会危机。庄子告诫统治者要效仿圣人，从自身做起，统治者的表率作用是有说服力和影响力的，如果统治者带头节制欲望，节俭消费，就会在很大程度上影响国人，使得天下百姓人心安定，满足于平静的生活，国家也就自然安定了。

在《庄子·盗跖》篇，庄子以知和之口对富人在消费方面的消费习惯进行了痛斥：

知和曰："平为福，有余为害者，物莫不然，而财其甚者也。今富人，耳营于钟鼓管籥之声，口嗛于刍豢醪醴之味，以感其意，遗忘其业，可谓乱矣；侅溺于冯气，若负重行而上坂，可谓苦矣；贪财而取慰，贪权而取竭，静居则溺，体泽则冯，可谓疾矣；为欲富就利，故满若堵耳而不知避，且冯而不舍，可谓辱矣；财积而无用，服膺而不舍，满心戚醮，求益而不止，可谓忧矣；内则疑劫请之贼，外则畏寇盗之害，内周楼疏，外不敢独行，可谓畏矣。"

知知说："平均是福，有余是祸害，凡物没有不这样的，而财货更是这样。现在的富人，耳朵钻营于钟鼓管箫的声音，嘴巴满足于牛羊美酒的滋味，以刺激他的欲念，遗忘他的事业，可以说是迷乱了；沉溺于愤懑盛气，好像背负着重担爬坡，可以说是劳苦了；贪财而招致怨恨，贪权而耗尽心力，闲散居住时就沉溺于嗜欲，身体充盈就意态骄满，可以说是生病了；为了贪图富有而追逐私利，所以积累财富超过高墙也不知满足，而且越是贪求就越不知收敛，可以说是羞辱了；积累了财富却没有用处，专意营求而不愿割舍，满心烦恼，希求增多却不知休止，可以说是忧虑了；在家里就担心小偷的盗窃，在外面就害怕盗寇的伤害，在内戒备森严，在外不敢独自行走，可以说是畏惧了。"

庄子认为，追求奢侈的消费心理和消费行为是愚蠢透顶的，将这种行为与其他的几种贪婪行为定义为"天下之至害也"。在《庄子·天地》

篇中，庄子说：

> 且夫失性有五，一曰五色乱目，使目不明；二曰五声乱耳，使耳不聪；三曰五臭熏鼻，困惾中颡；四曰五味浊口，使口厉爽；五曰趣舍滑心，使性飞扬。此五者，皆生之害也。

过分注重感官享受会使人丧失真性；过分追求视觉享受会使人的眼睛看东西时看不明。过分追求听觉享受会使人的耳朵听声音时听不真切；过分追求嗅觉享受会使人的鼻腔壅塞并且直达额顶；过分追求味觉享受会使人的口舌受到严重伤害；过分放纵欲念就会使人心神迷乱、心性驰竞不息、轻浮躁动。

总之，实奢侈消费会妨害人之本性，并对人的身体造成严重的危害。在《大宗师》篇中，庄子还对于欲望过大的人进行了批判，"其耆欲深者，其天机浅"，认为那些嗜好和欲望太重的人，他们是很肤浅的，那些欲望太重的人经常会作出一些与真人做法大相径庭的举动，也因此给自己的身心带来严重的损害。

正是基于这一点，庄子劝诫人们能以一颗知止之心去遏制其过度的消费欲望，并倡导一种简单素朴的生活方式，实行有节制的节俭消费。庄子认为以清心寡欲为前提的节俭消费，可以使人的身心获得极大的解放，随之而带来的是无拘无束的自由，达到一种理想的生活境界。

（2）"以养共身，修其天年"。

庄子提出的"知足"、"知止"，那么如何才能做到这一点？最关键的是要解决欲望的问题，过度消费的根源就在于"失性于俗"（《庄子·缮性》），"丧已于物"（《庄子·缮性》）。庄子坚决反对"失性于俗"，"丧已于物"，主张"以养共身，修其天年"（《庄子·人间世》），"虚已游世"（《庄子·山木》），这充分体现了他对待生命、生活的认真态度。

道家的杨朱学派，是把"贵生"、"重生"作为学派思想的主题，"由贵生动则得其情矣，不由贵生动则失其情矣。此二者，生死存亡之本也"（《吕氏春秋·情欲》）。在这里杨朱是把"贵生"作为一种价值尺度，把是否有利于"贵生"作为判定行为的依据和标准。作为传统隐者思想的出发点就是保全自己，或者说是"重己"，对于"重己"，孟子的评语就是"为我"，带有自私的含义。韩非的评语是"轻物重生之士"（《韩非子·显学》）。

应该说，杨朱讲"贵生"、"重生"，比较激进，有一些极端化的倾向，但其根本的方面是强调对自我生命的重视，所以还不能简单地归结为消极的自私自利。道家各派对"为我"的理解各不相同，各有差异，但都表达了对生命的重视，这也体现了传统隐者群体的一贯思想，亦即出于在黑暗乱世中寻求自我保护的特定心理。

但需要指出的是，虽然道家也重视养生，但不是在一般的意义上讲"养生术"，尤其是老子和庄子，他们讲的"贵生"、"重生"，已经上升到一种生命哲学的高度，其思想的主旨是不益生、不戕生，"以养共身，修其天年"。

若要做到"以养共身，修其天年"，就必须无私无欲，克制欲望。在庄子看来，只有无私无欲，"以养共身，修其天年"，才是真正的人性之道，在《庄子·山木》篇中，他说："南越有邑焉，名为建德之国。其民愚而朴，少私而寡欲……吾愿君去国捐俗，与道相辅而行。"

庄子对建德之国百姓的纯厚质朴、少私而寡欲的人性倍加赞赏，他认为这样的人性是符合大道的，也就是说，少私而寡欲的人性才是合乎道的人性。

《庄子·马蹄》篇中，庄子明确指出，无欲才是民性之本，"至德之世……同乎无欲，是谓素朴"。庄子对至德之世时期人们的无知无欲、与万物并存的生活状态非常推崇，在庄子看来，这样的生活状态，才是最自然、最理想的。因为无知才不会被那些心机和技巧迷乱心志，才不会伤害人的素朴本性，所以才提出"素朴而民性得矣"。

"每每大乱，罪在于好知"（《庄子·胠箧》），在庄子看来，那些与人性相悖的挥霍行为，是心机和技巧发展的必然结果，因为人类所谓的智慧和文明也具有两面性，一方面带来了社会的进步，另一方面也导致了人的天性的丧失，刺激人们盲目追求感官享受，从而使人的心性迷乱，甚至于沉溺其中而不能自拔。

既然素朴无欲才是人的原始本性，那么要守住这个本性，人类就应该明白失去这个本性的原因。其实，还是人类的欲望、奢求在作怪，如果消解了过多的欲望、奢求，才能回到自然朴素的节俭生活。坚持无私无欲是人之真性，从根本上说，过度消费与这种人之真性是不相符的。

四、先秦儒家的尚俭思想

1.孔子的"节用爱人"

儒家博大精深的思想体系里，蕴含着朴素的生态与环境观念。秉承"天人合一"的自然观，儒家"以天地万物为一体"，认为天人相合相通，重视人与自然的和谐统一，而不是把人与自然对立起来。对于人类赖以生存的环境及其物质基础，儒家主张采取友善的态度，以爱心对待天地万物，重视我们赖以生存的自然环境，反对肆意破坏和浪费资源，进而伤及自身。孔子明确提出"节用而爱人，使民以时"的思想，他说："伐一木，杀一兽，不以其时，非孝也。"

孔子提倡勤俭节约精神，他在《论语·学而》中讨论如何当好高官这一问题时说："道千乘之国，敬事而信，节用而爱人，使民以时。"孔子说：领导一个中等大小的诸侯国，要格外慎重，怀着敬畏的心情处理政事，恪守诚实守信的原则。节省一切用度和关爱人，使用百姓时要按照一定的季节。"千乘之国"是指拥有一千辆战车的中等诸侯国。当时的鲁国、卫国、宋国等都属于这一级别的国家。能够领导这样的国家，便是除国君之外的执政官，当春秋战国时称"相"或"令尹"。这里讲的"节用"是指节约开支，包括一切物资与人力，其中也包括环境与资源。孔子主张厉行节约，减低资源消耗。

在《论语》中还有这样一段记载："林放问礼之本。子曰：'大哉问！礼，与其奢也，宁俭；丧，与其易也，宁戚。'"（《论语·八佾》）林放问孔子礼的本质，孔子说："你的问题意义重大呀！就一般礼仪说，与其铺张浪费，不如俭朴节约；就丧礼说，与其仪文周到，宁可过度悲哀。"主张在办理丧事的时候，不要铺张浪费，不要过于搞形式，而要注重内心的悲伤。

孔子不但向弟子们提倡节俭，而且能够做到身体力行。他心爱的弟子颜回死了，买不起外棺，就是通常说的椁。颜回父亲颜路请求孔子卖掉自己的车给颜回买个椁。孔子没有同意，这是符合孔子根据自己的经济实力和现状从简办丧事的主张的。孔子儿子孔鲤死了，也是只有棺而没有椁。是否一定需要椁，要根据礼的规定和自身的实际经济情况。

孔子一贯主办事节俭，子曰："麻冕，礼也；今也纯，俭，吾从众。拜下，礼也；今拜乎上，泰也。虽违众，吾从下。"（《论语·子罕》）孔子说："礼帽是用麻料来织，这是合乎传统的礼制的，如今大家用丝料做，是节俭的方式，我同意大家的做法。臣见君，先正在堂下叩拜，然后升堂又叩拜，这是符合传统的礼的，今天大家都免除了堂下的叩拜，只升堂后叩拜，这是倨傲的表现，虽然违反大家，我仍然主张还是要先在堂下叩拜。"这明显地表现出孔子思想的灵活性，当能够用节约的丝料来代替麻料时，虽然礼的规定要用麻料，但孔子遵从了大众的选择，而不是顽固不化，一味复古，是在能够节约的地方尽量节约。但在见面礼节方面则选择了传统的古礼，因为那只是属于人的行为，尽管有些麻烦，但不需要消耗物质。

《论语·述而》中孔子更明确地说："奢则不孙，俭则固。与其不逊也，宁固。"意思是：生活奢侈就会傲慢不谦虚，节俭就显得孤陋固执。相对比较而言，宁可孤陋固执，也不要傲慢而不谦虚。节俭可养德，奢侈会败德。古往今来都是这样。所以把生活水平控制在一定程度内是非常必要的。在可能条件下，尽可能做到适度为好，既不要吝啬，更不要奢侈，以节俭适度最好。

鲁国建造新的府库，孔子弟子闵子骞曰："仍旧贯，如之何？何必改作？"子曰："夫人不言，言必有中。"（《论语·先进》）闵子骞对于建造新的府库一事提出批评，意思是如果继续使用旧的府库，又能怎样，何必非要建造新的。他的出发点是反对浪费，孔子对闵子骞的观点表示赞同，说闵子骞除非不说话，一说话就说到点子上。

孔子平时经常赞美节俭的人，例如在卫国时曾经赞美卫国公子荆，子谓公子荆，"善居室。始有，曰：'苟合矣。少有，曰：苟完矣。'富有，曰：苟美矣。'"（《论语·子路》）公子荆这个人很善于处理家务，刚刚有点财产，就说差不多够用了，稍微再有一点，就说差不多齐全完备了，再丰富一点，就说差不多完美了。

公子荆是卫国公子，是个贤者，声誉很好。吴国的季札曾经把他列为卫国的君子。在孔子看来，公子荆节俭知足，不奢侈贪婪，这是一种美德。孔子生活的年代，正是春秋末到战国的过渡时期，战争连绵不断，社会秩序动荡不安，因此奢靡之风盛行，处乱世之中，两极分化严重，那些富人大多穷奢极欲，挥金如土，让人们感到失望，因看不到更好的前景，于是便产生了及时享乐的心理。社会现状影响到人们的心理和生活方式，而这种心理和生活方式又直接对社会风气产生影响，在此背景下卫国公子荆的这种生活态度就更显得可贵，所以才引发了孔子的感叹，对他简约、节约的生活态度及生活样式给予了高度评价。

　　墨子虽然说儒家之道足以丧天下者有四，但他并不排斥其中的合理成分，认为孔子思想中也包含有"当而不可易"（《墨子·公孟子》）之处。墨子之"节用"也有对孔子节用思想的借鉴。

　　孔子认为，人类社会的节是根据自然界的"节"而来的，"天地节而四时成"，"冬不可无限长，要有春来节制它，使它适可而止，这是刚节柔。夏也不可无限长，要由秋来节制它，使它适可而止，这是柔节刚"①，刚柔相节而生四时，这是自然界的节，失去这种节，自然界就会混乱。

　　孔子认为节用对一个国家来说是非常重要的，他认为一个千乘之国要"节用而爱人，使民以时"（《论语·学而》）。当人们问及管仲是否节俭时，孔子的回答是"管仲之器小哉！"因为管仲向人们收取了大量的市租，他手下的人，一人一职，没有兼差的，像这样怎么能算节俭呢？在《论语·尧曰》中，孔子提出为政者应当具有五种美德，即"惠而不费，劳而不怨，欲而不贪，泰而不骄，威而不猛"。也就是说，君子给予百姓以恩惠自己却没有损耗；使百姓劳作但他们却不怨恨；追求仁德而不贪图财力；庄重却不傲慢；威严却不凶猛，如此便能"以约失者鲜矣"（《论语·里仁》）。这与墨子"俭节则昌，淫佚则亡"的结论有不谋而合之处。

　　孔子虽然提倡节用，但他也非常重视礼节对统治秩序的维护作用，他认为"礼与其奢也，宁俭"，礼的作用在于规范人们的行为，只要心存敬畏，形式的上东西是不必计较的。形式上太过浪费，就会显得不谦虚，节用就会显得固执，与其不谦虚，不如选择固执。所以，他主张丧葬礼外要从俭，内从哀。"丧礼，与其哀不足而礼有余也，不若礼不足而哀有余也"，丧葬之礼只是要表示对死去之人的追思，礼节的程序是

---

　　①　金景芳、吕绍纲：《周易全解》，上海古籍出版社 2005 年版，第 468 页。

可省略的。当孔子的爱徒颜回死后，其他的弟子要厚葬颜回，孔子不同意。最终颜回还是被厚葬了，孔子无可奈何地说："非我也，夫二三子也"，即是对自己最喜欢的徒弟，也不肯违背节俭的原则。

墨子节用与孔子的节用思想有相通之处，也有对孔子的超越，孔子讲节用是以维护等级秩序为基础的，而墨子的节用是建立在"兼爱"基础上的节俭。

2. 孟子的"仁民爱物"

在自然观上，儒家秉承"天人合一"的自然观，重视人与自然和谐统一，认为人是自然界的一部分、天人是相通的，孟子提出"仁者以天地万物为一体"（《孟子·梁惠王》），强调人与自然的和谐统一，而并非把人与自然对立起来，人类应注意保护赖以生存的自然环境。儒家历来反对滥用资源，对待天地万物，应采取友善、爱护的态度。在儒家看来，自然资源是人类赖以生存的物质基础，如果随意破坏、浪费资源，就会损害人类自身。

孟子主张把人类之爱施于万物。他说："亲亲而仁民，仁民而爱物。"朱熹进一步阐发了爱物的思想，他说："此心爱物，是我之仁；此心要爱物，是我之义。"

荀子在他的著作《荀子·王制》中讲道："田野什一，关市几而不征，山林泽梁，以时禁发而不税"，"草木荣华滋硕之时，则斧斤不入山林，不夭其生，不绝其长也。鼋鼍鱼鳖鳅鳣孕别之时，罔罟毒药不入泽，不夭其生，不绝其长也。春耕、夏耘、秋收、冬藏，四者不失时，故五谷不绝，而百姓有余食也。污池渊沼川泽，谨其时禁，故鱼鳖优多，而百姓有余用也。斩伐养长不失其时，故山林不童，而百姓有余材也。"荀子把对山林川泽的管理、对自然资源的合理开发与保护作为"圣王之制"的内容，要求砍伐和渔猎必须遵守一定的时节，并规定相应的"时禁"

期，以保护生物和资源。

儒家的生态伦理思想给我们今天带来的有益的启示，那就是在发展经济、开发自然、利用资源的同时，必须注意人与自然关系的协调，把发展经济、发展科技与生产力同保护生态环境有机统一起来，把人类生活需要与生态环境运行规律有机结合起来，提高开发自然、利用资源的科学性与合理性。当前，我们解决资源短缺问题，合理利用和有效保护资源，可以借鉴儒家所倡导的取用有节、物尽其用的思想。

儒家的生态伦理思想给我们提供了启示，那就是人与自然的关系不仅仅是利用与被利用、开发与被开发的关系，我们必须要强调人与自然的协调发展，让人类社会的需求与生态系统的运行规律相适应，开发自然、利用资源要讲究科学性与合理性。

五、先秦法家的尚俭思想

韩非子的奢侈"养殃"。韩非子是先秦法家思想的集大成者，他的思想不仅继承和发展了法家思想家如慎到、商鞅等人的思想，而且也广泛吸取了儒、道、墨等学派的精神成果。他的主要著作《韩非子》，观点鲜明，思想深刻，对治国理政具有一定的借鉴价值，其中就有许多关于节俭和节制的思想主张。例如，他说："香美脆味，厚酒肥肉，甘口而病形；曼理皓齿，说情而捐精。"意思是说过分沉湎于美酒、美味、美人都是非常有害的，人应该懂得节制的道理。他还以商纣王为例。说明过分贪恋逸乐和享受的危害。商纣王先用象牙做筷子，其叔父箕子认为商纣王使用了高档餐具，在吃的方面也一定会追求山珍海味，进而穿锦罗绸缎，住高台大屋。如此下去，天下的物质都不够他享用。果不其然，商纣王的荒淫贪婪最终导致人亡政息。

在谈到法治问题时，也涉及消费问题，尤其是他的俭奢消费论，是值得研究和探讨的。俭、奢消费问题，是消费领域的核心问题。自古以来，在俭奢问题上一直争论不休，主俭者有之，崇奢者亦有之，还有一些是自相矛盾的。韩非子对这个问题说得比较多，他强调，在消费方面要节俭，反对奢侈浪费，指出奢侈"养殃"的弊端。他认为统治者贪图享受就是"养殃"："人主乐美宫室台池，好饰子女狗马以娱其心，此人主之殃也。为人臣者尽民力以美宫室台池，重赋敛以饰子女狗马，以娱其主而乱其心，从其所欲，而树私利其间，此谓养殃。"（《韩非子·八奸》）他把这种"养殃"作为"八奸"之一，并且认为，大搞奢侈消费，会遭"亡国之祸"："好宫室台榭陂池，事车服，器玩好，罢露百姓，煎靡货财者，可亡也。"（《韩非子·亡征》）他还提出：对下面的官吏们搞奢侈行为，君主如果不加以禁止，使他们贪心蔓延，也会导致亡国之祸："宫室供养太侈，而人主弗禁，则臣心无穷；臣心无穷者，可亡也。"（《韩非子·亡征》）因此，他提出："是以圣人不引五色，不淫于声乐，明君贱玩好而去淫丽。"（《韩非子·解老》）他坚决反对统治阶层大搞骄奢淫逸。对于非统治阶层来说，如果搞奢侈消费就会导致"穷身"："不务听治，而好五音不已，则穷身之事也。"（《韩非子·十过》）他说：有些人富贵以后，搞奢侈消费不仅会影响身心健康，甚至夭死："人有福则富贵至，富贵至则衣食美，衣食美则骄心生，骄心生则行邪僻而动弃理，行邪僻则身死夭。"（《韩非子·解老》）韩非子极力反对骄奢淫逸，崇尚节俭，这些思想都是值得称赞的。

韩非子还强调，人们的消费要做到量入为出。他说："举事有道，计其入多，其出少者，可为也。……凡功者，其入多，其出少乃可谓功。"（《韩非子·南面》）他提出，要"入多"、"出少"，就要做到节俭，"俭于财用，节于衣食，宫室器械，周于资用，不事玩好，则入多。入多，皆人为也。"（《韩非子·难二》）"独以贫穷者，非侈则惰也。侈而惰者贫，因力而俭者富。"（《韩非子·显学》）一个家庭的贫富，取决于消费生活的奢侈与节俭，奢侈则家贫，节俭则家富。这些说法是有道理的。他还主张人的消费生活应该安静，讲究精神调养："圣人爱精神而贵处静。不爱精神不贵处静，此甚大于兕虎之害。"（《韩非子·解老》）不注意精神调养比猛虎的危害还大。可见这个问题是非常重要的，不能看做是无所谓的事情，这里实际上强调了精神消费的重要作用。

他曾讲了一个扁鹊见蔡桓公的故事。扁鹊见了蔡桓公三次，三次都说蔡桓公有病，而且一次比一次严重，但蔡桓公讳疾忌医，不听不信，最后病入膏肓，无法救治而亡。这个故事说明做事须从小处防范，别让小的隐患酿成无法挽回的大灾。这就是所谓的"禁奸于未萌"，注重预防，要注重小贪、小腐、小错的纠正、处理，对官员中一些苗头要早打招呼，早查处，早纠正，防止小错不纠而酿成大错。韩非子反复强调法律必须公平公正，极力反对任何人享有法律上的特权。他提出"法不阿贵"、"刑过不避大臣"，主张制度法律面前没有例外。"疏贱必赏，近爱必诛"，执法者必须一碗水端平，不能有亲疏之分。他强调执法人员要保持公正公平，"执法者强，则国强；执法者弱，则国弱。"加强反腐倡廉建设，更要反对特权，杜绝例外，制定的制度和法纪对任何人都要有同等的约束力，减少权力对法律的干预，无论"老虎"还是"苍蝇"，惩处的尺度要一致。韩非子认为自上而下的示范带动作用至关重要。"越王好勇，而民多轻死；楚灵王好细腰，而国中多饿死。"他讲了两则故事，一则是齐桓公拒穿紫色衣服。齐桓公本来喜欢穿紫色衣服，导致"一国皆服紫"。因紫色衣料特别昂贵，为制止这种奢华之风，他赶紧带头不穿紫衣，并对身边的人说讨厌紫色衣服的气味。很快，全国的人就不再穿紫衣了。另一则讲的是邹国君主喜欢佩长带，身边的大臣们也佩长带，于是长带越来越贵。邹君便用割断自己长带的方式制止了这种风气。上行而下效，上级的示范带头作用非常明显。因此，在反腐倡廉建设中，一定要从领导干部抓起，特别是盯紧"一把手"，通过"一把手"

抓、抓"一把手"的模式，自上而下，层层发挥示范带头作用，才能起到事半功倍的效果。智者创物，能者述焉。韩非子主张节俭节制、防微杜渐、公平公正、厚赏重罚、自上而下。

韩非子不愧是我国先秦时期法家理论的集大成者，他创立了古代以法治国的理论和以法为本，法、术、势相结合的法治体系，为维护封建专制统治提供了理论武器。奢侈浪费必导致穷身亡国，韩非子的奢侈"养殃"思想，他的消费观念具有许多合理性因素，直到今天仍对我们有所启示。

第二节　墨子尚俭思想的提出

一、尚俭符合"天"的意志

墨子以兼爱为核心的学说，包括他的节俭主张体现出浓厚的生存关怀，这个生存关怀是从他的"天志""明鬼"思想中萌发出来的。

在墨子那里，"天"是一个重要的词语，在各篇中出现的次数很多，天是作为最高主宰，而鬼神则是作为天志的执行者，虽地位不同，角色不同，但却是相辅相成的，共同组成一个管理社会的监督系统。概括起来说，墨子使用的"天"大体上可以分为三个含义：一是指天地万物之母，二是指具有人格特征的神，三是指必然的规律。

墨子的"天志"表达了其独特的天人合一思想。他说：

故古者圣王，明知天鬼之所福，而辟天鬼之所憎，以求兴天下之利，而除天下之害。是以天之为寒热也节，四时调，阴阳雨露也时，五谷孰，六畜遂，疾灾戾疫凶饥则不至。是故子墨子曰："今天下之君子，中实将欲遵道利民，本察仁义之本，天意不可不慎也。"

这段话的意思是说：所以，古时的圣王，明白地知道上天、鬼神能降福，而避免做上天、鬼神所憎恶的事，以求得兴天下之利，而除天下之害。是天安排寒热时节，四时调顺，阴阳雨露合乎时令，五谷熟，六畜繁殖，疾病灾祸瘟疫凶饥不至。所以墨子说："现在天下的君子，如果心中希望遵循圣王之道，利于民，考察仁义之本，对天意不可不顺从！"

　　且吾所以知天之爱民之厚者，有矣。曰："以磨为日月星辰，以昭道之；制为四时春秋冬夏，以纪纲之；雷降雪霜雨露，以长遂五谷麻丝，使民得而财利之；列为山川溪谷，播赋百事，以临司民之善否；为王公侯伯，使之赏贤而罚暴，赋金木鸟兽，从事乎五谷麻丝，以为民衣食之财。自古及今，未尝不有此也。"

这段话的意思是说：而且我知道上天爱民之厚，天分列出日月星辰，照耀天下，制定四季春夏秋冬，以为纪纲，降下霜雪雨露，以供生长、成熟五谷丝麻，使百姓获得财利；又分列出山川溪谷，广布百事，以监察百姓是否从善；分别设立王公侯伯，让他们赏贤罚暴，征收金木鸟兽，从事五谷丝麻，作为百姓的衣食之财。从古至今，未曾不是如此。

可见，墨子笔下的天是有着最高权威的人格神。天在墨子看来是集自然事物与人间社会于一身的崇拜对象，它掌握着对世间万物生杀予夺的至高权力。

墨子之"天"带有某种自然宗教性色彩，也带有浓厚生态气氛。天具有"节"、"调"、"时"的功能与特征，正是具有了这样的生态价值，从而才有了"五谷孰，六畜遂，疾灾戾疫凶饥则不至"般风调雨顺、丰衣足食的社会景象。

墨子所赋予的天，能够关心民间疾苦，赏贤罚暴，天虽然高高在上，很威严，但却是一个有同情心、有正义感的至上神。只有在天的庇护下，自然与社会之间才能出现井然有序、和睦相处的景象。天不仅分化出日月星辰，定出春夏秋冬，降下霜雪雨露，形成山川溪谷，还设出王公侯伯，这些都是为天下百姓谋利益。

因此，墨子的"天"不过就是为爱人、利人而预设的，天志实际上就是墨子推行各种主张以及践行的行为依据，这和一般宗教讲的天还是有区别的。

应该说，在先秦诸子中，墨子是对节俭论述最多、践行最有力度的思想家，他提出了十大主张，其中的"非命"、"非乐"、"节俭"、"节葬"等都是集中的论述，其他主张也涉及节俭的问题。

二、尚俭思想的来源考据

尚俭，是墨子理论的突出特色，也是"非攻"、"非乐"、"节用"、"节葬"等篇的基本内容。我们这里讲的节俭，有其特定含义，既有简单、简朴之意，也包含有节用、节约之意。

墨学与儒学在先秦时期并称"显学"。《韩非子·显学》曰："世之显学，儒墨也。"孟子也曾说过："天下之言，不归杨，则归墨。"(《孟子·滕文公下》) 可见，墨学当时是一个影响很大的学派。

在中国学术史上，对于墨子节俭思想的来源有不同说法。

一种说法是认为墨子节俭思想出于夏禹，这是以《庄子》书中的一段记载为根据。《庄子·天下》篇中写道："墨子称道曰：'昔者禹之湮洪水，决江河而通四夷九州也，名山三百，支川三千，小者无数。禹亲自操橐耜而九杂天下之川，腓无胈，胫无毛，沐甚雨，栉疾风，置万国。禹，大圣也，而形劳天下如此，使后世之墨者，多以裘褐为衣，以屦蹻为服，日夜不休，以自苦为极。曰：'不能如此，非禹之道也，不足谓墨。'"

《庄子·天下》的说法有较大的影响，说墨家思想是来源于大禹，这与《墨子》提出的理论可以相互印证。在《墨子》一书的篇目中，对大禹的推崇可以说随处可见，如《兼爱》："即此禹兼也，虽子墨子之所谓兼者，于禹求焉。"《天志》："尧舜禹汤文武焉所从事？曰从事兼。"《明鬼下》："尧舜禹汤文武者，足以为法。"这样的说法还有许多，这些论述足以说明墨子思想与大禹的历史联系。后世的学者在概括墨子思想的时候，也都特别突出墨子主张与大禹的思想联系。

不过，和当时许多非议墨子思想的人一样，庄子本人对于墨子的某些理论却是持批评态度的。他认为节用与兼爱思想一样，不仅是不现实的，而且它的社会效应甚至是与墨子的想法相反的，"墨子独生不歌，死不服，桐棺三寸而无椁，以为法式。以此教人，恐不爱人，以此自行，固不爱己。"（《庄子·天下》）相对于庄子，孟子则站在儒家的立场对墨子展开了更为严厉的批判。这种批评虽然带有一些偏激色彩，但由于儒家的地位，却依然在社会上产生了较大的影响。不过，无论当时儒家和其他学派的人怎样批评和反对墨子，墨子的思想依然广为流行。

另一种说法是对孔子思想的接受与反叛。刘安在《淮南子·要略》中称："墨子学儒者之业，习孔子之术，以为其礼烦扰而不说，厚葬靡财而贫民，久服伤生而害事，故背周道而用夏政。"这里提到了墨子曾学习过儒家的思想，只是不认同儒家，认为儒家提出的礼乐文化过于烦扰，其厚葬靡财贫民，因而要自己另立学派，效法夏政。这种说法为后世的学者普遍认同。不过，正因为得到普遍接受，所以很少有人对此加以认真的考辨。只有杨义等少数学者进行了某些推考，其结论是墨子的学术渊源与孔子的著名弟子曾子有某种关联。

杨先生依据汪中、孙诒让等学者的考证以及《墨子》的《三辩》尤其是《公孟》等篇的记载，认为"墨子曾与曾门弟子交游"，其说还是具有一定根据的。同时杨先生又说："墨子从七十子后学中学到的是文化知识而非学理和信仰。"这种观点证以《墨子》原文是颇有说服力的。所以他的结论是：墨子思想的过程性，在这里出现了"一个墨子式的S形"。"墨子与儒者游，实现由贱人到士的过渡；墨子与儒者辩，实现了脱儒归墨的转变。而这种S型旋转的支撑点，是深埋于墨子生命中的东夷文化基因和民间下层意识；与儒者游而后辩，则是其外在的文化推动力。"这种说法应该是比较符合墨子思想实际的。

事实上，墨子并没有全面否定儒家，从《墨子》一书中，我们可以看到墨子在谈话中经常引用《诗》、《书》等儒家经典，而且认为孔子有"亦当可而不可易者"的一面。在（《墨子·公孟》）中，他还说"今翟曾无称于孔子乎？"这些也从一个侧面印证了墨子对儒家思想也有赞同和尊重的一面。

其三是《汉书·艺文志》记载的墨学来源。关于墨子的思想来源，以东汉班固为代表，在《汉书·艺文志》有一段专门的论述，并提出了与前面不同的一种说法："墨家者流，盖出于清庙之守，茅屋采椽，是以贵简；养三老五更（梁玉绳依照《汉书》颜师古注，校改作"叟"），是以兼爱；选士大射，是以上贤；宗祀严父，是以右鬼顺四时而行，是以非命；以孝视天下，是以尚同。"

这里所谓"清庙之守"，主要是指那些以管理太庙为职，主持祭祀礼仪的人。《吕氏春秋·当染》中也有类似的说法："鲁惠公使宰让请郊庙之礼与天子。桓王使史角往，惠公止之，其后在鲁，墨子学焉。"但是无论墨子的思想来源于夏禹或是"清庙之守"，他都以"摩顶放踵利天下"（《孟子·尽心下》）的原则为天下百姓奔走呼号。

这里我们可以具体考察一下"清庙"。《说文》解释"庙"说："庙，尊祖貌也。"段玉裁引《祭法》:"庙之言貌也。宗庙者,先祖之尊貌也。古者庙以祀先祖。凡神不为庙也,为神之庙者三代以后。"蔡邕《明堂月令论》:"明堂者,天子大庙,所以崇礼其祖以祭上帝也。夏后氏曰世室,殷人曰重屋,周人曰明堂。……取其宗祀之貌则曰清庙,取其正室之貌则曰大(太)庙,取其尊崇则曰太室,取其堂则曰明堂,取其四门之学则曰大(太)学,取其四周环如璧则曰璧雍,异名而同事,其实一也。"通过各种史料以及考古发现,我们可以了解这种直接影响到墨子思想的"清庙"究竟是什么。所谓"清庙""明堂",原本不过是氏族部落议事的巨大平台,一般都修建在较高的平台上(可以避免水灾——成都考古发现的"羊子山"祭祀高台等古建筑就是这种遗迹),后来才逐渐演变为公室庙堂。这种地方最初是氏族部落聚众议事的公众场所,只要是部落的人每一个都可以参加并且发表意见。这种事务活动中心不断演变为祭祖、议政、养老、选士、议兵、兴学等功能。有学者认为,由于议事会议的召集人都是大家公推的氏族部落领袖和贤才,而且在会议上大家都处于平等的地位,因而会议天然具有民主的精神。后来在阶级分化等级分明之后,尤其是在"强凌弱"的时代,墨子依据古老的回忆和零星的记载推出古代部落领袖的大禹作为"兴天下之利,除天下之害"的代表,其目的就是要树立一个当时的榜样,并以"夏政"来纠正墨子时代"礼崩乐坏"的"周道"弊端。虽然也有学者否定这种联系,但根据《隋书·经籍志》的记载进行论证,墨家的这种思想渊源关系还是有一定道理的。"墨者,强本节用之术也,上述尧舜之道,夏禹之行,茅茨不翦,粝粱之食,桐棺三寸,贵俭兼爱,严父上德,以孝示天下,右鬼神而非命。汉书以为本出清庙之守,然则周官宗伯掌建邦之天神地祇人鬼,肆师掌立国祀,及兆中庙中之禁令,是其职也。愚者为之,则守于节俭,不达时变;推心兼爱,而混于亲疏也。"(《隋书·经籍志》)

关于墨子思想的来源,以上几种说法各有一定道理,都可以作为参考。

作为鲁国人，墨子原本是受孔子之术，学儒者之业的，他之所以弃儒立墨，其中一个重要的原因就是不满儒家的"其礼繁扰而不说（悦），厚葬靡财而贫民，久服伤身而害事"，所以改周之奢而用夏之俭。而"采椽茅屋"的清庙之守反映的正是原始公社时期的夏代遗风。所有这一切都将墨子思想的源头指向了极度节俭时代的中国，即酋邦时代初期国家的全民共同贫穷但却是平等友爱的时代。在这个时代无论是人们的生活还是思想，都呈现出一种生产力极为低下的时代特征。尤其是这种极简生活的时代，由于还没有等级的出现和阶级的分化，所以社会之中人与人的关系还是相对和谐的。墨子所倡导的简约生活方式，是一种很高的境界，其目的是要从根本上解决当时人际争端已经产生，社会普遍存在的"强执弱、众暴寡"现象，甚至导致国家之间大规模杀戮的现实问题。墨子的尚俭思想与他的"兼爱""非攻"理论都是为了"兴天下之利，除天下之害"，从而实现古代虽物质贫乏却"天下便宁无忧"的大同世界。不过，墨子的这个思想虽然构成了他理论的进步价值，但也带有其历史的局限性。

墨子的尚俭思想并非是当时人们的突发奇想，它有着古老漫长的思想传统。从《诗经》《尚书》等古代史料就已经能够看出，自华夏民族古代先民流传下来的节俭思想是源远流长的，它曾经就是古代先民的一种自然、普遍的生活模式，而最早倡导并推广这一生活模式的，就是在社会上最具影响力的领袖人物——家喻户晓的大禹。

墨子经常提及的大禹筚路蓝缕、艰苦创业、为民造福的美德，在先秦史料和诸子著述中屡有记载：《史记·六国年表》："禹兴于西羌"，"禹娶涂山氏之女"。《五帝本纪》："（禹）令于众庶稻，可种卑湿。"《论语·宪问》："禹稷躬耕而有天下。"《诗经·閟宫》："奄有下国，俾民稼穑。有稷有黍，有稻有秬。奄有下土，缵禹之绪。"《韩非子、五蠹》："（禹）手执耒耜，以为民先。"在这些生动的记载中，给我们展现的分明就是一位披荆斩棘、沐风栉雨的创业者形象。这位万民敬仰的帝王带领劳苦大众，驾着简陋的柴车，穿着破烂的衣服去开辟山林道路，战胜自然灾害，造福四方百姓。他的事迹与精神也成为中华民族的宝贵财富，世世代代流传下来，从而形成中华民族勤劳俭朴的优秀传统。

自夏而商至周，虽然中原地区的物质财富不断增加，但节俭的思想传统却没有中断，得以传承下来。商朝末代国君荒淫贪暴最终导致灭亡，周代的开国君主吸取教训，把节俭提高到治国的一项大政方略，由此产生了《尚书·无逸》这样的历史名篇。

《无逸》这个历史名篇之所以在周代出现，有它深刻的社会背景。周王朝是在取代商朝之后建立的。作为一个具有几百年历史的强大王朝，客观上讲商的灭亡原因是多方面的，但后期帝王的骄奢淫逸是其中一个不可忽视的重要的原因。因此，周代的王朝创立者非常注意总结这个深刻的历史教训，尤其是在成王从周公摄政的政权交接的特殊时期，周公担忧年幼的成王会安于逸乐荒废朝政，回到商朝灭亡走过的老路，于是对他反复叮咛告诫。在史官记录的这个历史名篇中我们可以明显感受到这种情感，"呜呼！君子所其无逸！先王稼穑之艰难，乃逸，则知小人之依。相小人，阙父母勤劳稼穑之艰难。"（《尚书·无逸》）周公如此苦口婆心地告诫成王必须深知稼穑的艰辛、百姓的疾苦，不可贪图安逸，挥霍财富，而要以勤于国事的古圣先王为榜样，以荒淫无道的殷王为借鉴，不要沉溺于饮酒、游观、田猎、逸乐，唯有这样才能让周王朝长治久安。这种敬天保民、勤劳节俭的思想给予后世以深远的影响。

三、把尚俭纳入救世方案

在先秦典籍中，老庄、孔孟关于节俭的思想处处可见："甚爱必大费，多藏必厚亡。"(《老子·第四十四章》)"祸莫大于不知足，咎莫大于欲得。故知足之足，常足矣。"(《老子·第四十六章》)"我有三宝，持而保之。一曰慈，二曰俭，三曰不敢为天下先。"(《老子·第六十七章》)"俭，吾从众。"(《论语·子罕》)"礼，与其奢也，宁俭。"(《论语·八佾》)当然，相对于"农与工肆之人"的代表墨子，道家和儒家关于节俭的议论都还是一些零碎的，远没有墨子的论述丰富。而且在墨子那里，是否做到节俭已经不仅仅是个人的道德品质的问题，而且是关乎国家存亡的大事。在墨子的思想体系中，节俭已经成为他的思想体系的重要组成部分，占有很大的比重，他在节葬、节俭、非命非乐等篇章中用了大量的笔墨进行了集中的论述。也可以说墨子的节俭思想是先秦诸子节俭理论探讨的集中体现。

墨子之所以要建立自己的学派，对儒家的失望是一个重要原因。在《墨子》的《非儒》和《公孟》等篇中，他直接表达了对儒家的不满："儒之道足以丧天下者，四政焉。儒以天为不明，以鬼为不神，天鬼不说，此足以丧天下。又厚葬久丧，重为棺椁，多为衣衾，送死若徒，三年哭泣，扶后起，杖后行，耳无闻，目无见，此足以丧天下。"(《墨子·公孟》)

在墨子看来，儒家学说不可崇尚，因为其一是儒者不相信天鬼存在，"天鬼不悦"；其二是儒者坚持厚葬，父母死后实行三年之丧，因此把人民的财富和精力都耗费了；其三是儒者强调音乐，造成同样的后果；其四是儒者相信前定的命运，造成人们的懈怠懒惰，把自己委之于命运。

从这些议论我们可以非常明显地看出儒墨之间，由于阶级出身的差异导致的思想观念的分歧，作为贵族代表的儒家思想倾向于"食不厌精"的上层阶级的习惯与立场，以及贵族生活所带来的种种物质享受，同时他们更需要维护严格的等级制度和上下礼仪。而墨子站在下层百姓的立场则处处与之相反，同时他们认为，只有消除了严格的等级差异，上下一心统一于兴天下之利、除天下之害的"天志"，才能消除社会矛盾与争端，实现天下"兼相爱"，达到天下"百姓便宁无忧"的公平社会。

由此可见，在墨子的救世方案中，尚俭是其中重要的一环，墨子在《鲁问》篇中说道："入国必择务而从事焉：国家昏乱，则语之尚贤、尚同；国家贫，则语之节用、节葬；国家喜音湛湎，则语之非乐、非命；国家淫僻无礼，则语之尊天事鬼；国家务夺侵凌，则语之兼爱、非攻。"在《七患》等篇里，墨子甚至将节俭的问题视为基本的国策，上升到决定国家安危存亡的高度："节俭则昌，淫逸则亡。"

墨子在《七患》篇中总结了七种祸害国家甚至导致灭亡的灾害："七患者何？城郭沟池不可守，而治宫室，一患也；敌国至境，四邻莫救，二患也；先尽民力于无用之功，赏赐无能之人，财宝虚于待客，三患也；仕者持禄，游者爱交，君修法讨臣，臣摄而不敢拂，四患也；君自以为圣智而不问事，自以为安强而不守备，四邻谋之而不知戒，五患也；所信者不忠，所忠者不信，六患也；畜种菽粟不足以食之，大臣不足以事之，赏赐不能喜，诛罚不能威，七患也。以七患居国，必无社稷；以七患守城，敌至国倾。"这里可以明显看出，他讲的"七患"，大多都与是否节俭有直接关系。

墨子政治主张的标准是"三表法"，分别从历史的经验（上本之于古者圣王之事）、百姓的生活实际（"下原察百姓耳目之实"）、普天下人们的利益（观其中国家百姓之利）、其中首先就是"上本之古圣王"，因为在他看来古代的圣王都是主张并实行节用之法的，例如古者圣王制定的"宫室之法"，既适用又节省，"诸加费不加于民利者，圣王弗为"。

墨子之所以提出"节用""节葬"，就是因为他看到了当时大量平民饥寒交迫的生活，而与此形成鲜明对比的却是王公大臣的穷奢极侈和横征暴敛，这是广大劳动民众痛苦的根源所在。

在经济方面，墨子以节用为代表的经济思想坚持两个原则：其一是"力时急而自养俭"；其二是"费财劳力不加利者不为"，首先是反对当时王公大臣贵族的穷奢极侈以及对老百姓的极度盘剥，其次是强调发展生产厉行节俭的重要性。他的"非攻"主张即反对战争的理由之一就是战争耽误农时，极大地影响了正常的农业生产。

虽然墨子反对君王"厚作敛于百姓"，甚至"暴夺民衣食之财"，但另一方面他却并不否定百姓应承担合理的负担。他认为，为了应付各种灾荒，抵御外来的侵略，维持国家的正常运转，推动经济的正常发展，必要的赋税与合理的负担还是需要的，"仓无备粟，不可以待凶饥；库无备兵，虽有义不能征无义。""备者，国之重也。""士君子竭尽股肱之力，惮其思虑之智，内治官府，收敛关市、山林、梁泽之利，以实仓廪府库，此其份（内）事也。"（《墨子·七患》）墨子认为，这些措施不仅是必要的，而且是合理的。一切赋税劳役，只要是在合理的范围之内，百姓是可以接受和承担的，"以其常正，收其租税，民费而不病。"但如果超出了合理的范围，就会适得其反。

墨子的节用观甚至在古代也是受到许多人肯定的，如司马谈在《论六家要旨》中讲到墨家"要曰强本节用，则人给家足之道也。此墨家之所长，虽百家不能废也"。一直到宋代，这种观点仍然得到学者的赞同，欧阳修就说："墨家之言贵俭，此其所行也。……然其强本节用之说，亦有可取者。"（《汉书·艺文志评注》）明代的宋濂也说："墨者，强本节用之术也，……孔子亦曰：'奢则不逊，俭则固。'"这些都是对墨子节俭思想的肯定和中肯评价。

与节用思想直接相关的是节葬、非乐的思想。对于墨子的"非乐"思想，从古至今都有不同的看法，持否定观点的人大多认为墨子是完全否定音乐的，对墨子思想的合理性持怀疑态度。对于这个问题我们有必要搞清墨子思想的特定社会背景以及非乐论点的前因后果。

墨子并非是从个人的立场，而是以"兴天下之利"为目的，以"万民"的利益为重点。在他的眼里，那些美丽的服饰与优美的音乐都是王公大人盘剥饥寒交迫的百姓而来的，因此"亏夺民衣食之财以拊乐"完全是一种罪恶，不但"费国家之事"，也让百姓苦不堪言。

与现代不同，在墨子所处的时代，生产力非常低下，乐器的制作以及盛大的音乐活动是需要巨大投入的，频繁的、大规模的音乐活动反映了当时国君和权贵的奢侈糜烂的生活，而与之形成鲜明对比的则是百姓的沉重付出和贫困的加剧。

《竹书纪年》："夏后启十年，帝巡狩，舞《九韶》于天穆之野。"《管子》："昔者桀之时，女乐三万，晨噪于端门，乐闻于三衢。"《吕氏春秋》："夏桀殷纣作为侈乐，大鼓、钟、磬、管、箫之音，以巨为美，以众为观。"

《史记·殷本纪》也曾记载了殷纣王因沉浸于淫荡声色而灭亡的史实："纣使师涓作淫声，北里之舞，靡靡之乐。纣王纵情声色，挥霍无度，大聚乐戏于沙丘，以酒为池，悬肉为林，使男女裸，相逐其间，为长夜饮。"墨子了解历史的教训，也目睹了权贵的腐败生活，切身感受到了这些音乐活动给国家带来的危害，给百姓带来的负担。作为一个平民思想家，他声讨国家的铺张浪费，极力主张节俭的生活方式，对音乐活动的巨大负面作用和节俭的重大正面意义有着更为深刻而独到的理解。

其实，墨子也并非完全排斥音乐。据《吕氏春秋·情欲》记载："鲁惠公使宰让请郊庙之礼于天子，平王使史角往，惠公止之。其后在鲁，墨子学焉。"歌舞乐都是郊庙祭祀的重要形式，墨子当然要重视和学习。另外，作为一位大学者，一位思想家、科学家，墨子不可能一点也不了解音乐的艺术价值。

除了节用、非乐，节葬也是墨子的一个重要主张。与非乐一样，节葬的提出也有其深刻的背景和原因。墨家之所以公开打出"非儒"的旗帜，这也与墨子节葬理论有直接的关系。墨子节葬的提出，其中一个重要的原因就是针对儒家的"厚葬久丧"。在当时的社会，权贵阶层已经突破了伦理含义，把"厚葬久丧"推向了极端。"王公大人之丧事，棺椁必重，葬埋必厚，衣衾必多，文绣必繁。诸侯之丧事，虚府库，金、玉、珠、玑、丝绸饶于身，车、马、鼎、鼓、女乐、戈、剑、宝器埋于土。"一方面是王公诸侯们耗资巨大的丧事，另一方面则是劳动民众饥寒交迫，朝不保夕的生活现状，这个强烈的对比，墨子看得非常清楚。作为一个"农与工肆之人"的代表，他必须要提出自己的主张，而这一主张不仅符合下层民众的意愿，也代表了历史进步的趋势。

四、墨子尚俭思想的历史影响

墨家作为先秦时代的显学，长期以来在社会上产生了巨大的影响，先秦诸子百家的学者，都从他的思想中不同程度地汲取了许多营养成分。由于种种原因，自秦汉以来墨家在社会上的影响不断减弱，但其尚俭思想在漫长的古代社会延续下来，并未中断。

从近代社会的变革一直到今天，墨家的思想不仅没有丧失它的价值，反而日益显示出独特的意义。尤其是在贫富悬殊日益加剧、奢侈之风愈演愈烈的时代，墨家与众不同的尚俭思想就更加引起人们的关注。

在《韩非子》、《吕氏春秋》等重要典籍中，对墨家的显赫地位有大量的记录和评论。即使像孟子这样的极力反对墨子思想的学者也不能不对他"摩顶放踵利天下为之"的无畏精神表示敬佩。

庄子虽然认为墨子是"其义则是"，"其行则非"，但仍赞叹墨子"真天下之好也，将求之不得也。虽枯槁不舍也，才士也乎"！

荀子虽然也是在总体上反对墨子的思想，但对于其中"持之有故"、"言之成理"的地方还是肯定的，尤其在对待墨子节俭思想方面，在《荀子》的《非十二子》、《解蔽》等篇中对于墨子节用、节葬思想进行了议论。

一方面，他认为墨子的节用等思想是"上功用，大节俭而漫差等，曾不足以辩异同"，甚至是一种导致"天下贫"的理论，在他看来墨子这种"蔽于用而不知文"的错误就在于只知道节俭，而不懂得发展生产，如果对社会上不同的阶层都要求保持最低的生活标准，那就会威胁到等级社会的秩序。可见荀子对墨子的批评是站在贵族立场上的，与墨子的平民立场显然是不同的。

但另一方面他也并非完全否定节俭思想，在《富国》篇中，他明确主张："足国之道，节用裕民而善藏其余。"荀子虽然意识到墨子节用思想的不足，但也正是在墨子节俭的基础上，提出了发展经济以满足人们不断增加的物质需要，从而不断促进社会发展的观点，可以说这是荀子对墨子理论的发展和创新。

秦汉之际，《吕氏春秋》和《淮南子》明显带有墨子思想影响的痕迹。在《吕氏春秋》一书提到了"兼儒墨、和名法"。汪中在《述学·吕氏春秋附考》中说："（《吕氏春秋》的）《振乱》、《禁塞》、《大乐》三篇以墨子非攻救守为务，以非乐为过，而《当染篇》全取《墨子》，《应言篇》言司马喜事则深重墨子之学。"从《大乐》所说的"成乐有具，必节嗜欲，嗜欲不避，乐乃可务"，可以印证汪中的议论是符合实情的。

即使在人们普遍认为墨学低落的时代，它的影响也不能低估，这在当时一些权威大儒的身上表现得十分明显，比如在汉代"独尊儒术"的董仲舒那里，我们依然可以看到墨子思想对他的明显影响。董仲舒在《春秋繁露》里，经常引用墨家的语录词汇，如："圣人之为天下兴利也，其犹春气之生草也……其为天下除害也，若川渎之泻于海也"（《考功名》）；"南面而君天下，必以兼利之"（《诸侯》）"天常以爱利为意"（《王道》）；"泛爱兼利"（《天容》）；等等。

在对待节俭的问题上，他和墨子一样，都是把它视为事关国家存亡的大问题，而且也和墨子一样常常引用古代圣王的例子来加以证明："文王顺天理物"，"爱施兆民，天下归之"；而桀纣"骄溢行侈"，"夺民财食，故祸及身"。"独身者虽立为天子诸侯之位，一夫之人耳，无臣民之用也，莫之亡而自亡也。"

可以说，魏晋南北朝时期尤其是明代中后期以及清代后期，在每一个历史变革时代，墨学都会引起有志之士的关注与研究。

历史又翻开了新的一页，虽然世界已经发生了深刻的变化，但现代社会依然面临着与墨子时代相同的问题。对于如何合理使用日益枯竭的资源，维护良好的生态环境，保证经济社会的可持续发展，墨子的节俭思想不但没有过时，反而在今天这个时代更有其特殊意义，为我们研究和实践绿色理念提供了宝贵的思想资源和非常有价值的启示。

第三章　墨子"节用"阐释

墨子的尚俭思想，首先体现在他的"节用"主张上。在《墨子·鲁问》中，墨子鲜明地提出了他的观点："国家贫，则语之节用。"他讲的"节用"既包括对传统礼乐制度的抵制，也包括对物质生产、生活节俭的提倡。与"非乐"、"节葬"、"非攻"等主张一样，其目的都是为了保证国家的合理有序、可持续的良性运转，保持社会的和谐稳定，有利于民生，最终实现平等兼爱的社会理想，因此《节用》这一篇可以说是墨子尚俭思想的核心内容和集中体现，对我们当代的国家治理也具有重要的理论意义和实践价值。

第一节　"节用"的思想渊源

墨子"节用"的提出，并非偶然，它是在借鉴前人节俭思想的基础上生发出来的，古之尧舜禹等圣王秉持的节俭行为，同时代先秦儒家、道家、法家等倡导的节俭主张都对墨子产生一定的影响，但墨子对上述思想进行了创造性的发挥，并上升到系统理论的高度，进行了深刻的探讨，作出了全面的论述。

一、"节用"源于古之圣王传统

节用是中华民族的悠久的传统，墨子在建构其思想体系时言必称

"三代"，它已成为墨家政治理想的一个代名词，墨子经常引用以说明自己的观点，其对"节用"思想的影响可见一斑。例如，墨子经常谈到古者圣王之事与他"节用"的关系。

"古者圣王之事"即古者圣王的传说，墨子是非常推崇尧舜禹之道的，在言谈中充满对他们的赞美。"爱人利人以得福者，禹汤文武是也。"（《墨子·法仪》）"昔三代圣王禹汤文武，此顺天意而得赏也。"（《墨子·天志上》）"故昔者禹汤文武方为政乎天下之时，曰：'必使饥者得食，寒者得衣，劳者得息，乱者得治。'"（《墨子·非命下》）

孙诒让《墨子间诂·墨子佚文》记载的一段墨子和禽滑厘的对话，"禽滑厘问于墨子曰：'锦绣絺纻，将安用之？'墨子曰：'恶，是非吾用务也。古有无文者得之矣，夏禹是也。卑小宫室，损薄饮食，土阶三等，衣裳细布。当此之时，黼黻无所用，而务在于完坚。'"

墨子对古圣王之事的推崇，在其他文献中也有很多记载。《庄子·天下》载："墨子称道曰：'昔者禹之湮洪水，决江河而通四夷九州也，名山三百，支川三千，小者无数。禹亲自操橐耜而九杂天下之川，腓无胈，胫无毛，沐甚雨，栉疾风，置万国。禹，大圣也，而形劳天下如此。'使后世之墨者，多以裘褐为衣，以屐蹻为服，日夜不休，以自苦为极，曰：'不能如此，非禹之道也，不足谓墨。'"《韩非子·显学》有："孔子墨子俱道尧舜而取舍不同，皆自谓真尧舜。"司马谈在《论六家要旨》中说："墨者，亦尚尧舜道，言其行德。"总之，墨子借助三代圣王尧舜禹汤文武的历史资料，给自己的主张增添了权威性。

但墨子并非机械地仿古，而是以古圣王的精神和实践为榜样，来创立墨家学派，墨子及其门徒无论从思想倾向还是衣着形象、行为特征上，都可以看出对古代圣王那种栉风沐雨、吃苦耐劳精神与实践的效法和对他们俭朴生活作风的推崇。

在《墨子·贵义》篇中，墨子认为凡天下的言论和行动，合乎尧舜禹汤文武圣王之道的才可以为之；凡天下的言论和行动，与桀纣幽厉等暴君相合的就要丢弃。那么圣王们死后又有着怎样的节俭呢？

《墨子·节葬下》提到，尧去北方教化八狄，半道上死掉了，葬在了蛩山北边。共三件衣服，用的是普通的楮木棺材，用葛藤捆住。棺木入土后开始哭丧，填平墓坑而不封坟，这样以后可以在上面放牛和马。舜死后葬在了市场旁边，衣寝三件，用葛藤束住楮木棺材。丧礼完毕后，人们可以在上面照常来往。禹死后葬在了会稽山上，三件衣服，用葛藤束住桐木棺材，凿地下不及泉上不透气，葬毕，把剩下的泥土堆在上面就可以了。这些记载在许多其他历史文献中都可以找到，如《汉书·杨王孙传》记载"昔帝尧之葬也，窾木为椟，葛蔂为缄，其穿下不乱泉，上不泄殠"。《吕氏春秋·安死篇》有"舜葬于纪市，不变其肆"。《尸子》云："禹治水，为丧法曰：毁必杖，哀必三年，是则水不救也。故使死于陵者葬于陵，死于泽者葬于泽，桐棺三寸，制丧三日。"

墨子"节用"之主张不仅受到"圣王生易尚，死易葬也。不加功于亡用，不损财于亡谓"的影响，而且其中有的具体做法，其实在模仿古圣王的葬法，如在"节葬"篇中讲了"棺三寸"、"衣寝三领"等。

二、《周易·节》与"节用"

我国古代的哲学经典《周易》一书中，就已经有节俭的思想萌芽，根据《周易·节》卦及其有关于"节"的系统阐述，我们可以发现墨子使用"节用"一词并非偶然，与《周易》之"节"有相同的含义。

《节》卦，专门阐明适当节制的道理。卦辞："节，亨。"（节制，亨通顺利）《彖》辞解释说："天地节而四时成，节以制度，不伤财，不害民。"就是讲凡事要有节制（包括节俭、节约、节欲），不可过度开发和浪费资源，肆意掠夺，无限制地向自然索取，不可挥霍无度，暴殄天物。

节卦为兑下坎上，兑即泽，坎即水。朱熹曰："节，有限而止也。为卦下兑上坎，泽上有水，其容有限，故为节。"① 泽中有水，水多了就会外溢，所以必须有一定的限度，才不会流出，这就是有"节"。

在《周易》中，"节"不仅是人类社会的法则，也是自然界乃至整个宇宙的规律。在人类社会中，事情有节制，才能亨通。《彖传》："节，亨，刚柔分而刚得中"，一个人只有行事有节制，才能立足于社会；"当位以节，中正以通"，君上只有处尊位而兴节俭，才能通天下之志；"节以制度，不伤财，不害民"，一个国家要制定合理的制度，保证上下节俭，不劳财害民，才能保持长久的统治。

"节"重在"当位"，重在"中正"，就是讲节需要一定的规则。天地德的运行是遵循一定的规则的，正是因为遵循规则，所以才四时分明。万物有序，变化有时，都需要节，这是讲自然的运行守节。"节以制度"强调的是以制度来节。在中国古代，一为礼，一为法。"不伤财，不害民"，体现出"节以制度"的思想。

至于"财"，首先是天地之财，其次是人的劳动成果。浪费有两种：一种是对劳动成果的浪费；另一种是对自然资源的浪费，这两者都是不可取的。对于前者早已为人们所认识到，而对于后者的认识还远远不够。生态的严重破坏，实际上也是伤财，伤的是天财。不害民，强调的是民为邦本，此乃是中国古代的重要传统。《周易》以"节以制度"为指导思想是很有深意的。

《象传》云："象曰：泽上有水，节。君子以制数度，议德行。"《象传》对"节"的阐述，基本上是相同于《彖传》，都强调了制度的重要性，但加上了"议德行"一条。"议"，有审议、评议等意思，强调的是君子

---

① 朱熹：《原本周易本义》，齐鲁书社 1990 年版，第 1053 页。

对自己的德行要加以反省，以求中节合度，不能过节、失节，即所谓的"失宜"、"滥节"。

"节"，下卦为兑，兑为泽，泽为止；上卦为坎，坎为水，水当行。初六爻代表泽的底部，泽水增加，泽的底部刚刚潴住，不将水放走，无害。九二爻代表泽的中部，泽水继续增加，水多了，需要打开通道，放点水出去，现在不放水，那是凶险的。

此外，节卦还讲了"安节"、"甘节"、"苦节"等节。

"安节"，是讲安心于节。"安"是建立在自觉基础上的，对"节"的重要性有充分的认识，能够自觉地遵循节道。

"甘节"，是"节"的最高境界。它不仅以节为安，而且以节为"甘"。以节为"安"不是因外在的约束而节，而是因内在的需求而节，这个内在的需求是以情感为动力的，这个"甘"是甜，是乐，是以节为美。

节对于社会的和谐稳定、可持续发展，具有重要意义。无论是一个团体还是一个个体，都有追求自己利益的需要和权利，但是任何团体和个体都是处在一定的相互影响和制约的关系之中，因此对利益的要求和索取是有限制的，如果过分地要求和索取自己的利益和权利，就必然造成其他方利益和权利的损害，因此，唯有各方都有所节制。才能彼此和谐相处。人与大自然的关系也同样如此，人类不能没有节制地向大自然一味索取，应该维护大自然的可持续的生态平衡。

《周易》讲的"节"不仅强调"节以制度"，具有制度建设方面的内容，也主张"议德行"，具有伦理方面的道德规范意义，《象传》有"泽上有水，节。君子以制数度，议德行"，讲的是君子要主动用"节"来约束自己，君子只有约束自己，在行动上才会合乎礼节。君子不仅自己约束自己，也要求别人也能做到自我约束，这就是君子的"德行"。

君子坦荡荡，应该心胸开阔。"九五，甘节，吉。往有尚"，正如《尚书·太甲上》所言："慎乃俭德，惟怀永图"，意思是只有养成节俭的品德，才能胸怀长远的宏图大业。

三、对孔子"节用"之借鉴

墨子虽然说儒家之道足以丧天下者有四，但他并不排斥其中的合理成分，认为孔子思想中也包含有"当而不可易"（《墨子·公孟子》）之处。墨子之"节用"也有对孔子节用思想的借鉴。

孔子认为，人类社会的节是根据自然界的"节"而来的，"天地节而四时成"，"冬不可无限长，要有春来节制它，使它适可而止，这是刚节柔。夏也不可无限长，要由秋来节制它，使它适可而止，这是柔节刚"①，刚柔相节而生四时，这是自然界的节，失去这种节，自然界就会混乱。

孔子十分向往清贫乐道的生活，即使"饭疏食饮水，曲肱而枕之"也能"乐亦在其中矣"。在孔子的影响下，弟子们也是非常节俭，最突出的是颜回。在《论语·雍也》中，孔子对颜回大赞曰："贤哉，回也！一箪食，一瓢饮，在陋巷，人不堪其忧，回也不改其乐。贤哉，回也！"

孔子认为节用对一个国家来说是非常重要的，他认为一个千乘之国要"节用而爱人，使民以时"（《论语·学而》），人们富足了，国家才会强盛。当人们问及管仲是否节俭时，孔子的回答是"管仲之器小哉！"因为管仲向人们收取了大量的市租，他手下的人，一人一职，没有兼差的，像这样怎么能算节俭呢？在《论语·尧曰》中，孔子提出为政者应当具有五种美德，即"惠而不费，劳而不怨，欲而不贪，泰而不骄，威而不猛"。也就是说，君子给予百姓以恩惠自己却没有损耗；使百姓劳作但他们却不怨恨；追求仁德而不贪图财力；庄重却不傲慢；威严却不凶

---

① 金景芳、吕绍纲：《周易全解》，上海古籍出版社2005年版，第468页。

猛，如此便能"以约失者鲜矣"（《论语·里仁》）。这与墨子"俭节则昌，淫佚则亡"的结论有不谋而合之处。

孔子虽然提倡节用，但他也非常重视礼节对统治秩序的维护作用，他认为"礼与其奢也，宁俭"，礼的作用在于规范人们的行为，只要心存敬畏，形式上的东西是不必计较的。子曰："麻冕，礼也；今也纯，俭，吾从众。"礼帽用麻布来做，才符合礼制，但是大家用丝料来做更节省些，所以我也和大家一样了。"奢则不孙，俭则固，与其不孙也，宁固"，形式上太过浪费，就会显得不谦虚；节用就会显得固执，与其不谦虚，不如选择固执。所以，他主张丧葬礼外要从俭，内从哀。"丧礼，与其哀不足而礼有余也，不若礼不足而哀有余也"，丧葬之礼只是要表示对死去之人的追思，礼节的程序是可省略的。当孔子的爱徒颜回死后，其他的弟子要厚葬颜回，孔子不同意。最终颜回还是被厚葬了，孔子无可奈何地说："非我也，夫二三子也"，即使对自己最喜欢的徒弟，也不肯违背节俭的原则。

墨子节用与孔子的节用思想有相通之处，也有对孔子的超越，孔子讲节用是以维护等级秩序为基础的，而墨子的节用是建立在"兼爱"基础上的节俭。

第二节 "节用"的社会背景

一、动乱的时代

先秦诸子中，讲节俭问题最多的首推墨子。他的节用观点在《节用》、《节葬》、《非乐》、《辞过》、《七患》中都有大量论述。墨子之所以提出"节用"的观点，在当时是有其特定的历史背景的。

春秋战国时代，社会动荡不安，一方面，政治上的变革和文化上的融合，推动了历史的巨大进步，导致了文化和学术的空前繁荣；另一方面，变革所引发的震荡和战乱，也使那一时代的百姓付出了沉重的代价，蒙受了巨大的苦难，

墨子生活在战国时期，面对的正是动荡不安的严酷社会现实。长期的诸侯割据，频繁的吞并战争，造成连年的祸乱。在统治者的威迫下，人们相互残杀。这是一个"争地以战，杀人盈野；争城而战，杀人盈城"（《孟子·离娄上》），"饥者不得食，寒者不得衣，劳者不得息"（《墨子·非乐》），"百姓饥寒冻馁而死者不得胜数"（《墨子·非攻中》），"老弱转乎沟壑，壮者散之四方者"（《孟子·梁惠王》）的黑暗岁月；这是一个"窃钩者诛，窃国者为诸侯"（《庄子·胠箧》），"福转乎羽，莫之知载；祸重乎地，莫之知避"（《庄子·人间世》）的混乱人间，老百姓在水深火热之中发出痛苦的呻吟。

可就是在这样的背景下，统治阶层却不顾百姓的贫困，过着他们花天酒地、奢侈糜烂的生活，致使"富贵者奢侈，孤寡者冻馁"（《墨子·辞过》）。为了改变这种不公平的现象，墨子在《鲁问》篇中说："国家贫，则语之节用节葬，国家熹音湛湎，则语之非乐非命。"墨子的"节用"理论，主要针对的就是当时上层统治阶层的无度的腐败和浪费行为。

墨子在《节用中》中指出："使各从事其所能，凡足以奉给民用，则止。诸加费不加于民利者，圣王弗为。"意思是每个人从事力所能及的工作，凡事足以供给百姓所用就行了。各种增加的费用不利于百姓的利益，圣王不去做。司马谈在《论六家要旨》中称："强本节用，则人给家足之道，此墨子之所长，虽百家弗能废也。"

二、节用的原因

"节用"主张是墨子节俭思想的核心。墨子认为，统治者应顺应历

史潮流，效仿圣王为政之道，施行节俭，惠及百姓。

墨子具体阐述了"节用"的理由。

一方面，统治阶层生活腐败，消费过度。在墨子看来，统治者对国家财富的浪费和生活上的奢侈，是国家贫弱、民风败坏的主要原因。与此相反，圣人为政则是"非外取地也，因其国家去其无用之费，足以倍之"；另一方面，当时的社会生产力水平还不高，人民的生活物资匮乏；唯有大力倡导节俭才是促进生产、强国富民的正确道路。统治者应该珍惜人民的劳动成果，减少奢侈消费，节约有限的社会资源，减轻民众的负担。

墨子还阐述了节俭思想的原则，是"诸加费不加于民利者，圣王弗为"与"凡足以奉给民用，则止"。即统治者应效仿圣王为政，以利民与惠民为目的，施行节用，不铺张浪费，确保百姓过上衣食无忧的生活。

墨子认为，圣人治理一国或天下，一国和天下的财富就可以加倍增长，这是为什么呢？是因为圣人对国家的治理不是靠向外扩展、掠夺土地，而靠省去无用之费，即"节用"。为此，他也效法古代圣王，制定了节用的法则：

> 古者圣王制为节用之法，曰："凡天下群百工，轮车鞼鞄、陶冶梓匠，使各从事其所能，曰：凡足以奉给民用，则止。"诸加费不加于民利者，圣王弗为。（《墨子·节用中》）

意思是从事生产要各尽所能，而消费则以保持基本生活条件为限，超过这个限度，对老百姓不利的消费就算是浪费，圣王不可做超越人民需求而无益于民的事。"节用"的原则是"有用"、实用，否则就是"无用"、浪费。

墨子呼吁全社会推行倡导节俭，要形成一种风气。他自己首先以身作则，从自己做起，自称"量腹而食，度身而衣"。弟子自述在墨子门下穿的是"短褐之衣"，吃的是"藜藿之羹"（《墨子·鲁问》）。墨子已有了"北方贤圣人"的盛誉，出远门还要步行。《庄子·天下》篇说墨子"使后世之墨者多以裘褐为衣，以跂蹻为服（穿木麻鞋），日夜不休，以自苦为极"。可见，节约尚俭是墨家提倡并身体力行的一个基本思想。

"非乐"、"节葬"也是"节用"的具体体现。墨子主张在文化娱乐上也要节约，墨子认为，乐器的制造、音乐的演奏和欣赏，要耽误生产、浪费财物，是劳民伤财，对百姓有害无利。节用、非乐、节葬等思想都是对社会财富的节约爱惜，物质财富来源于自然，自然并非取之不尽、用之不竭，过度地消费、盲目地浪费，会造成自然资源的枯竭，甚至导致社会灾乱。墨子的节俭思想，是符合社会可持续发展理念的。

第三节 "节用"的内容

为了推广"节用"，墨子提出了节用在衣、食、住、行、性五个方面的生活标准。即衣服用作御寒挡暑遮羞，饮食用于充饥补气，住宅用于遮风挡雨与区别男女，舟车用于运输与代步，宫内无被拘禁的女子与天下无鳏夫是国君蓄养姬妾的标准。一旦超过这些实用标准，就是奢靡浪费，加重百姓负担，会滋生骄奢之风，甚至亡国误民。"凡此五者，圣人之所俭节也。小人之所淫佚也。俭节则昌，淫佚则亡，此五者不可不节。"墨子将节用思想寓于圣人之行，要求统治阶层施行节俭，培育良好的政治风气，抵制奢靡消费，并发挥示范效应，在全社会孕育一股上行下效的节俭之风。

一、服饰之法

在服饰方面，"冬服绀緅之衣，轻且暖；夏服絺绤之衣，轻且清，则止"（《墨子·节用中》）。冬穿轻便且暖和的天青色衣服，夏穿轻便且凉爽的细葛或粗葛布衣服。

衣服的作用在墨子眼里是"冬以圉寒，夏以圉暑"，仅此而已。

古代圣王也只是"适身体，和肌肤"（《墨子·辞过》）而已，而如今的统治者却役使男女工为之刺绣、雕刻。穿着锦衣华服，佩戴珠宝佩饰，长此以往，势必将上行下效，导致百姓与统治者的骄奢淫逸。所以墨子说："君实欲天下之治而恶其乱，当为衣服不可不节。"（《墨子·辞过》）

而以孔子为代表的儒家，虽然也提倡节俭，却与墨子的标准完全不同。孔子对服饰的观点在《论语·乡党》中是这样表达的：

> 君子不以绀緅饰，红紫不以为亵服。当暑，袗絺绤，必表而出之。缁衣，羔裘；素衣，麑裘；黄衣，狐裘。亵裘长，短右袂。必有寝衣，长一身有半。狐貉之厚以居。去丧，无所不佩。非帷裳，必杀之。羔裘玄冠。不以吊。吉月，必朝服而朝。

可见，在儒家看来，服饰代表了一个人的地位与礼仪，出席不同活动，身处不同居所，所穿服饰理应不同，不同的服饰要求必然造成大量的浪费，这也是墨子坚决反对的。

二、饮食之法

在饮食方面，墨子是用古代圣王的例子说明健康的饮食，他提出的饮食之法是：

> 足以充虚继气，强股肱，耳目聪明，则止。不极五味之
> 调，芬香之和，不致远国珍怪异物。（《墨子·节用中》）

饮食只是为了强健体魄，耳聪目明，像五味的调和和奇珍异物都是不需要的。如今统治者"以为美食刍豢蒸炙鱼鳖"以至"口不能遍味"，如此一来，浪费的粮食何止千万！致使"富贵者奢侈，孤寡者冻馁"（《墨子·辞过》），所以，墨子提倡"君实欲天下之治而恶其乱，当为饮食不可不节"（《墨子·辞过》）。再来看孔子认为好的饮食标准：

> 食不厌精，脍不厌细。食饐而餲，鱼馁而肉败，不食。色恶，不食。臭恶，不食。失饪，不食。不时，不食。割不正，不食。不得其酱，不食。肉虽多，不使胜食气。唯酒无量，不及乱。沽酒市脯，不食。不撤姜食，不多食。（《论语·乡党》）

如此多标准的"不食"，可谓让人眼花缭乱，这种饮食标准必然造成大量的浪费，而这些又都是下层百姓的辛苦劳作的成果，这与墨子提倡的节俭观背道而驰，因此，墨子对此的批评是必然的。从这里也可看出孔子所代表的儒家是一直站在维护传统礼乐制度的角度来制定这些标准的。例如在《论语·八佾》中讲述的子贡为了节俭而在祭祀中不宰杀羊，却遭到孔子的斥责："尔爱其羊，我爱其礼。"孔子虽然一边说"节用而爱人，使民以时"（《论语·学而》），却又一边制定出奢侈的消费标准。这种标准只适用于上层贵族，并不适用于下层普通百姓。

三、宫室之法

在住的方面，墨子提出：

> 其旁可以圉风寒，上可以圉雪霜雨露，其中蠲洁，可以祭
> 祀，宫墙足以为男女之别，则止。（《节用中》）

建造房屋用来抵御风寒，防御雪霜雨露，祭祀祖先、鬼神，分别男女，不可豪华，不必追求刻镂修饰之美。

墨子主要在《辞过》篇中说：先人们"就陵阜而居，穴而处，下润湿伤民"。正因为先人们的穴居生活伤害身体，所以才要建宫室，标准是达到防风御寒、以别男女的基本目的就可以了。然而，"当今之主，其为宫室，则与此异矣。……以为宫室，台榭曲直之望，青黄刻镂之饰"（《墨子·辞过》）。想要建造这样的宫室，必然耗费大量的人力、物力，因此，墨子认为"当为宫室不可不节"（《墨子·辞过》）。

四、舟车之法

在行的方面，以甲盾五兵之法为例：

> 加轻以利、坚而难折者，芊；不加者，去之。（《墨子·节
> 用上》）

增加铠甲、盾牌以及弓矢、殳、矛、戈、戟等五种兵器的轻便锋利、坚而难折的功用，去掉与以上功用无关的华丽装饰。

墨子认为造车与船主要是为了"通四方之利"（《墨子·节用上》），"车

以行陵陆，舟以行川谷"（《墨子·节用上》），车船的衡量标准是看这二者是否"全固轻利"（《墨子·辞过》），但"当今之主"却在车船上大费周章，"饰车以文采，饰舟以刻镂"（《墨子·辞过》），男女工要为车船雕饰，必然荒废生产，导致民贫国弱。假若统治者不加节制，导致上行下效，上至君主、朝臣，下至普通百姓，都追求这种外表的华丽，那么身陷"三巨患"的百姓为满足这种条件从事奸邪之事，国家由此会大乱。因此，墨子强调："君实欲天下大治而恶其乱，当为舟车不可不节。"（《墨子·辞过》）

五、节葬之法

墨子提出的节葬之法是：

> 衣三领，足以朽肉；棺三寸，足以朽骸，掘穴，深不通于泉，流不发泄，则止。死者既葬，生者毋久丧用哀。（《墨子·节用中》）

死者衣三件，棺木厚三寸；掘墓深不及泉水，又不使腐气散发至地面；生者不必长久服丧哀悼。

另外，墨子对统治者厚葬久丧的浪费行径也进行了猛烈的抨击。他指出，"今王公大人之为葬埋……必大棺中棺，革三操，璧玉即具，戈剑鼎壶滥，文绣素练，大鞅万领，舆马女乐皆具。"（《墨子·节葬下》）他们的标准是"棺椁必重，葬埋必厚，衣衾必繁，丘陇必巨"（《墨子·节葬下》），再者，三年之久的丧期，会造成人力的巨大浪费，上至王公大人，下至普通百姓，就不能"蚤朝晏退，听狱治政"，不能"蚤出夜入，耕稼树艺"，致使百工荒废。这里，墨子是从节用与生产的关系出发来论证厚葬久丧必然会阻碍社会生产的发展。

除上述外，墨子还提出其他一些节用的措施，例如灾荒年景的节用措施：

> 岁馑，则仕者大夫以下皆损禄五分之一；旱，则损五分之二；凶，则损五分之三；馈，则损五分之四；饥，则尽无禄，禀食而已矣。故凶饥存乎国，人君彻鼎食五分之三，大夫彻县，士不入学，君朝之衣不革制；诸侯之客，四邻之使，雍食而不盛；彻骖騑，涂不芸，马不食粟，婢妾不衣帛，此告不足之至也。（《墨子·七患》）

饥荒之年，官员俸禄缩损，国君食物减少，不制新朝服，大夫不听音乐，读书人去种地，诸侯之客和邻国使者的饮食不丰盛；驷马撤去左右两匹，道路不修，马不吃粮，婢妾不穿丝织品。

墨子的节用之法，内容非常详细，在衣、食、住、行以及丧葬等方面都提出了节用的具体标准，这对于减轻百姓负担，抵制骄奢浪费的社会风气，促进社会的经济发展起到积极的作用。

第四节 墨子尚俭思想与现代极简主义

尚俭是墨子思想标志性特色之一，其中也包含着极简、简约的精神。墨子尚俭思想具有理论和实践的特色，有一套政治实践的推广思路与方法，当我们谈到墨子的尚俭论题时，自然会联想到在西方流行的极简主义思潮和行动。在当今时代，极简生活正日益引起全世界有识之士的认同，在实际生活中，践行这种理念的人也不断增加。墨家思想与极简主义包括斯多葛学派，无论是在理论上还是在实践上，都有类似的地方，但由于其文化传统和背景的不同，也存在着一些明显的差异。

一、尚俭是墨家显学的标志之一

自古以来，不同文明、不同民族的先民们一直有人在提倡和践行简单生活的观念，中国古代的著名思想家墨子可以说是其中典型的代表之一。墨子及其墨家学派在先秦时代被称为"显学"，其中所倡导的尚精俭神是一个重要而突出的标志性内容。

墨家思想的产生并非偶然，有着特定的根源和土壤。《汉书·艺文志》就曾对墨家思想渊源做过下述评价："墨家出于清庙之守，茅屋采椽，是以贵俭；养三老五更（叟），是以兼爱；选士大射，是以尚贤；宗祀严父，是以是以右鬼；顺四时而行，是以非命；以孝视天下，是以上同。"其实更早的《吕氏春秋》也明确指出过墨子的学术思想的具体来源："鲁惠公使宰让请郊庙之礼于天下，桓王使史角往，惠公止之。其后在鲁，墨子学焉。"

从这两条重要的资料中，我们可以明显看出墨子思想与远古原始公社时期生活与观念的联系。所以墨子的极简思想可以说是与中国古老传统与思想有深刻的联系。正是这种源远流长的传统给予墨子思想根深蒂固的影响，同时由于墨子平民的出身与长期的底层社会实践，加之墨子弟子也大多同样是具有相同背景的人，墨家学派的节俭思想可以说是社会历史发展的必然。

但另一方面，墨子的这种思想观念却与儒家的理念有明显区别。这种区别既有历史的原因同时也有思想家不同的背景和思想因素。与此同时，在经济发展和社会生活变化的背景下，侈靡之风在上层也愈演愈烈。就是孔子也一边说"与其奢也，宁俭"，一边却对衣食提出诸多要求。到后来的墨子及其弟子的时代，更是出现了"天下争于战国，贵诈力而贱仁义；先富有而后推让，故庶人之富者或累巨万，而贫者或不厌糟糠"。墨子就亲眼见过"卫简子之家饰车数百乘，马食菽粟数者百匹，妇人衣文者数百人"。

在这种情况下，墨子站在"农与工肆之人"的立场，对权贵们的侈靡生活作出了深刻的批判，并进而提出了著名的"节用"主张："圣人为政一国，一国可倍也……因其国家，去其无用之费，足以倍之。""其为衣裘如何？冬以（御）寒，夏以御暑；凡为衣裳之道，冬加温。夏加清"，"不加者去之"，"诸加费不加于民利者，圣王弗为。"墨子不仅以《节用》三篇专篇论证自己的主张，还在《节葬》、《兼爱》、《非攻》乃至《天志》、《明鬼》诸篇中从各个方面对此进行多方面的论证。

墨子一方面旗帜鲜明地提出并不断宣传自己的主张，另一方面则带领弟子践行他的思想。在长达一百多年的实践中，经由墨子弟子和再传、三传、四传与多传弟子等的前赴后继，墨家成为战国时代的"显学"。除了兼爱、非攻之外，节用也成为墨家的标志。

《庄子·天下》篇就说当时的墨者"多以裘褐为衣，以跂蹻为服，日夜不休，以自苦为极"。然而，和当时许多非议墨子思想的人一样，庄子对于墨子的理念却是持反对态度的。他认为节用与兼爱思想一样，不仅是不现实的，而且它的社会效应甚至是与墨子相反的："墨子独生不歌，死不服——以为法式。以此教人，恐不爱人，以此自行，固不爱己。"相对于庄子，孟子则站在儒家的立场对墨子展开了更为严厉的批判。这种批评虽然在某种程度上极具非理性的因素，但由于儒家的影响却在社会上产生了明显的作用。

这种发展到极端的批判，到了荀子那里成为更为系统的理论批评。在《荀子》的《非十二子》、《解蔽》等篇中，对于墨子节用、节葬思想一概否定，作者将它归纳为两个方面的问题："上功用，大节俭而僈差等，曾不足以辩异同、悬君臣"，墨子这种"蔽于用而不知文"的问题就是只知道节俭，而不懂发展生产可以极大地增加社会生产力。另一方面，如果对社会上不同的阶层都全部要求只能保持最低的生活标准，那就会极大地动摇等级社会的秩序。所以墨子的思想被越王斥为"贱人之所为"，是"役夫之道"，表现的正是社会权贵的思想意识。正是这种占据社会主流思想的观点极大地阻碍了墨子思想的推广。

面对社会上的强大阻力，墨子为了推行自己的主张从两个方面进行了艰苦卓绝的努力：对于王公大臣，墨子"郑重其意，反复其言"地不断宣传自己的主张，因为他认为难与不难要看执政者如何利用国家权力推行政策。在《兼爱》篇中墨子曾举出历史上三个极端的例子加以说明："昔者晋文公好士之恶衣，故文公之臣皆以牂羊之裘，韦以带剑"；"昔者楚灵王好士细腰，故灵王之臣皆以一饭为节，胁息然后带，扶墙然后起"；"昔越王勾践好士之勇，教训其臣，私令人焚舟失火，试其士曰：越国之珍宝尽在于此！越王亲自鼓其士而进之。士闻鼓音，破碎乱行，蹈火而死者左右百有余人"。为什么会有人牺牲利益、爱好甚至生命呢？其原因就在于"君说（悦）之，故臣为之也"。所以墨子认为，如果执政者能够运用权力大力推动节俭的思想观念并运用奖罚措施在社会上不断推行，社会风气就完全可以由骄奢侈靡向节俭节用的方向发展。

另一方面则是墨子带领众多弟子的身体力行，并由此造成巨大的社会影响。据《庄子》、《韩非子》的记载，墨学在当时就已经成为世人倾慕的显学，《吕氏春秋》更是有不少墨家巨大影响的记载：墨家弟子兴天下之利，除天下之害，"皆可使赴火蹈刃，死不旋踵"。墨子"弟子弥丰，充满天下。王公大人从而显之有爱子弟随而学焉，无时乏绝"。"孔丘墨翟无地为君，无官为长，天下丈夫女子莫不延颈举踵而愿安利之。"由此我们可以明显看出，墨家的理想并非如很多人所想象的那样难以实行。这对于当代提倡和践行极简主义的有识之士是一种极大的启发。

二、斯多葛学派为代表的极简主义

其实，不仅在中国，同样是在相近时间的西方古希腊罗马时代，极简主义同样曾经风靡于世。著名的斯多葛学派就是其中最有名的代表。

斯多葛学派（或称斯多亚学派）是芝诺（Zeno，约公元前336—约前264年）于公元前300年左右在雅典创立的学派，该学派是希腊化时代一个影响极大的思想派别。

作为在历史上产生过500多年影响的著名学派，从芝诺开始到罗马皇帝马克·奥勒留，斯多葛学派提出了一些与中国古代的墨家、道家相类似的观点，如自然的法则胜于人类的法则，人类如果要获得幸福，必须要顺应自然的法则。幸福的根本是德行而不是财富；同时，个人的幸福完全来自内心的宁静；外在的功名和事物无助于幸福，人的幸福不在外表而在于寻找到人的内在的本质。

斯多葛派认为，世界理性决定事物的发展变化。所谓"世界理性"，就是神性，它是世界的主宰，个人只不过是神的整体中的一分子。在社会生活中斯多葛派强调顺从"世界理性"，要安于自己在社会中所处的地位，这是神决定的，要恬淡寡欲，只有这样才能得到幸福。斯多葛派把宇宙看成是美好的、有秩序的、完善的整体，由原始的神圣的火种演变而来，并趋向一个目的。人则是宇宙体系中的一部分，是一个小火花。因此，人应该协调自身，与宇宙的大方向相协调，最终实现这个大目的。芝诺说："与自然相一致的生活，就是道德的生活，自然指导我们走向作为目标的道德。"

与伊壁鸠鲁一样，早期斯多葛学派也把追求心灵上的安宁和"不动心"作为哲学的目标，但他们宣扬的是一种通过理性节制欲望的伦理学。与伊壁鸠鲁学派把快乐等同于幸福的观点相反，早期斯多葛学派主张美德就是幸福，他们认为，只有顺应自然、服从命运才是道德的生活，也才是幸福的生活。因此，人生在世应当通过理性摆脱一切快乐、欲望、恐惧和悲哀的纷扰，采取一种清心寡欲、无动于衷的生活态度。

到了罗马帝国时期，随着暴戾的罗马人在实践方面越来越陷入到纵欲主义的泥淖，晚期的斯多葛学派也相应地采取了一种越来越偏激的禁欲主义姿态。顺应自然和服从命运仍然是晚期斯多葛派的基本观点，只是其基调比早期斯多葛派更加阴郁、更加悲观。他们取消了奴隶和主人在人格上的差别，甚至主张应当宽恕你的敌人，对后来的基督教产生了很重要的影响。

孟德斯鸠在《论法的精神》中指出，斯多葛派虽然把财富，人间的显赫、痛苦、忧伤、快乐都看作是一种空虚的东西，但他们却埋头苦干，为人类谋幸福，履行社会的义务。他们相信有一种精神居住在他们心中。他们似乎把这种精神看作一个仁慈的神明，看护着人类。他们为社会而生；他们全都相信，他们命里注定要为社会劳动，他们的报酬就在他们的心里，所以更不致感到这种劳动是一种负担。他们单凭自己的哲学而感到快乐，认为别人的幸福能够增加自己的幸福。

自古希腊以来的对于极简生活理念的这些表述，也正有如墨家的思想是他们自己生活实践的反映一样，从苏格拉底、柏拉图以来，他们的思想同样是雅典城邦公民生活的反映。正如英国著名古典学者基托在其名著《希腊人》一书中所记述的那样："真正起到重要作用的是他们的生活标准。雅典人的生活标准极为简朴，甚至那些非常富有的人也是如此。他们的房屋、家具、服装、食物简朴到了不列颠的工匠都不屑于接受的程度。"其原因在于"在雅典，财富是给行动提供可能条件的东西，而不是我们可以夸耀的理由，贫穷并不是耻辱"。在这部名著中，作者引用过柏拉图《普罗塔哥拉篇》叙述一位年轻人去拜访苏格拉底时谈到，雅典人下午有两个小时闲暇，接着就形象地描写古希腊人的生活"希腊人天一亮就起身，把他睡过的毯子抖开，优雅的披在身上当衣服，既不刮脸也不吃早饭，只需五分钟就万事齐备"。这种社会的普遍现象反映的正是斯多葛学派的深厚社会基础，其学派的延续也与此有直接的关系。

不过，斯多葛学派的思想与实践看起来和墨家差不多，但认真分析起来，二者之间无论是思想还是在实践上他们都有明显的差异，这种区别不仅有各自不同的观念与社会背景之别，同时也反映了东西方文化的各自不同的特色。这个问题涉及多方面问题，我们这里只作简要的说明。

从两个哲学学派本身的思想来说，斯多葛哲学的信奉者主要是从自己的生活理念出发追求个人的自由，这种生活方式与国家的政治治理并没有更多的关系。而墨子的思想和墨家的实践却是具有更为深刻的社会文化的性质。在墨子看来，国家统治阶级的侈靡生活直接关乎社会的安危，这种思想在《墨子》一书中有大量的反映：《辞过》篇就说："当今之主，其为宫室……必厚作敛于百姓，暴夺民衣食之财以为宫室台榭"，"以奢侈之君御好淫僻之民，欲国无乱，不可得也"。这种观点在《节用》篇中有专门的阐述，而且《七患》、《非攻》、《节葬》、《天志》、《非儒》、《非命》诸篇中不断加以论述，正是由于这个原因，荀子才说墨子是"蔽于用而不知文"。

另一方面，就中西方不同的文化特征来说，古希腊人尤其是作为他们最杰出的代表雅典城邦公民，他们的极简生活非常明显地反映了古希腊文明那种理性的特征，即他们的自由生活与其理性的文化完全符合，或者说前者正是后者的外在表现。正如著名的英国作家基托在其名著《希腊人》里面所说的那样："雅典社会给人的总体印象是，唯独它摆脱了基于地位——无论是政治上的还是经济上的——所造成的社会悬隔。"书中还特别提到一个著名人物："苏格拉底是个穷人，没有显赫的门第，但他却挥洒自如地与大人物们共餐，与城里的贵族和工匠完全平等地交谈。"当然我们不会忘记雅典公民的背后有大量奴隶在为他们服务，不过这些奴隶却与中土的奴隶大不相同，我们只要知道一个数字就可以明白了：据权威的史学家戈麦《希腊史》中的估计，在伯罗奔尼撒战争之前阿提卡的 125000 个奴隶中约有 65000 个（占一半）用于希腊人的家庭生活。联系墨子和先秦诸子的著作中反映的时代社会生活情景，我们可以立刻看到东西方文化的极其显著差异。

当然，我们今天探讨斯多葛学派与墨子节用思想的异同，更多的仍然是着眼于今天他们的思想给我们提供的启示。因为当代的主流社会与社会的绝大多数人仍然倾向于纯粹的经济利益、享乐主义。只要我们看看当今的新闻媒体、娱乐节目和大量的影视剧目就足以说明这个问题了。可喜的是，国内外局面已经开始了趋势性的改变。

面临世界性的环境破坏和贫富悬殊不断扩大这一人类痼疾，昔日的"显学"斯多葛主义再一次引起当代人们的兴趣。在美国，认知行为精神治疗师唐纳德·罗纳森发起了"斯多葛主义周"的线上平台，并产生了 28000 多名订阅用户（相形之下伊壁鸠鲁主义的同样用户仅 4000 多户）。2014 年参加过 2000 多名用户一同体验的美国人海伦·路德曾经这样谈到自己的体会："斯多葛哲学能让我集中于事物美好的一面。"其中的秘密就是："斯多葛哲学胜过大部分的自救疗法。它传递了这样一个观点：我们大部分的情绪上的痛苦都是由诸如自我中心、唯物主义和享乐主义这样不正确的价值观造成的。"正如古罗马的斯多葛学派哲学家爱比克泰德所说的那样，面对大多数人无法控制的外在因素，"我们所能控制的是主张、冲动和欲望"，而不是"我们的身体、财产、名誉以及职官"，而后者往往是人类痛苦与烦恼的根源。

当然，面对社会上大多数人对外在事物的强烈追求欲望，两三万人只是少数。然而，值得注意的是这样的有识之士在中国和全世界越来越多，而目前对于极简主义者来说，问题的关键是如何让更多的人来推动这个进程的不断加快发展，以及如何有效地运用中国古代的墨家智慧。

应该说，墨子在当时历史条件下提倡节俭生活，比我们今天面临的问题更多，困难更大。墨子的思路与行动对于当代极简生活主义者提供了重要启示：除了身体力行之外，墨子的大力宣传尤其是面向制度制定的权力者的宣传和影响非常重要，因为顶层制定的设立会对社会产生极大的影响。而许多问题的产生恰恰是一开始的制度设计就出了问题。

比如以国内生产总值（GDP）来计算和衡量一个国家的经济发展状况，一开始只是计算经济发展的数据，而对于地球资源的破坏和影响则根本不加考虑。当人类付出极大代价的时候人们才回过头来思考和着手解决这个严峻的问题。如果制度设计者对其后果有先见之明，人类不会付出如此惨痛的代价。正因为有这样的严重问题，不少人也对问题的解决产生了悲观失望的情绪。

所以，极简主义者在考虑各种现实问题的时候，是否也应该和墨子一样首先从思想意志上坚定决心，然后从顶层着手解决问题。在墨子时代，当反对者认为墨子的主张无法实行的时候，墨子却坚定地回答："子如劝我，何故止我！"有人对他说："今天下莫为义，子独自苦而为义，子不若已。"墨子面对这种反对打了一个比喻："今有人于此，有子十人，一人耕而九人处，则耕者不可以不益急矣！"这种担大义于天下的情怀正是我们当代极简主义者迫切需要的。另一方面，前文所引用的墨子谈到的几个国君推行"难行"主张的方法与实际效果，对我们仍然具有参考和启发。

首先，在顶层设计方面，我们认为应当把制度的建立与社会的发展进行综合考虑。对于各国政府而言（联合国应在全球范围统筹协调），首先是要进行从发展政策的综合平衡方面考虑政策的制定，尤其是在解决贫富悬殊不断扩大的形势下，这个问题显得更加重要。其中一个可以在短时间内产生广泛影响的政策就是税收制定要加大力度，必须不断向"损有余而补不足"的方向发展，而现在的一些政策恰恰是"损不足而奉有余"。正是因为人道违背了天道，所以社会问题才会日益严重。如果不从现在开始来大力纠正这个人类痼疾，那么无论世界上经济如何发展，人类的根本福祉、国际之间的和平与社会的安定和谐仍然遥遥无期。

其次，面对各国政府以及国内意见的严重分歧，从长远来说教育是一个解决问题的根本出路。我们这一代人无法解决的问题如果教育培养得当，我们的三代、四代之后一定会有更好的方法。从儿童开始、从家庭教育和学校教育就不断培养节俭、互助、友爱的道德行为习惯，这样让社会真正形成以这些美德为荣，就如同目前丹麦等国家那样，富裕者不敢炫富、不愿炫富，而是把财富用于造福社会的高尚行动中来。

再次，应该从综合协调的诸多方面措施来推广简约生活。例如，在经济建设和社会发展以及生活方式等方面提倡尚俭精神，以各种形式宣传和传播简约理念。

极简、简约，也是一种生活质量和生活效率。生活质量要优化，生活方式要简化，就应该净化自己的精神环境和物质环境，科学地安排自己的时间和精力，以最小的付出或投入获得更好的结果。实行极简主义生活方式，就要了解自己的欲望和真实感受，不轻易受各种潮流的影响，要知道自己的基本欲望和需求，把自己的精力放在合理的欲望上。

要集中有限的精力从事自己喜欢的精神活动，包括文化和娱乐活动等，不盲目浪费自己的时间与精力，减少无意义的投入。生活上追求自然，简单、快乐。在当下我们是生活在一个快节奏的社会里，这就更要有意识地调整自己的生活状态和工作状态，更有效地利用自己的时间和精力，在自己的日常生活和日常工作中身心得以放松。

第五节 墨子节俭治政思想及其现代启示

墨子节用思想以利民为出发点和落脚点，节用是实现墨子以兼爱为目标的社会理想的主要途径，"节用"与"非乐""节葬"等篇构成了一个完整的有机体系，而且，"节用"思想是这个体系的核心，"节葬"、"非乐"都是"节用"的不同方面。"节用"的内涵和外延是丰富的，墨子的节用主张及其节俭治政的思想，不仅对中华民族勤俭节约美德的产生和形成具有重要影响，也对现代国家的治理实践有着重要启示。

一、节俭治政的思想智慧

墨子尚俭思想以利民为出发点和落脚点，以"节用"、"节葬"与"非乐"为主要途径，是一个完整的体系。其中，节用思想是其核心，"节葬"是节用的一个分支，而"非乐"则是"节用"的外化。"节用"思想贯穿于整个统治阶级内部和全社会的各个环节，而"节葬"和"非乐"则是"节用"的重要延伸。墨子尚俭思想对中华民族勤俭节约美德的产生具有重要影响，对后世政治风气的建设亦具有重要启示。

我国是一个历史悠久，历史文化根基深厚的国家，当前的廉政建设与古代的吏治建设有着千丝万缕的联系。中国传统廉政文化中有许多值得今天借鉴的成分，如修身明志、节俭养廉、选贤任能、公正无私、清正廉洁等。在我们现代廉政文化建设过程中，应继承和弘扬传统的优秀廉政文化，并积极探索廉政文化建设新途径。儒家、道家和墨家三大学派的代表人物即孔子、老子和墨子，他们的思想可以说是中国文化的三大精神支柱，在当今的政治文化建设中仍然发挥着强大的作用，"为人民服务"的宗旨正是综合集成了三家的思想文化遗产的历史产物。孔子的"仁政"主张"以人为本",老子"道法自然"的学说为生态文明建设提供了思想基础,墨子节俭尚廉、艰苦奋斗的精神也为今天中共的廉政建设提供了思想营养。其中,墨子提出的尚俭、清廉思想主张,在当时各学派中可谓独树一帜,他将"利国利民"作为衡量统治者是否廉政的标准,极力地反对统治者挥霍浪费、腐化堕落,提倡节俭尚廉、重视贤才的政治观,这种思想对我国古代政治产生了极大影响,至今仍然具有重大现实意义和借鉴意义。

墨子把是否利国利民作为衡量廉政与否的标准,反映和代表了劳苦大众的利益诉求,一定程度上体现了以人民为价值主体和评价主体的思想。墨子的廉政思想可概括为五个方面:兴利除弊、造福黎民——廉政建设的根本宗旨;义利统一、义在利先——廉政建设的价值选择;尚贤立本、公平公正——廉政建设的可靠依托;节俭节葬、恤民惠民——廉政建设的题中要义;营造氛围、高层垂范——廉政建设的关键所在。这些思想在墨子生活的时代无疑具有强烈的针对性和先进性,对我们今天的廉政建设和反腐败斗争无疑也具有重要借鉴价值。

1. 爱民利民的治理准则

我国是一个历史悠久的文明古国,中华文化博大精深、源远流长。其中有许多值得我们今天借鉴的思想资源,如修身明志、节俭养廉、选贤任能、公正无私、清正廉洁等。继承和弘扬优秀传统文化,是建设社会主义核心价值体系的重要内容,必将会有力地促进党风廉政建设。

墨子思想是中华传统文化的重要组成部分,虽然墨子没有使用"廉政"这个词,但在他的论述中有许多思想主张是与我们今天讲的廉政建设密切相关的,他的这些思想主张具有怎样的特色?如何看待墨子及其墨家学派,墨子思想中有哪些方面与廉政问题相关,对今天党政干部廉洁从政有哪些借鉴作用?这是我们有必要深入研究探讨的。山东是齐鲁文化发祥地，是孔孟之乡，也是墨子、孙子、荀子等古代思想家的故里，在弘扬中华民族传统美德方面资源丰富。在鲁西南有"百里三圣人"之说，就是曲阜的孔子、邹城的孟子和滕州的墨子。

墨子为了"兴天下之利，除天下之害"，提出了以兼爱为核心，以节用、尚贤等为支点的"救世济民"主张。我们说道家主张道法自然，儒家强调仁者爱人，而墨家倡导的兼爱、节用思想，更关注社会问题和现实民生。

墨子思想蕴含丰富的政治思想、伦理思想、哲学思想、逻辑思想、科技思想和军事思想。归纳起来墨子的学说思想主要包括以下几点：一是兼爱，所谓兼爱是要求天下众人都要彼此相爱、互惠互利，"爱人若爱其身"；二是尚同尚贤，所谓尚同是要求上下一心，政令畅通，尚贤就是要选贤任能、任人唯贤，尚贤尚同都被墨子看做"为政之本"；三是既强调努力生产，又强调勤俭节约。生产与节用都是非常重要的事情。

墨子说："去无用之费，圣王之道，天下之大利也"，他的意思是说去掉没有必要的费用，才能让百姓获得最大的利益。墨子的这种节用观是中华民族勤俭节约传统美德的体现，也是我们当今廉政建设的重要内容。

除了墨子的节用思想，墨子思想还在制度建设、个人修养、人才选拔、吏治环境等四个方面，阐述了他系统的廉政主张。

在制度建设方面，墨子提出："百工为方以矩，为圆以规，直以绳，正以县，平以水。"他认为天底下从事各种工作的人，都要遵守规矩，就像工匠们用矩画成方形，用规画圆形，用绳墨来画成直线，用悬锤来测量定好偏正，用水平器来取好平面一样。"今大者治天下，其次治大国，而无法所度，此不若百工辩也。"墨子说工匠们在进行生产活动中都知道按照一定的规矩和标准来进行，那么王公贵族们在治理天下或一个国家时不按照一定的规矩来进行管理，他们就还不如工匠们明智。在墨子看来，天底下办任何事情，都不能没有规矩。治理天下更应该制定一套社会规范，这样才能有法可循，才能遵循法则。

在个人修养方面，墨子认为，修身乃行事之本。他强调，"士虽有学，而行为本焉"（《墨子·修身》），就是说德行是首要的、根本的，作为贤士首先必须具备较高的道德修养。他在《修身》篇中明确提出了贤人的德行标准，包括强志、重信、守道、诚实、自省、实干、谦虚、睿智、无私等十几个方面的具体要求。而且他认为"志不强者智不达，言不信者行不果"。就是说一个意志不坚强的人，他的智慧一定不高；一个说话不讲信用的人，他的行动一定不果敢。这就要求我们要有坚强的意志，要诚实守信。

在人才选拔方面，墨子强调选人、用人的过程要公正公平，反对任人唯亲。他提出了"官无常贵，而民无终贱"、"有能则举之，无能则下之"的观点，甚至明确要求在选拔人才中应做到"不党父兄，不偏富贵，不嬖颜色"，发出了反对任人唯亲、倡导任人唯贤的时代最强音。他认为为政的根本就是尚贤使能，强调选拔贤才出任公职的重要性，主张尊重贤者和任用有才能的人。墨子提出了选拔任用官员的客观标准，这就是"厚乎德行，辩乎言谈，博乎道术"。其中，"厚乎德行"是指个人品德要好；"辩乎言谈"是说官员必须具有一定的语言表达能力和逻辑思维能力，"博乎道术"则是要求掌握广泛的知识和技能。

在吏治环境方面，墨子强调选拔人才应突出德才标准，做到秉公办事、不偏不倚，防止用人中的不正之风和贪腐行为的发生，这是很有见地的。墨子举例说，染料不同，丝的颜色也跟着变化。经过五次之后，就变为五种颜色了。所以染丝这件事是不可不谨慎的。这里体现出环境对一个人的重要性。俗话说"近朱者赤，近墨者黑"，作为官员要自觉净化周边环境，交友必须谨慎，有分寸，同时还要保持坚定的意志，以身作则，率先垂范。

2.用之有度的富国之道

对于国家治理，墨子非常重视规则、法则的运用，他认为，"天下从事者，不可以无法仪。无法仪而其事能成者，无有也"。（《墨子·法仪》）治理天下的人说话办事都必须遵循一定的法则；如果不遵守法则，无法可度，治国理政将会一事无成。墨子以古者圣王的节用之法为准则，要求贵族统治者去掉不必要的浪费，一切花费都要尽可能节省，凡是不能增加国家百姓利益的花费都要加以限制。在现实生活中，墨子从衣、食、住、行四个方面提出了"节用"的具体要求和标准，无论是王公贵族还是平民百姓，都要以这个标准为使用准则。衣服："冬则练帛之中，足以为轻且暖；夏则绤绤之中，足以为轻且清。谨此则止。"饮食："足以冲虚继气，强股肱，耳目聪明，则止。"居处："室高足以辟润湿，边足以园风寒，上足以待雪霜雨露，宫墙之高，足以别男女之礼。谨此则止。"舟车："全固轻利，可以任重致远。"依此，则可以"民劳而不伤""民费而不病"。

墨子提倡的"节"即"适度"，衣食住行都要以人的实际需要为限，适当节制，不能过分，超出限度就是奢侈浪费。墨子认为"其民俭而易治，其君用财节而易赡也。府库实满，足以待不然，兵革不顿，士民不劳，足以征不服。故霸王之业，可行于天下矣"。（《墨子·辞过》）此乃裕民富国的固本之道。

身处农业社会，墨子非常重视农业生产，把粮食视为固国之本，"凡五谷者，民之所仰也，君之所以为养也。故民无仰，则君无养；民无食，则不可事。"（《墨子·七患》）粮食是治国的重中之重，民无衣食，不但自身难以生存，也无力供养统治者。为此，墨子提出"财不足则反之时，食不足则反之用"。（《墨子·七患》）意思是财富不足要反省是否重视了农业生产，粮食不足要反省是否重视了生活节俭。墨子又说"食不可不务也，地不可不立也，用不可不节也""先民以时生财，固本而用财，则财足。"(《墨子·七患》)先民懂得这个道理，顺应天时，依四季时令进行农业生产，为巩固农业之本而用财，则财用丰足。

3.居安思危的忧患意识

墨子非常关注国家和人民的安全，"昭昭然为天下忧不足"，"国有七患。七患者何？城郭沟池不可守而治宫室，一患也；边国至境，四邻莫救，二患也；先尽民力无用之功，赏赐无能之人，民力尽于无用，财宝虚于待客，三患也；仕者持禄，游者爱佼，君修法讨臣，臣慑而不敢拂，四患也；君自以为圣智而不问事，自以为安强而无守备，四邻谋之不知戒，五患也；所信者不忠，所忠者不信，六患也；畜种菽粟不足以食之，大臣不足以事之，赏赐不能喜，诛罚不能威，七患也。"(《墨子·七患》)

墨子认为，造成国家危亡的七种祸患是：内外城池壕沟不足守御而去修造宫室；敌兵压境，四面邻国都不愿来救援；民力因做无用的事情而耗尽，财宝因款待宾客而用空；做官的人只求保住俸禄，游学未仕的人只顾结交党类，国君修订法律以诛戮臣下，臣下畏惧而不敢违拂君命；国君自以为神圣而聪明，而不过问国事，自以为安稳而强盛，而不作防御准备，四面邻国在图谋攻打他，而尚不知戒备；所信任的人不忠实，而忠实的人不被信任；家畜和粮食不够吃，大臣对于国事不胜使令，赏赐不能使人欢喜，责罚不能使人畏惧。

墨子认为食、兵、城三者是国家战备工作必须具备的工具，而"食"又谓之"国备"，是重中之重，"国无三年之食者，国非其国也；家无三年之食者，子非其子也。"(《墨子·七患》)各种生产生活资料的储备，是治国的要务，一个国家如果没有充足的储备，一旦发生战乱或出现灾荒，就会面临严重的危机。所以，生产的粮食及各种物资，不能任意消耗，要节约使用、储备充足，能做到有备无患。

墨子善于总结历史上成功的经验，注重从古者圣王的治政经验中寻求解决现实问题的良策。他曾举例说"虽上世之圣王,岂能使五谷常收而旱水不至哉!然而无冻饿之民者,何也?其力时急而自养俭也"。(《墨子·七患》)即使是圣王统治时期,也不一定能够保证不出现严重的灾年,《夏书》说:"禹时有七年水灾。"《殷书》说:"汤时有五年旱灾。"那时遭受的灾情够大的了,但老百姓却没有受冻挨饿,这是因为他们生产的很多,而使用的却很节俭。所以,平时没有积累,粮仓中没有储备,就不能度过凶年灾荒。

《周书》说,国家若不预备三年的粮食,国家就不可能成其为这一君主的国家了;家庭若不预备三年的粮食,子女就不能做这一家的子女了。有了充足的积累和储备,国家安全就有了基本保障,国备完善,国富民强,"七患"也就自然迎刃而解了。

4.为官清廉的吏治主张

中国传统的吏治文化中有许多值得我们今天借鉴的思想资源,如修身明志、节俭养廉、选贤任能、公正无私、清正廉洁等。墨子的尚俭思想,不但对中华民族勤俭节约传统的形成发挥了重要作用,也对后世的吏治文化及其实践产生了积极影响。墨子将"利国利民"作为衡量统治者是否清廉的标准,极力地反对统治者挥霍浪费、腐化堕落,提倡节俭清廉、重视贤才的政治见解,这些思想对我国古代政治产生了极大影响,至今仍然具有重大现实意义和借鉴意义。墨子思想是中华传统文化的重要组成部分,墨子的尚俭思想也体现在它的为政清廉的吏治主张中。虽然墨子没有使用"廉政"这个词,但在他的论述中有许多思想主张是与我们今天讲的廉政建设有内在联系的,为我们新时代的廉政建设提供了宝贵的思想资源。

除了墨子的节用思想,墨子思想还在制度建设、个人修养、人才选拔、吏治环境等四个方面,阐述了他系统的廉政主张。

其一，是在制度建设方面。

墨子提出："百工为方以矩，为圆以规，直以绳，正以县，平以水。"他认为天底下从事各种工作的人，都要遵守规矩，就像工匠们用矩画成方形，用规划圆形，用绳墨来画成直线，用悬锤来测量定好偏正，用水平器来取好平面一样。"今大者治天下，其次治大国，而无法所度，此不若百工辩也。"墨子说的是工匠们在进行生产活动中，都知道按照一定的规矩和标准来进行，那么王公贵族们在治理天下或一个国家时，如果不按照一定的规矩来进行管理，那他们就不如工匠们明智。墨子认为天底下办任何事情，都不能没有规矩，治理天下责任重大，更应该制定相应的社会规范，这样才能有法可依，循规蹈矩。

其二，是在个人修养方面。

墨子认为，修身乃行事之本。他强调，"士虽有学，而行为本焉"（《墨子·修身》），意思是德行是首要的、根本的，作为贤士首先必须具备好的德行，有良好的道德修养。他在《修身》篇中明确提出了贤人的德行标准，包括强志、重信、守道、诚实、自省、实干、谦虚、睿智、无私等十几个方面的具体要求。而且他认为"志不强者智不达，言不信者行不果"。就是说一个意志不坚强的人，他的智慧一定不高；一个说话不讲信用的人，他的行动一定不果敢。这就要求我们要有坚强的意志，要诚实守信。

其三，是在人才选拔方面。

墨子强调选人、用人的过程要公正公平，反对任人唯亲。他提出了"官无常贵，而民无终贱"、"有能则举之，无能则下之"的观点，甚至明确要求在选拔人才中应做到"不党父兄，不偏富贵，不嬖颜色"，反对任人唯亲，倡导任人唯贤。他认为为政的根本就是尚贤使能，强调选拔贤才出任公职的重要性，主张尊重贤者和任用有才能的人。墨子提出了选拔任用官员的客观标准，这就是"厚乎德行，辩乎言谈，博乎道术"。其中,"厚乎德行"是指个人品德要好,包括为政要清廉。"辩乎言谈"是说官员必须具有一定的语言表达能力和逻辑思维能力,"博乎道术"则是要求掌握广泛的知识和技能。

其四,是在吏治环境方面。

墨子强调选拔人才应突出德才标准,做到秉公办事、不偏不倚,防止用人中的不正之风和贪腐行为的发生,这是很有见地的。墨子说:"染于苍则苍,染于黄则黄,所入者变,其色亦变。五入必而已则为五色矣。故染不可不慎也!"他曾见人染丝而感叹说:"(丝)染了青颜料就变成青色,染了黄颜料就变成黄色。染料不同,丝的颜色也跟着变化。经过五次之后,就变为五种颜色了。所以染丝这件事是不可不谨慎的。这里体现出环境对一个人,尤其是对一个官员的重要性。俗话说"近朱者赤,近墨者黑",作为官员要自觉净化周边环境,交友必须谨慎,有分寸,同时还要保持坚定的意志,以身作则,率先垂范。

二、节俭治政的现代价值

1."克勤克俭"的民族传统

节俭治政在我国有着悠久的历史传统,中国古代很早就有了勤劳生产、俭节治政的观念。节俭治政既是源远流长的文化积淀,也是不断延续的国家治理方略。

早在两千多年前,墨子继承了民族古老的优秀传统,从国家和人民的利益出发,对节俭问题进行了全面系统的阐述,这也是墨学的一个突出特色。《荀子·富国》说,"墨术诚行,则天下尚俭。"司马谈《论六家要旨》评价说"强本节用,则人给家足之道也。此墨子之所长,虽百家弗能废也"。历代思想家对尚俭思想都提出过相当深刻的见解。

《尚书·大禹谟》说:"克勤于邦,克俭于家。"后来衍生出"克勤克俭"

语。《左传》提出："俭，德之共也；侈，恶之大也"，以俭侈之别作为德行和恶习的区分。《韩非子·显学》说："侈而惰者贫，力而俭者富"，以俭侈之辨来分析揭示人之贫富、国之强弱的原因。这些都是和墨子尚俭的观念一致的。

《后汉书·肃宗孝章帝纪》告诫世人："节用储蓄，以备凶灾。"诸葛亮有"静以修身，俭以养德"之论。唐李商隐《咏史》言"历览前贤国与家，成由勤俭败由奢"，是对墨子节俭思想的一种文学表达。

千百年来，在中国人的价值观里，既把节俭看作是一种行为方式，同时也把节俭视为一种高尚的情操，是良好道德的体现。翻开中华文明的历史，我们可以看到，历朝历代都是在筚路蓝缕、勤俭自强、艰苦奋斗中成就王者大业，历史告诉我们，尚俭是中华优秀传统文化的一个重要积淀，已经成为中华民族的精神标识和价值基因。

继承中华民族的优秀传统，坚持节俭治政，是我党始终坚持的政治本色，也是新时代中国建设发展的实践要求。早在革命战争年代，毛泽东就提出，"节省每一个铜板为着战争和革命事业，为着我们的经济建设"，要用"延安作风打败西安作风"。新中国成立后他又强调，"执行厉行节约、反对浪费这样一个勤俭建国的方针"。改革开放后，党和国家领导人都曾多次号召艰苦奋斗、反对铺张浪费，倡导勤俭节约。自党的十八大以来，党中央多次强调全党上下必须持续抓好艰苦奋斗、勤俭节约的优良作风。也适时作出了《十八届中央政治局关于改进工作作风、密切联系群众的八项规定》，而且把"坚持尚俭戒奢，艰苦朴素，勤俭节约"写进了《中国共产党廉洁自律准则》。党的十九大报告明确指出，全党一定要保持艰苦奋斗、戒骄戒躁的作风，以时不我待、只争朝夕的精神，奋力走好新时代的长征路。正是由于我们党始终弘扬和坚持艰苦奋斗、勤俭节约的优良传统，才克服了重重困难，凝聚各方力量，在新的历史时期不断开创新局面。

2. 服务于民的执政观

中国共产党是代表人民的，坚持人民立场是中国共产党的根本政治立场，这是马克思主义政党区别于其他政党的鲜明标志。根据马克思主义的基本原理，人民群众是创造历史的动力，党的根基深扎人民，与人民血脉相连，就会厚植民心，凝聚力量。要树立以人民为中心的工作导向，坚持人民利益高于一切，把实现好、维护好、发展好最广大人民的根本利益，作为一切工作的出发点和落脚点，要牢记全心全意为人民服务的根本宗旨，顺应人民群众对美好生活的向往，一心一意谋发展，不断提高保障和改善民生水平，处理解决好人民群众关心的现实民生问题，使改革发展成果更多地惠及全体人民，让人民群众不断增强获得感、幸福感、安全感。

人民创造历史，劳动开创未来。人民以及人民的劳动，才是推动人类社会进步和发展的决定力量，"空谈误国，实干兴邦"，好日子是通过辛勤劳动得到的。实现我们的奋斗目标，归根到底要靠辛勤劳动，无论科学技术如何发展，我们都要崇尚劳动、尊重劳动者，要引导广大人民群众崇尚劳动、热爱劳动，充分发挥劳动者的特长，实现墨子所憧憬的"凡天下群百工，轮车鞄、陶冶梓匠，使各从事其所能"，依靠人民群众的辛勤劳动、创造性劳动，创造幸福美好的生活。

"仁者之所以为事者，必兴天下之利，除去天下之害。"要坚持兴利除害的义利观。为最广大的人民谋取幸福，是对中国共产党人"兴天下之利，除天下之害"的崇高追求，是神圣的历史使命和责任担当，中国共产党人追求的利是人民之利、国家之利，也是人类和天下之大利。

坚持正确的义利观，就要做到义利兼顾，统筹发展，不断推进国家治理体系和治理能力的现代化，抵制那些不合时宜的落后思想和观念，破除各种阻碍发展的体制机制弊端，这也是墨子心目中"今用义为政于国家，人民必众，刑政必治，社稷必安"治国理想在当代的最好诠释。

3.文明节俭的价值观

文明，是全人类的共同追求和美好向往，不仅体现在一个国家和民族创造的物质财富、精神财富的一切成果和活动之中，而且体现在人们的日常生活和言谈举止等具体细节之中。一个国家、一个民族对节俭和浪费的态度，折射出其价值标准和文明程度，昭示着这个国家和民族的发展前景。"崇俭节用"是社会文明的重要体现，是社会主义核心价值观的重要内容。要在全社会进一步加强勤俭节约传统美德教育、党的艰苦奋斗优良作风教育、基本国情教育，培育崇俭节用、反对浪费的文化，倡导健康文明的生活方式和消费理念，广泛开展全民性节粮、节水、节电、节约钱物等活动，推动"光盘行动"、推广节能节水产品、使用绿色环保家具、倡导绿色低碳出行，力戒奢侈浪费和不合理消费，把节俭节约的理念落实到生产建设各领域、体现到社会生活各方面，"去无用之费"，让文明深入人心，让节俭实施于行，让勤俭求进成为一种人生态度，让简约适度成为一种生活方式，持之以恒、久久为功，形成全民节约、全面节约的生动局面，让文明节俭的价值观念在全社会蔚然成风。

目前，我国已经进入到了新的历史发展时期，但也面临新的机会和挑战，"备者，国之重也"，越是在取得成绩的时候，越要保持警惕和谨慎，越要居安思危，增强忧患意识、防止出现战略性、颠覆性的错误，防范风险的意思一刻也不能放松，始终做到有备无患。

在相当长的时期里，机会和挑战都是并存的，尤其是我们将继续面临复杂多变的外部国际环境，必须做好面对新的挑战、新的风险的准备，尤其是要善于防范和化解突如其来的重大风险，确保我国的政治安全和制度安全，坚持总体国家安全观，深入探讨国家安全的运行和控制机制，有效应对重大挑战。

4. 勤俭自律的廉政观

廉政文化是"以崇尚廉洁、鄙弃贪腐为价值取向，融价值理念、行为规范和社会风尚为一体，反映人们对廉洁政治和廉洁社会的总体认识、基本理念和精神追求，是社会主义先进文化的重要组成部分"。①

习近平总书记指出："要继续全面加强惩治和预防腐败体系建设，加强反腐倡廉教育和廉政文化建设，健全权力运行制约和监督体系，加强反腐败国家立法，加强反腐倡廉党内法规制度建设，深化腐败问题多发领域和环节的改革，确保国家机关按照法定权限和程序行使权力。"② 他强调，反腐倡廉建设，必须反对特权思想、特权现象。共产党员永远是劳动人民的普通一员，除了法律和政策规定范围内的个人利益和工作职权以外，所有共产党员都不得谋求任何私利和特权。这个问题不仅是党风廉政建设的重要内容，而且是涉及党和国家能不能永葆生机活力的大问题。

党风廉政建设和反腐败斗争事关党和国家的生死存亡，这是在深刻总结古今中外的历史教训后得出来的主要结论。一个政党，一个政权，其前途和命运最终取决于人心向背，不解决腐败问题就会失去民心，我们的事业就会前功尽弃。

虽然我们在廉政建设方面已经取得显著成效，但也应该看到，党风廉政建设和反腐败斗争的形势依然严峻复杂，滋生腐败的土壤依然存在，尚有一些亟待解决的问题，例如一些地方和单位的官员跑官要官、买官卖官，搞权色交易、权钱交易，在此情况下，不能放松惩治腐败的力度。

首先，对廉政建设的认识还需要继续提高，在廉政理论研究方面

---

① 中央纪委、中央宣传部、监察部、文化部、广电总局、新闻出版总署联合下发《关于加强廉政文化建设的意见》，2010 年 1 月 4 日。

② 《习近平谈治国理政》，外文出版社 2014 年版，第 388 页。

还有待深入。廉政文化有其自身的特点和发展规律，进行廉政文化建设，不能仅停留于形式和热情，而要有深度的理性思考和科学的顶层设计，要有长期的规划，否则，就会对廉政建设的长期性和艰巨性认识不足，导致后劲不足，对廉政文化建设的着力点把握不准，甚至做一些表面文章。

其次，要继续加强和完善廉政制度的建设。优秀的廉政文化是完善的廉政制度的基础，完善的廉政制度又可推动廉政文化的发展。可以说，在廉政文化的理论研究中，对传统资源的挖掘还远远不够，这方面的理论研究成果也不多，因此需要继续营造一种浓厚的廉政研究气氛。

再次，要继续加强对廉政文化环境的支持。社会上各种腐败现象为什么呈现出普遍化、流行化的趋势，而且屡禁不止，除了体制不健全、监督不到位等因素外，还有一个重要的原因，那就是腐败现象在某种程度上已经成为一种流行社会风气，这是一种腐败的文化。尤其是在市场经济背景下，社会上价值观念混乱，信仰缺失，一些人经不起金钱、情色的诱惑，守不住道德底线。这种腐败文化的滋生蔓延消磨着一些人的意志和信念，也说明必须要大力加强廉政文化环境的建设，形成健康良好的社会风气。

自觉净化周边环境，时刻接受正能量的影响，营造健康的廉政文化氛围，对党政干部的成长显得更为重要。在这方面，我们也可以从墨子的廉政思想中汲取一些营养。

关于自我修养，墨子认为，君子之道应当是"贫则见廉，富则见义，生则见爱，死则见哀"，以及明察是非、讲究信用、注重实际，修身的关键是反躬自问，反省自身，自我警诫，改过迁善，不断追求道德品行的完善。实际上，墨子提出的君子之道还包含一种自律以及重视道德自我修养的自觉性，这也就是我们今天所讲的干部廉洁自律。

关于如何讲纪律，守规矩，墨子认为，"无法仪而其事能成者，无有也。"意思是我们做任何事情都要遵循一定的社会规范。墨子认为治理一个国家、一个社会，关键是要立规矩、讲规矩、守规矩。对于我们今天的各级领导干部而言，讲纪律、守规矩，才能自觉不放任自己，始终对党纪国法心存敬畏。推进廉政建设就是要求领导干部始终把坚守纪律，遵守规矩作为一种职业准则和做人的基本原则。

关于如何净化身边环境，墨子讲："其友皆好仁义，淳谨畏令，则家日益，身日安，名日荣，处官得其理矣。"也就是说，一个人所交的朋友都爱好仁义，都淳朴谨慎，慑于法纪，那么他的家道就日益兴盛，身体日益平安，名声日益光耀，居官治政也合于正道了。所以，交友很重要，必须谨慎选择和对待亲友。一个人若身边围绕的都是好仁义的亲友，就可以相互影响、相互熏陶。

关于如何进行监督，墨子说："听其言，迹其行，察其所能。"就是说要听取他们的言论，观察他们的实际行为，考察他们所具有的才能，不断地监督和约束他们。我们加强廉政建设就需要不断加强对领导干部的严格监督，这个监督既是约束，更是爱护，这个监督既是对党的事业的高度负责，也是对党员干部的关心和爱护。

关于如何进行惩戒，墨子说："劝之以赏誉，威之以刑罚"（《墨子·兼爱下》），就是说对于廉洁的官员要及时进行肯定和奖励，对于不遵守法律规定的官员要给予刑法惩处。廉政建设也是一项复杂的系统工程，配套的惩戒制度建设是非常重要的一环，惩戒制度的建立可以有效督促领导干部在思想和行动上具有高度的警觉，敬畏制度，遵守制度。

关于如何率先垂范，墨子认为居上位者一定要带头，在衣食住行、丧葬、文化娱乐等方面做到限制在合理范围内。在这一方面，墨子及其弟子躬身力行，墨子自称"量腹而食，度身而衣"，他的弟子吃穿方面也是"短褐而衣"、"黎藿而羹"，非常简朴。古人云："行之以躬，不言而引。"在廉政建设中领导干部能否率先垂范，体现的是一种态度，一种作风，引领的是一种风尚，营造的是一种氛围。

　　总之，墨子的尚俭思想及其吏治主张，虽然是几千年前的议论，但对我们今天仍有重要启发，对今天的国家治理、反腐倡廉以及从政者的道德建设具有重要意义。墨子的勤俭节约，提高自身修养，净化身边环境，讲规矩守纪律等思想，对推动廉政建设工作的深入开展，对于营造党政健康的政治生态，具有深刻的启示。

第四章　墨子"非乐"阐释

"非乐"是墨子的十大主张之一，与"节用"一样，"非乐"在《墨子》书中也是占了较大的篇幅，其中包含着墨子尚俭思想的重要内容。墨子的尚俭思想是一个系统完整的体系，"非乐"则是与"节用"相互补充，侧重点却有所不同，接下来的"节葬"则是"节用"的另一个拓展分支。墨子在"非乐"篇中讲的"非乐"，主要是针对统治阶层的享乐活动，他认为统治者及贵族权贵，整日迷恋沉浸于音乐享受，并没有把精力集中在国家的治理上，民众过多地参与音乐活动也会占用生产劳动的时间，音乐活动耗资巨大，浪费人力财力，不利于社会的正常发展，因此主张"非乐"。另外，"非乐"也是针对儒家礼乐文化中的"乐"。在墨子看来儒家礼乐文化的"繁饰礼节"，过于追求形式，并不符合节俭的原则，对国家和百姓没有什么实际的好处。对待"乐"，不同学者有着不同的见解，也由此形成了不同倾向的乐论。墨子"非乐"与儒家维护礼乐文化的立场针锋相对，而与道家崇尚的无为之"乐"，虽出发点有所不同，但基本倾向是一致的。

第一节　"非乐"提出的背景

墨子在《非乐》、《三辩》以及《公孟》篇中集中论述了对待"乐"的鲜明观点，他是从节俭出发，以"乐"制造、演奏、欣赏的繁复礼节和劳民伤财为由，提出了"非乐"的主张，这一主张的提出，不能仅仅看其表面，应结合墨子的出身和平民立场，以及墨子"十论"总的思想倾向来理解其深层含义。"非乐"中所非之"乐"是针对以儒家礼乐文化中的"乐"为指向的，指出了儒家礼乐文化的"繁饰礼节"不符合节俭的原则，于国于民都是百害而无一利。在对待"乐"的问题上，古代不同学派、学者都有自己的见解，由此形成了具有不同倾向的乐论。墨子"非乐"与儒家维护礼乐文化的立场针锋相对，而与道家崇尚的无为之"乐"，虽然出发点有所不同，但倾向基本一致。

一、西周文化的"礼崩乐坏"

墨子所处的时代正是战国初期一个动乱的年代，这一时期，虽然奴隶制逐渐瓦解，封建制度开始建立，但各个诸侯国纷纷崛起，在长达五百年间，"诸子蜂起，百家争鸣"，思想的交融达到空前活跃的境界。先秦诸子百家各自代表了当时社会不同的阶层，他们著书立说，传道授业，宣扬自己的学说，建立自己的学术团体。为时人众所周知的儒、墨、道、法、名、阴阳等家，彼此争辩与诘难，形成"百家争鸣"的局面。其中，围绕音乐问题产生的争论，也是百家争鸣中的一个重要话题，而墨家对音乐的态度旗帜鲜明，别树一帜。

1. 文化下移

西周前期是周王朝强盛时期，天子的权力和地位至高无上，"礼乐征伐自天子出"，天子在诸侯国中权威很高。各个诸侯国必须定时朝见周王，向周王朝纳贡。西周后期是奴隶社会向封建社会转型的重要时期，这一时期也是新旧势力较量的时期。随着生产力水平的进一步提高，各诸侯国政治经济都有所发展，某些诸侯国的经济实力甚至超过中央王朝，成为威震四方、称霸一时的大国。与此相反，此时王室衰微，诸侯大国称雄，政治文化中心开始出现下移，"礼乐征伐自诸侯出"，世俗之乐逐渐兴盛起来，从而导致了历史上的"礼崩乐坏"。

周王朝发展到东周时期，逐渐丧失了中央王朝对诸侯国的控制力，周天子的权威地位也不复存在。由于政治、经济发展的不平衡性，诸侯国迅速崛起，出现了大国争霸的现象。作为上层建筑的诸侯国文化不仅没有被削弱，反而得到空前发展，"出现了一股由'王国文化'向'侯国文化'转移，也即是'文化下移'的潮流"。①

"文化下移"的典型代表事件便是王子朝奔楚。王子朝是周景王时期的一位王子，为争夺王位，在公元前520年起兵。《左传·昭公二十年》记载："丁巳，葬景王。王子朝因旧官、百工之丧秩者与灵、景之族以作乱。"四年之后，兵败，王子朝便率领旧宗族如毛伯得、尹氏固、南宫嚚等"奉周之典籍以奔楚"(《左传·昭公二十六年》)。随着王子朝奔楚，将周王朝的中央文化带入楚地，楚地一时成为当时的文化中心。

楚、宋、鲁成为当时三个主要的文化中心，周王朝的百官流入各诸侯国。这个现象表现在乐坊方面，就是各个诸侯国乐工的互相迁移。《论语·微子》就记载了鲁国的乐师如何走向其他地方的情景："太师挚适齐。亚饭干适楚。三饭缭适蔡。四饭缺适秦。鼓方叔入于河。播鼗武入于汉。少师阳、击磬襄入于海。""河"可能指黄河流域，"汉"大致指的是江汉一带，而"海"则指东海之滨，可见当时乐师分散地之广阔。乐师四散，也反映出了各诸侯国的音乐传播与交流更加频繁，对于繁荣各国的乐文化是有益无害的。《汉乐·礼乐志》中也记载道："春秋时，陈公子完奔齐。陈、舜之后，《招乐》存焉。"这里记叙为陈公子奔齐时带来《韶乐》，后来孔子才能在齐国一睹其风采。陈，是如今河南一带，从陈

---

① 刘再生：《中国古代音乐史简述》，人民音乐出版社2001年版，第52页。

至齐，也可看出当时音乐文化传播的范围之广。

从出土文献看，当时很多小国如纪国、莒国、滕国等都有大量乐器，一般为编钟、编磬等。邾国，即今天的邹县，却流传下数量惊人的乐器，如邾公孙华编钟、邾大宰钟等。滕国，在今滕州境内有其遗址，一共出土了 13 件编钟，并有 79 字铭文刻于其上。① 可见当时在"文化下移"的潮流中，各国的乐文化都发展迅速。

2. 八佾舞于庭

周王朝发展到春秋时代，由奴隶社会向封建社会的进一步加速转变，社会的动乱与转型，打乱了原有的等级秩序。本来当时音乐的等级规格，是由严格的宗法制度决定和制约的，但是由于统治秩序的混乱，作为上层建筑的音乐等级秩序也失去了原有的约束力。《论语·八佾》中记载了著名的典故"八佾舞于庭"："孔子谓季氏八佾舞于庭；是可忍，孰不可忍也。"季桓子是鲁国的大夫，虽然他执政于鲁国，但按照周王朝的礼乐制度，"天子用八，诸侯用六，大夫四，士二"（《左传·鲁隐公五年》）。"天子八佾，诸侯四佾，所以别尊卑。"（《白虎通·礼乐》）八佾，即行列的意思。古时一佾 8 人，八佾就是 64 人，据《周礼》规定，只有周天子才可以使用八佾，诸侯为六佾，卿大夫为四佾，士用二佾。季氏是正卿，只能用"四佾"来表演乐舞，而不能用"八佾"，所以孔子才愤然说出上面的这段话。

"八佾舞于庭"现象的出现，只是周王朝"礼崩乐坏"的一个缩影，而实际上这种局面由来已久。先秦时期，各个诸侯国都存在不同程度上的对礼与乐态度的变化。如鲁成公二年，卫国攻打齐国，却惨遭失败。主帅孙恒子被大夫于奚所救，才幸免于难。随后，卫国决定赏赐城邑给

---

① 树瀛、增源：《滕县发现东周乐器》，《音乐小杂志》1984 年第 8 期。

于奚，于奚却不接受，而要求享用诸侯才有权使用的三面悬挂的乐器，除此以外，还要用繁缨装饰的马匹，卫侯只得答应。孔子得知后，感叹道："唯器与名，不可以假人。"（《春秋左传·成公二年》）因为只有周天子才有权力赏赐器物与名号。这样的赏赐，不如赐予城邑。再比如鲁文公四年，鲁文公招待卫国的宁武子时在宴会上命乐师演唱《湛露》与《彤弓》，这是小雅中的曲目，而宁武子自始至终不发一言。其实这两首小雅理应是周王宴请诸侯时才可以演奏的曲目，鲁文公的做法使得宁武子气愤地说："其敢干大礼以自取戾？"（《左传·文公四年》）这句话的意思是，怎么敢冒犯礼制自取罪戾呢？由此可见，宁武子代表了当时的那些恪守礼制、尊礼明礼之人。刘再生先生讲道："'八佾舞于庭'这一现象，说明了在一些人心目中，'天子之乐'并不是那样神圣不可侵犯的，这是观念形上的一种巨大变化。"[①]

3. 郑卫之音乱雅乐

郑卫音乐一出现，就对雅乐产生了巨大的冲击，并为各国王公贵族所接受。周王朝发展到春秋时代，各诸侯国都急于扩张自己的原有势力，不再满足于臣服中央政权，也不愿意继续受周王朝宫廷雅乐的束缚，他们更看重自身的声乐满足，享受不受约束的奢侈生活。于是，作为新的音乐出现的"郑卫之音"，试图摆脱雅乐古板的音律、节奏，以新的音乐形式，迎合宫廷贵族享乐的需要，作为新的流行，在当时可谓风靡一时。所以孔子说："恶紫芝夺朱也，恶郑声之乱雅乐也，恶利口之覆邦家者。"（《论语·阳货》）孔子看到"新声"取代雅乐已经成为事实，也只能发出无奈的叹息。

《国语·齐语》中记载："筑高台以为高位，田狩游弋，不听国

---

① 刘再生：《中国古代音乐史简述》，人民音乐出版社 2001 年版，第 56 页。

政……九妃六嫔，陈亲数百；食必粱肉，衣必文绣。""大国累百器，小国累十器，列于前方一丈，目不能遍视，手不能遍操，口不能遍味。"与此奢靡的生活形成鲜明对照的却是社会动乱、民不聊生的景象。"围宋五月，城中食尽，易子而食，折骨以饮。"（《史记·楚世家》）正如墨子所说："饥者不得食，寒者不得衣，劳者不得息，三者，民之患也。"

春秋时代，在"礼崩乐坏"的社会背景下，各诸侯国连年征战，不断扩张自己的势力。但频繁的战争带给百姓的却是痛苦和灾难。《墨子·非攻》中有一段细致的描述，叙述了战争带来的不幸：

> 今常计军上：竹箭、羽旄、幄幕、甲盾、拔劫，往而靡弊腑冷不反者，不可胜数……与其牛马，肥而往，瘠而反，往死亡而不反者，不可胜数……丧师多不可胜数，丧师尽不可胜计，则是鬼神之丧其主后，亦不可胜数。

这些"不可胜数"，所展现的是一幅幅战乱中民不聊生的凄凉画面。争霸战争的不断，造成了大量的人员伤亡，到处都是尸横遍野，惨不忍睹。为了战争，统治者需要不断征集大量身强力壮的劳动力，这使得本就人口就不多的春秋战国时代，参加生产的劳动力极为短缺。在此情况下，"农夫不暇稼穑，妇人不暇纺绩织纴"。不仅如此，百姓除了生产，还要负担统治者们纵情享乐的生活费用，这就是雪上加霜。

二、墨子"非乐"之根源

墨子"非乐"思想的产生，有着特定的原因，这是研究墨子"非乐"思想必须要涉及的。墨子之所以要提出"非乐"的主张，以及所非之"乐"

的特定含义及其范围，是有其特定社会历史根源的。墨子"非乐"的范围比较广泛，不仅仅局限于我们今天讲的"音乐"范围。"非乐"也不是单纯地反对音乐，而主要是从下层普通民众的角度，来反对上层统治者的奢靡享乐，因而在当时具有一定的进步意义。

1."乐"字考据

"乐"是中国传统文化的重要组成部分，在我国古代含义较广，"乐"的含义不断增加和发展，在墨子所处的战国初期，对乐的研究已形成一些体系。我们这里研究"非乐"，有必要考察一下"乐"字的基本含义，以及墨子所非之"乐"究竟为何，这是需要考察当时的历史背景，包括墨子的思想倾向和所处的立场。

（1）"乐"的原始含义。

"乐"字在甲骨文中写作 ，早期金文同甲骨文写法相同，后期金文即周代时写作" "，小篆为" "，繁体字为"樂"，今文简写为"乐"。对"乐"字的解释最初见于汉代的《尔雅》，其中有独立的一篇"释乐"，分别列举了五声八音的名字、别号及大小异同，共有 16 个词条。

在这篇《释乐》中，首先是介绍了"宫、商、角、徵、羽"五种音律，如"徵"是古代五音之一，是表示音调高低的词，相当于现代简谱中的"5"。《周礼·春官·大师》："皆文之以五声：宫、商、角、徵、羽。"元代关汉卿《单刀会·第四折》："五音者，宫、商、角、徵、羽。"《释乐》还从乐器的名称、种类、材料、功能、异同等方面将乐器分为拨弦乐器、皮革乐器、吹奏乐器、敲打乐器。

另外，词条中还有"徒鼓瑟谓之步，徒吹谓之和，徒歌谓之谣，徒击鼓谓之咢，徒鼓钟谓之修，徒鼓磬谓之寋"。这里解释的是与音乐有关的行为动作。最后还有："和乐谓之节。"邢昺疏曰："节，乐器名，谓相也。"《尔雅义疏》郝懿行义疏曰："搏拊，以韦盛糠，形如鼓，以手拊拍之也。"① 这实际上是把"乐"归为"乐器"之义。后来东汉许慎著的《说文解字》，在《说文·木部》中，对"乐"字的解释是因袭了《尔雅》："乐，五声八音总名，象鼓鞞。木，虚也。"前句是对"乐"含义的释义，指明"乐"是作为各种乐器和乐声的总名称。后句是"乐"之释形，说明"乐"是属于象形字。"乐"字的下半部分就像立着的鼓架，上半部分则像鼓鞞。这一解释对后世影响大，后来对"乐"的解释大多以此为基础。对"乐"，唐代徐锴的《说文解字系传》做了更为详细的解释："乐者，出于人心，布之于管弦也。乐弥广则备鼓鞞，故于文木、幺白幺为乐。白象鼓形，幺幺左右之应也。应，和也；引也。小鼓挂在大鼓旁，为引、为和也。"②他是以小鼓挂在大鼓旁来从字形上分析"乐"的造字原理。

19 世纪末，随着殷墟甲骨卜辞的出土，学者们对"乐"的考释工作有了新的进展。罗振玉先生根据甲骨文中"乐"的字形特点，在学界提出对"乐"字的原始意义的看法。他指出："此字从丝附木上，琴瑟之象也，或增'白'以象调弦之器，犹今弹琵琶、阮咸之有拔矣。……许君谓象鼓鞞，木，虚也。误也。"③罗氏对许慎的"鼓鞞"解释表示质疑，提出自己的"琴瑟"说，但是他并没有列举出乐器学或字源学方面的证据。尽管如此，由于他在甲骨文研究中的特殊地位，他的学说引起了学界的高度重视，也得到了郭沫若先生的赞同，郭沫若认为："'乐'字中间之'白'为拇指之型。'白'置于'幺幺'之中，代表用拇指拨弄琴瑟之弦也。"④可以看出，郭沫若和罗振玉都是认为"乐"为一种乐器的象形。

在甲骨卜辞中，也发现了一些有关"乐"字的记载⑤，如：

---

① 郝懿行：《尔雅义疏》（二），中国书店 1983 年版。

② （唐）徐锴：《说文解字系传》，中华书局 1987 年版，第 314 页。

③ 罗振玉：《增定殷墟书契考释》，东方学会印本 1927 年版。

④ 田君倩：《乐字的形音义》，载《中国文字丛释》，台湾"商务印书馆"1972 年版，第 67 页。

⑤ 郭沫若：《甲骨文合集》，中华书局 1999 年版。

……未贞……在乐（《合集》33153）

丙午卜在商贞今日王步于乐无灾（《合集》36501）

……王卜在叉贞……乐无灾……在二月（《合集》36902）

戊申……乐……今……（《合集》36900）

在这些甲骨卜辞中，"乐"字的字形皆为，从"幺幺"，从"木"，并无"白"。"乐"字在这里用作地名并且用来贞卜，并没有我们今天所理解的音乐之义，也没有与音乐相关的乐器或者艺术样式之义。徐中舒先生认为："卜辞中'乐'无用作音乐之辞例。""早期金文乐鼎与甲骨文同；晚周金文从'幺白幺'作'乐'，与《说文》篆文同。其释'乐'为'地名'。"①甲骨文中的"乐"既然没有音乐之义，那么把"乐"的原始意义解释为某种乐器的代称，是值得商榷的。许慎的"鼓鼙之说"和罗振玉的"琴瑟之说"都是以后起之义来作解，所依据的字形并不是"乐"的原始字形，而是后来的金文和小篆。

另外，金文"乐鼎"中"乐"字，与殷墟卜辞中的"乐"形体尚且一致，至金文发展到两周时，"乐"字"幺幺"中间增加了一个"白"，如子璋钟、邾公华钟、文侯壶等钟鼎之器上的铭文多有记载。此后，历经小篆、隶书、楷书等，"乐"字的形体结构一直没有什么大的变化。所以，许慎、罗振玉所释的"鼓鼙"和"琴瑟"，所依据的字形都属于后期金文。

今天，"乐"字的原始意义，仍还是学者们有争议的一个话题。比较有代表性的是冯洁轩先生的"歌舞之乐"说、修林海先生的"饱食之乐"说。前者先是驳斥了罗振玉的"琴瑟之说"，后从造字法入手，分析了"乐"字的构成，认为"乐"是形声字，从而得出"乐"在商代是

---

① 徐中舒：《甲骨文字典》，四川辞书出版社 2006 年版，第 650 页。

一种大型的风俗性乐舞。① 后者认为"乐"应为象形字，代表了一种成熟的谷类庄稼，并进而认为这在当时包含了人们面对植物成熟的一种喜悦之情。②

"乐"字在现代汉语里有四个读音，分别为"lè"、"yuè"、"yào"、"lào"，但是它的古音与今天的读音并不可能相同。清代朱骏声在《说文通训定声》中认为"乐"的古音应为"yào"；段玉裁《说文解字注》中认为"乐"字从"幺"，应读"yāo"。《论语·雍也》中的："智者乐水，仁者乐山"，其"乐"字就保留着古音，读作"yào"。在今天北方方言中，至今还有些地区把"音乐"的乐读为"yào"，这是方言中古音保留的痕迹。"乐"的原始读音为"yào"，这点在学术界得到了较多的认可。冯洁轩先生在《"乐"字析疑》中提出："以'乐'为声符的较早的形声字'藥'，今仍音'要'，正是'乐'字古音的体现。"③ 总之，"乐"字的原始读音为"yào"，还是有依据的。

（2）"乐"的内涵及发展演变

"乐"字在文献记载中出现得比较早，且使用比较频繁，如《易经·豫》："先王以作乐崇德，殷荐之上帝，以配祖考。"《尚书·舜典》中："帝曰：'夔，命汝典乐。'"而"音乐"一词的最早使用，是见于《吕氏春秋》，其中有："音乐之所由来者远矣。""凡音乐，通乎政而风乎俗者也。"这里的"音乐"与我们今天所理解的音乐意思已经靠得很近了。④

其一，乐（yuè）——诗、歌、舞、乐的综合艺术形式。

最早对"乐"作出定义的是《礼记·乐记》，其中有一段关于"乐"的精彩议论："凡音之起，由人心生也。人心之动，物使之然也。感于物

---

① 冯洁轩：《"乐"字析疑》，《音乐研究》1986 年第 1 期。
② 修林海：《"乐"之初义及其历史沿革》，《人民音乐》1986 年第 3 期。
③ 冯洁轩：《"乐"字析疑》，《音乐研究》1986 年第 3 期。
④ 吉联抗：《音乐与乐》，《民族民间音乐》1995 年第 2 期。

而动，故形于声。声相应，故生变，变成方，谓之音，比音而乐之，及干戚羽旄，谓之乐。"

值得注意的是，这一段议论对音、声、乐三者，做了比较具体的划分，指出"音"是由于人心感应于外界事物而产生的，并在"声"上表现出来。"声"相互应和，所以产生了具有一定规律的"音"。把不同的音组合起来，用乐器进行演奏，同时手里拿着盾、斧头以及羽毛、牛尾等进行舞动，这就是所谓的"乐"，也就是我们今天所说的音乐舞蹈。

《乐记·乐论》中说："故钟鼓管磬羽钥干戚，乐之器也；屈伸俯仰缀兆舒疾，乐之文也。"这里，"乐"既包含"钟鼓管"，演奏出来的声乐及乐器，也包括"屈伸俯仰"的动作，即舞蹈动作。

《乐记》还讲道："诗言其志也，歌咏其声也，舞动其容也。三者本于心，然后乐器从之。"沈括在《梦溪笔谈·辨证》中说："'周南'，'召南'，乐名也，胥鼓以雅以南是也。'关雎'，'鹊巢'，二南之诗而已，有乐有舞焉。学者之事，其始也，学者之事，其始也，学'周南'、'召南'，末至于舞'大夏'、'大武'，所谓'周南'、'召南'者，不独诵其诗而已。"

《吕氏春秋·仲夏纪·古乐篇》记载："昔葛天氏之乐，三人操牛尾，投足以歌八阕。"葛天氏之乐，便是三个人执牛尾，载歌载舞的形式。这个传说反映了远古部落人们对于天、地、图腾以及祖先的歌颂。可见，"乐"在上古时期指的是今天我们所理解的音乐、舞蹈、诗歌、乐器在内的一种综合艺术形式。

《吕氏春秋·古乐篇》除了上文的葛天氏之乐，还记载了许多原始的乐舞，例如朱襄氏之乐，创造了一种五弦的瑟，用来祈雨；阴康氏之乐，是一种健身的舞蹈，用来活动筋骨。另外，《礼记·郊特牲》中记载了伊耆氏创造了一首《蜡辞》："土反其宅，水归其壑，昆虫毋作，草木归其泽。"是说伊耆氏每年十二月举行一场祭祀，称为"蜡祭"，在祭祀中演奏一首歌谣，称为"蜡辞"，用此形式祈求丰收。

　　黄帝时期，作乐舞《云门大卷》，云是黄帝氏族的图腾，所以称乐舞为《云门》，这是表达对云图腾崇拜之情的乐舞。《左传·昭公十七年》有这样的记载："昔者黄帝氏以云纪，故为云师而云名。"尧时，作乐舞《大咸》，咸池为天上西宫星名。古人认为它主观五谷，所以祭祀它是为了祈求五谷丰登。

　　庄子在《天运篇》也谈到了"咸池之乐"："北门成问于黄帝曰：'帝张咸池之乐于洞庭之野，吾始闻之惧，复闻之怠，卒闻之而惑，荡荡默默，乃不自得。'此之谓天乐，无言而心说。""听之不闻其声，视之不见其形，充满天地，苞裹六极。""汝欲听之而无接焉，而故惑也。乐也者，始于惧，惧故祟；吾又次之以怠，怠故遁；卒之于惑，惑故愚；愚故道，道可载而与之俱也。"庄子对咸池之乐演奏的描绘十分生动，进入一种天人合一的艺术至境，虞舜时作《韶》乐，那曾经是一段灿烂的历史。《韶》乐，可以说是一座高峰，代表了中国古代原始社会阶段最高的乐舞水平。《韶》乐是由箫来作为主要演奏乐器，因此也称《箫韶》。它的乐舞有九次变化，称为《九辨》；歌谣有九个段落，称为《九韶》。《尚书·益稷》中记载"箫韶九成，凤凰来仪"，形容《韶》乐演奏到第九段，连凤凰也受感召而来，显示了巨大的感染力。《乐纬·动声仪》称它"温润以和，似南风之至"，可见风格之优美，如暖风习习。吴国的季札在观看完《韶》乐后，给予了这样的评价："德至矣哉！大矣，如天之无不帱也，如地之无不载也！……若有他乐，吾不敢请已。"（《左传·襄公二十九年》）之后的孔子在齐国观看此乐后，便有了"三月不知肉味"的典故，"不图为乐之至于斯也。"（《论语·述而》）对它的评价是"尽善尽美"。可见《韶》乐是代表当时最高水平的乐，并赢得了社会各阶层的一致肯定。到了汉高祖时期，《韶》改称为《文始》，这也说明了深远的历史影响。

　　夏朝是我国历史上第一个奴隶制王朝，禹夏时创作了乐舞《大夏》，亦称《夏籥》。《吕氏春秋·仲夏纪·古乐篇》中有："禹立，勤劳天下，日夜不懈。通大川，决雍塞；凿龙门，降通漻水以导河，疏三江五湖注之海，以利黔首。于是命皋陶作为《夏籥》九成，以昭其功。"遗憾的是当时的这部乐舞表演，并未留下具体的表演记载。《礼记·明堂位》称其在周代表演时"皮弁素积，裼而舞《大夏》"，即头戴白帽，身上只穿一件白裙起舞。乐舞发展到这时，形式虽没有改变，但内容已经由原来的祭祀祖先神灵，变为"以昭其功"，也就是歌功颂德。

商汤时期，最具代表性的乐舞是《大濩》。《吕氏春秋·古乐篇》记载："汤于是率六州，以讨桀罪，功名大成，黔首安宁。汤乃命伊尹作为《大濩》，歌《晨露》、修《九招》、《六列》，以见其善。"这支乐舞存在了很长时间，一直延续到周代，周穆王很喜欢，还让人给他演奏。《列子·周穆王》："奏《承云》、《六莹》、《九韶》、《晨露》以乐之。"

周武王时期，代表性的乐舞为《大武》。《周礼·春官·大司乐》中有："《大武》，武王乐也；武王伐纣以除其害，言其德能成武功。"孔子对其评价与《韶》乐不同，有微妙变化，评价是："尽美矣，未尽善矣。"《大武》所表演的是武王伐纣的过程。以上就是后世所称的六代乐舞。

"乐"不仅包含歌、舞，还包含乐器的演奏，那么所谓的乐器在古代指的是什么呢？其实在殷商甲骨文中，就已经有了关于乐器的文字，例如"钟"、"鼓"等字样在甲骨卜辞中都已经出现了，而且能够与出土的乐器相互印证。根据考证，到了周代，留下记载的乐器大约有七十多种，其中《诗经》中就有二十九种。[1]另据杨荫浏先生考据，《诗经》中提到的打击乐器有鼓、田、县鼓、钟、缶、雅、和、鸾、铃、簧等二十一种，吹奏乐器有箫、管、箎、笙、埙等六种，弹弦乐器有琴、瑟两种。如"琴瑟友之"、"钟鼓乐之"（《周南·关雎》）、"我有嘉宾，鼓瑟吹笙"（《小雅·鹿鸣》）。

---

[1]　杨荫浏：《中国古代音乐史稿》上册，人民音乐出版社 1981 年版，第 64 页。

由于乐器种类越来越多，就出现了分类。周代最早出现了"八音"的名称，指的是各类乐器。《周礼·春官·大师》中："皆播之八音——金、石、土、革、丝、木、匏、竹。"所谓"八音"，并不是八种乐器，而是按照材料制作的不同将乐器分为八个种类。其中皮革类的鼓和竹制的吹管乐器，是种类较多且经曾使用的两大类乐器。《周易·象》中就有："雷出地奋。豫，先王以作乐崇德。殷荐上帝，以配祖考。"先王作乐时，表现出"雷出地奋"的振奋感是来自鼓类乐器。许慎在《说文解字》中解释"乐"时，也说"象鼓鞞"，是将"乐"字作为鼓的象形字来讲，这也可见出鼓在古代乐器中的地位。至于金类乐器，也因材料特殊，声音响亮，穿透力强，而获得了特殊的地位。"钟鼓喤喤，磬管锵锵"，形象地反映了演奏中的场景。"八音"中的乐器，并不都是分开演奏，有时也会根据需要组合在一起，例如"鼓瑟鼓琴"，就是琴与瑟组合在一起演奏，后人采用此意。常用"琴瑟之好"来比喻夫妻的感情。又如"贲鼓维镛"，说的是鼓与钟的配合，可以产生出特殊的声音效果。这些都证明，当时乐舞的演奏与欣赏已达到了很高的水平。

其二，乐（lè）——情感的表达。

在先秦时期，人们已经认识到"乐"是可以作为表达思想感情的一种艺术手段。《诗经·魏风·园有桃》中有一句："心之忧矣，我歌且谣。"《尚书·尧典》中也有这样的概括："诗言志，歌永言，声依永，律和声"，讲的都是音乐可以用来抒发人的情感，表达人的情志。"乐者，乐也。"《乐记》"乐"具有激发情感的功能，能给人带来精神上的愉悦，这就是"乐"的情感特征。《荀子·乐论》也讲道："夫乐者，乐也，人情之所必不免也。"

在夏商周时期，祭祀占卜是一项重要的频繁举行的活动，与此相适应，巫术十分盛行，人们把巫术视为沟通人与神的活动。"国之大事，惟祀与戎。"（《左传·成公十三年》）因为祭祀活动是神圣的，自然少不了巫乐，巫乐是娱神的重要手段和仪式。巫乐的特点是"酣歌狂舞，漫无节制"。《尚书·伊训》说："恒舞于宫，酣歌于室，时谓巫风。"巫乐不仅可以悦神娱神，而且也可以悦人娱人。在祭祀活动中，人们彻夜不眠，不停地手舞足蹈，本身就是一种娱乐活动。

除了祭祀活动，在田猎、军旅、宴飨、射礼等活动中，也要根据场景，演奏与此相适应各种音乐。在《周礼·夏官·大司马》中有这样的记载："及战，巡阵，眡事而赏罚；若师有功，则左执律，右秉钺以先，恺乐献于社。"这里讲的是军旅活动，意思是如果师出有功，旗开得胜，则左手执律管，右手执大斧，奏起凯旋的乐曲，向社神和宗庙报捷献功。在此情景下，这种凯旋的乐曲一定是振奋人心的，会让归来的将士感受到胜利带来的欢乐。

但是，并非所有的乐都可以有效地表达情感，要能有效地表达情感就要达到"和"。史伯很早就提出"和六律以聪耳"（《国语·郑语》），他是把音乐比作美味，音乐必须像美味一样经过调和才能"和"，才能产生美妙的感觉。达到"和"的音乐能使人平静，君子听了这种音乐心态就会平和，德行就会和谐。

（3）不同阶层的"乐"。

在商周时期，对"乐"是有严格规定的，不同等级所使用的"乐"是有区别的，即便是同一阶层的人，在不同场合所使用的"乐"也是不同的。于是，宫廷雅乐大肆盛行。与宫廷雅乐相对的是，则是北方的"郑卫之音"和南方的"吴声"、"西曲"以及"楚辞"等民间音乐，并最终取代并超越了宫廷的雅乐。

其一，宫廷之"乐"。

从商代开始，我国开始进入历史上所谓的青铜器时代。青铜器的出现使乐器的制作更加精美，青铜乐器演奏的音乐可以产生独特的效果，给人带来新的音乐感觉，这也为在贵族阶层的"淫乐"盛行提供了条件。

商纣王"使师延作新淫声,北里之舞,靡靡之乐""大家乐戏于沙丘,以酒为池,悬肉为林,使男女倮,相逐其间,为长夜之饮。"(《史记·殷本纪》)这里描述了纣王命人作助兴的音乐,表演不堪入目的舞蹈,昼夜饮酒狂欢作乐,反映了当时奴隶主贵族荒淫糜烂的享乐生活。

周代,为了吸取商朝灭亡的历史教训,在政治、经济以及文化方面制定了一些新的制度,这就是历史上所谓的周公"制礼作乐",雅乐就是在这时产生的。这里讲的雅乐,就是"古代祭祀天地、神灵、祖先等典礼中所演奏的乐,在周代实际上包括用于郊社、宗庙、宫廷仪礼、乡射和军事大典等各个方面的音乐"。[1]

根据规定,不同的等级、场合对于演奏的"雅乐"有着不同的要求。《周礼·春官·大司乐》中记载有:"正乐县(xuán 悬)之位,王宫县,诸侯轩县,卿大夫判县,士特县。"意思是王的乐队及乐器可以排成四面,诸侯的排成三面,卿和大夫的可以排成两面,士的只能排成一面。至于欣赏乐舞"天子用八,诸侯用六,大夫四,士二"(《左传·鲁隐公五年》)。"天子八佾,诸侯四佾,所以别尊卑。"《白虎通·礼乐》不同的"佾"是代表了不同的规格或礼遇,"佾,舞行列也。"(《说文·新附字》)

场合不同,演奏的乐也不同。祭祀天神时,"乃奏黄钟,歌大吕,舞《云门》;祭祀地神时,"乃奏太簇、歌应钟,舞《咸池》"(《周礼·春官》)。根据《左传·襄公四年》中的描述,两国国君相见,用的乐是大雅《文王》、《清庙》等;诸侯会见他国来使用的是小雅《鹿鸣》、《四牡》、《皇皇者华》等。可见当时的用乐制度是多么具体明确,反映出统治阶层内部所实行的严格等级制度。

因为宫廷之乐的分类和表演有严格规定,也促进了乐的专业化程度。当时已经有了传授乐的专门机构和专业人员。大司乐就是周代最高

---

① 杨荫浏:《中国古代音乐史稿》上册,人民音乐出版社 1981 年版,第 42 页。

的音乐教育机构，该机构不仅负责演出，也承担专业技艺的传授。根据《周礼》记载，这个音乐机构是很庞大的，其中的工作人员包括管理者、乐师以及音乐奴隶共有1463人，还没有包括表演民间乐舞的"旄人"。大司乐内部分工详细，大司乐"掌成均之法，以治建国之学政"，教国子"乐德"、"乐语"、"乐舞"；乐师"掌国学之政，以教国子小舞"，如"旄舞"、"羽舞"、"皇舞"等等；大师"掌六律、六同，以合阴阳之声"以及不同的乐器演奏师有不同的名号，如"笙师"、"钟师"等。(《周礼·春官·大司乐》)

大司乐所培训的人，主要包括世子，国子和公卿大夫的子嗣等，传授的内容主要是"乐德"、"乐语"、"乐舞"。根据《礼记·内则》记载，这些成员学习的年龄，"十有三年，学乐，诵诗，舞《勺》；成童（十五岁），舞象，学射御；二十而冠，始学礼。"可见，学乐的进程是有明确时间安排的。不过，世子和国子们学习的目的，并不是为了去表演乐，而是为了熟悉礼乐文化，将来可以运用礼乐之制来统治国家。正如《周礼·大司徒》中所言："以乐礼教和，则民不乖。"

雅乐分为大雅、小雅。虽然小雅也属于宫廷贵族之"乐"，但其风格更接近民歌，其中有一些就是直接由民间歌谣加工整理而成的。诸侯在举行大射礼、燕礼或士大夫乡饮酒礼时，会经常使用小雅之乐。不过，对小雅的用乐也有严格的规定。《仪礼》中介绍乡饮酒礼时称："工四人，二瑟；……正乐先升，……工入……工歌《鹿鸣》、《四牡》、《皇皇者华》……笙入堂下，磬南，北面立，乐《南陔》、《华黍》。乃间歌《鱼丽》，笙《由庚》；……乃和乐：周南《关雎》、《葛覃》、《卷耳》……"小雅歌是用琴或瑟来伴奏，单纯奏乐则是用笙或管。

其二，民间之"乐"。

周代雅乐虽然十分兴盛，但由于"礼不下庶人"，所以也仅限于在宫廷贵族内部演奏，受礼的限制，这些雅乐便不可能传播到民间。但是民间的乐有其自身发展的土壤，而且各地的音乐由于没有受到雅乐的限制，反而得以生存下来，在歌曲、舞蹈以及乐器方面发展迅速，其中在民歌方面更为突出。

在北方是以郑、卫、宋、齐等地的民歌最具代表性，北方民歌也称"郑卫之音"。所谓"郑卫之音"，"实际上就是一种保留了浓郁的商族音乐风格的民间音乐，或者说，它是商族音乐的遗声。"①《诗经》中十五国风一共 160 篇，而郑、卫两国的民歌就占到 60 篇。郑、卫等地的音乐有的活泼欢快，例如《卫风·木瓜》，就属于抒情歌曲，而且大多由青年女子演唱；有的节奏铿锵，多为劳动歌曲或讽刺曲目。《魏风·伐檀》就是一首讽刺统治者的歌曲。对此《左传》的评论是："烦手淫声，慆堙心耳，乃忘和平。谓之郑声。"

"郑卫之音"的特点是歌词通俗易懂，节奏欢乐明快，在周代后期至春秋时代广为流行。相对于雅乐这种"古乐"而言，"郑卫之音"以及其他各地的民间音乐便被称为"新乐"。虽然"新乐"起源于民间，却在春秋时代流传到宫廷，以特有的魅力吸引了当时的统治者，可见"新乐"完全可以和"古乐"抗衡，甚至超越。

魏文侯就是一位非常喜欢"新乐"的君主。他曾对子夏说："吾端冕而听古乐，则唯恐卧；听郑卫之音，则不知倦。敢问古乐之如彼，何也？新乐之如此，何也？"（《乐记·魏文侯篇》）魏文侯用自己的亲身感受，比较公正地评价了"古乐"与"新乐"的不同音乐效果。梁惠王也同样表达了对"新乐"的情有独钟："寡人非能好先王之乐也，直好世俗乐耳"（《孟子·梁惠王章句下》），直言不讳。

"郑卫之音"的流行，必然会受到传统礼教维护者的反对。孔子曰："恶郑声之乱雅乐也。"（《论语·阳货第十七》）《乐记·乐本篇》还说：

---

① 刘再生：《中国古代音乐史简述》，人民音乐出版社 1989 年版，第 57 页。

"郑卫之音，乱世之音也，比于慢矣。"他是把这种民间音乐看做社会动乱的原因。刘再生先生认为，"'郑卫之音'的问世，恰恰起到了加速'礼崩乐坏'进程的作用。"[①] 这个分析是有一定道理的。

与北方"郑卫之音"相映衬的，是南方的"楚辞"。作为楚地的音乐"楚辞"，是在楚地民歌的基础之上加工而成的，流行于战国时期。宋代黄思伯对楚辞做了一个比较客观的解释。他说："屈宋诸骚，皆书楚语，作楚声，纪楚地，名楚物，故可谓之'楚辞'。"（《东观余论》）学者刘再生认为："楚辞实际上是以楚国历史、风俗、音乐方言进行加工创作的，有着鲜明地方特色的艺术作品。"[②]

楚地自古巫风盛行，王逸称："昔楚国南郢之邑，沅湘之间，其俗信鬼而好祠，其祠必作歌乐鼓舞，以乐诸神。"（《楚辞章句》）"巫"对于"乐"的影响是很重的，在楚地的南郢这一带，凡祭祀活动，都是通过乐舞来娱神。作为楚辞中的代表作《九歌》，其实就是一组祭祀组歌，原本流传于民间，屈原对其进行加工整理而成，并根据祭祀不同的鬼神而取了不同的标题，如《东皇太一》是祭祀天神时用的迎神曲；《东君》则是祭祀太阳神的。楚辞既可诵读亦可吟唱，用词华丽，活泼生动，节奏明快，这种结合楚地方言、曲调而创作出来的民间歌谣，代表了南方楚地诗歌和音乐的最高成就。

第二节 "非乐"的内容

在《非乐》篇中，墨子集中论述了他之所以提出"非乐"的原因，

---

① 刘再生：《中国古代音乐史简述》，人民音乐出版社 1989 年版，第 60 页。
② 刘再生：《中国古代音乐史简述》，人民音乐出版社 1989 年版，第 94 页。

以及兴"乐"所带来的弊端。他站在平民的立场上，列举了为"乐"的种种危害。需要注意的是，他却并不否认"乐"存在的合理性以及给人带来的愉悦。他是以"利"为衡量一切是非的准绳，"非乐"是以儒家的礼乐文化为批判的对象，这在后世引起了许多争议，其中争议较大的是关于"非乐"的正面和负面意义。

一、提出"非乐"的原因

墨子用大量笔墨来阐述"非乐"的原因，以充足的论据来论证自己的观点。从表层来说，是以制造、演奏、欣赏三个方面，道出"为乐"所造成的巨大浪费，对下层民众造成沉重的负担，对上层统治阶层是一种纵欲，墨子列举了历史上的例子来进一步加以论证自己的观点。从深层次来说，"为乐"不利于天下的治理，也不符合墨子评价是非的标准。

1."非乐"的表层原因

《非乐》篇一开始就提出"仁人之事"，即以是否"利乎人"作为评价一切是非的准绳。然后，他从制造乐器、演奏音乐、欣赏音乐三个方面，申明了自己"非乐"的理由。

首先，制造乐器必"厚措敛乎万民"。因为要进行音乐活动，就需要有各种乐器，而在当时的条件下，制造乐器并非容易，甚至称得上是一项复杂的工程，要耗费巨大的人力财力。"非直掊潦水，折壤坦而为之也"，是说并非是像扒取潦水和拆土墙那样轻易就能做到的。王公大人们从广大百姓中征收赋税，"以为大钟、鸣鼓、琴瑟、竽笙之声"。不仅增加了百姓的负担，还浪费了社会财富。

墨子具体比较了制造乐器与制造舟车的不同。"古者圣王，亦尝厚措敛乎万民"，古者圣王也征税，但是这些赋税是用来制造船只和车辆的，而舟车对百姓是有具体的实用价值的，为"中民之利"，而钟鼓、琴瑟这些乐器制造出来，却对百姓没什么用处，而且劳民伤财。

春秋战国时期，本来就战乱频繁发生，正是所谓"饥者不得食，寒者不得衣，劳者不得息"，百姓生活异常艰难，也不可能从乐器制造中改变现实的困难生活境况。在如此混乱的社会环境下，光靠"撞巨钟、击鸣鼓"也不能治理好国家，从根本上解决百姓的生存问题。因此，大规模制造乐器，对"兴天下之利，除天下之害"是毫无用处的，所以墨子说"为乐，非也"。

其次，演奏音乐浪费大量劳动力。制造乐器需要大量的人，制造出大量的乐器也需有大量的人来演奏。对于演奏音乐乐手的选拔，在当时是有着严格要求的，不能用年老者和孩童，因为他们"耳目不聪明，股肱不毕强，声不和润，明不转扑"。王公大人们使用的乐手必须是正当年的年轻人，不仅年轻力壮，而且还要聪慧敏捷，至于对那些随乐起舞的舞者们要求就更高了。用这些优秀的人来演奏乐器，唱歌跳舞，以供他们享乐，必然会影响劳动生产。

据有关记载，齐康公设计了一种叫"万"的舞蹈，跳"万"舞的人"不可衣短褐，不可食糟糠"，因为如果饮食不美、衣服不美，就会影响舞者的表演美观，就不能满足观赏者感官的享受，所以舞者必须"食必粱肉，衣必文绣"。问题是这些乐者、舞者脱离了生产劳动，又要保证待遇，那只能从普通劳动百姓身上获取更多的费用，这就必然额外加重百姓的沉重负担，所以墨子说："为乐，非也。"

再次，音乐欣赏会造成"废君子听治，贱人从事"，"其说将必与人，不与君子，则与贱人"。不管是"君子"还是"贱人"，用大量的时间欣赏音乐，必然会占用理政务和参加生产劳动的时间。王公大人们都忙于欣赏音乐，沉浸于享乐之中，"即必不能蚤朝晏退，听狱治政"，那么国家社稷就会有危险了；君子们整天陶醉于音乐，"必不能竭股肱之力，内治官府，外收敛关市，山林、泽梁之利"，那么粮仓府库就不会充实；农夫们也去欣赏音乐，"必不能蚤出暮入，耕稼树艺，多聚叔粟"，那么粮食就不会充足；妇人欣赏音乐，"必不能夙兴夜寐，纺绩织纴"，那么布帛就不能存多。所以墨子说："为乐，非也。"

最后，墨子为了阐述劳动的重要性，把人与动物进行了比较。动物们是不需要进行生产劳动的，因为"衣食之财，固已具亦"。但是人与动物不同，人"赖其力者生，不赖其力者不生"。人如果不劳动将无法维持生存。"君子不强听治，则刑政乱；贱人不强从事，则财用不足。"如果大家都不劳动，都"说乐而听之"，势必会严重影响到正常的生产劳动，生产的东西少了，对国家和百姓都是不利的，所以墨子说："为乐，非也。"

除了音乐的频繁演奏造成了对国家、人民的现实影响外，还有一些历史的教训也是有一定说服力的。"察九有之所以亡者，徒从饰乐也。"这是把九州灭亡的原因，归结于音乐的缘由。正是因为"启乃淫溢康乐"，才导致了"上者天鬼弗式，下者万民弗利"，所以墨子说："欲求兴天下之利，除天下之害，当在乐之为物，将不可不禁而止也。"于是，墨子不仅要"非乐"，甚至还要"禁乐"。墨子目睹了"为乐"所造成的巨大的人力物力的浪费，看到当时的劳动百姓已经难以承受，出于下层人民的利益，墨子毅然提出"为乐，非也"。

2."非乐"的深层原因

墨子主张"非乐"，不仅是因为从事音乐活动造成的巨大浪费，也是出于功利主义的立场，"为乐"不利于社稷百姓，对治理国家没有好处，对百姓生产也没有好处，造成物质、精神的巨大的浪费却是惊人的。

"乐非所以治天下。"在《三辩》中，程繁就"非乐"问墨子。"夫子曰：圣王不为乐。昔诸侯倦于听治，息于钟鼓之乐；士大夫倦于听治，息于竽笙之乐；农夫春耕夏耘，秋敛冬藏，息于聆缶之乐。今夫子曰：圣王不为乐。此譬之犹马驾而不税，弓张而不弛，无乃非有血气者之所不能至邪？"

程繁提出，"乐"只不过是让各阶层的人在疲惫时得到休息而已。对此，墨子列举出历史上的事实进行解释。商汤、武王、周成王在"事成功立，无大后患"时，都命人作乐，以彰其功，且乐的制作比前代更为繁复，但是国家的治理却是一代不如一代。墨子分析说"故其乐愈繁者，其治愈寡。自此观之，乐非所以治天下也"。因为"治"与"乐"是有冲突的一面，为了实现国家的"治"，就必须实行"非乐"。

《公孟》中，墨子与公孟展开了一场关于"乐"与"治"的辩论。在学界一般都认为"公孟"是儒家之徒。墨子认为儒家"或以不丧之间，诵诗三百，弦诗三百，歌诗三百，舞诗三百"，"若用子言，则君子何日以听治？庶人何日以从事？"意思是耗费如此多的时间去从事音乐歌舞的欣赏和表演，哪里还剩时间去治理国家和从事劳动生产论呢？公孟的回答是："国乱则治之，国治则为礼乐；国治则从事，国富则为礼乐。"意思是只要国家得到良好的治理，就可以从事礼乐活动。墨子并不同意这一说法，认为国家即使已经得到了很好的治理，仍然要继续努力，才能保持"治"的局面。如果放松了，则"犹噎而穿井也，死而求医也"。古代三代暴王，就是很好的例证。可见，墨子的态度很明确，即便国家治理好了，也不应大肆兴"乐"。

"为乐，非也。"墨子看重的是"利"，他是把"利"放在分析问题的重要位置。"仁者之事，必务求兴天下之利，除天下之害，将以为法乎天下，利人乎即为，不利人乎即止。"墨子是从实用主义出发来衡量"仁者之事"的。《公孟》中有一段关于"乐"的讨论："问于儒者：何故为乐？曰：乐以为乐也。子墨子曰：子未我应也。今我问曰：何故为室？曰：冬避寒焉，夏避暑焉，室以为男女之别也，则子告我为室之故矣。今我问曰：何故为乐？曰：乐以为乐也。是犹曰：何故为室？曰：室以为室也。"

墨子认为，我们需要用功利性的眼光看待任何事物，"为室"的目的是获得居室，继而可以夏避暑，冬避寒，以别男女，可为乐是为了什么呢？既然作乐的目的答不上来，就说明"为乐"并没有什么实际的益处，既然如此，就应该理直气壮地"非乐"。

二、关于"非乐"的争议

考察墨子的"非乐"，首先要厘清所非之"乐"的基本含义。从《墨子》的文本出发，结合当时的社会现状，可以看出，墨子的所非之"乐"，从狭义上说是指所谓的"宫廷之乐"，从广义上说是包括一切物质享乐。但是主要还是指向儒家的礼乐文化，认为指它所造成的铺张浪费，以及对社会等级的划分，是对当时社会的发展不利的，所以要明确反对儒家的礼乐制度。

1. 关于"非乐"的指向

"非乐"分为上、中、下三篇，除了我们今天看到的上篇，中、下篇已经散佚，这对我们正确把握墨子的"非乐"思想带来一些困难，但是好在从其"尚贤"、"尚同"、"节用"等篇中，还可以看到一些相关议论。值得注意的是这些篇都是分为上、中、下三个部分，并且中、下部分所写的内容，与上篇观点基本一致。所以我们可以大致推断，中、下篇与我们看到的上篇内容及观点应该是相近的，不大可能有大的差别。另外，墨子关于"乐"的议论，还可散见于《三辩》、《公孟》、《非儒》等篇中。

关于墨子"非乐"中"乐"的指向，在学术界还存在较大分歧。如曹惠康认为，"非乐"非的是繁乐；[①] 蔡仲德则认为"非乐"是非的所有

---

① 曹惠康：《墨子非乐思想——先秦音乐思想笔记之一》，《学术月刊》1964 年第 1 期。

音乐；① 甘乃光认为其所包实一切"奢侈品"②。马宗霍认为其所指不仅包括声乐之乐，也包括"一切娱乐之事"，"衣求美，食求甘，居求安，行求逸，是越于实用而求乐也"，周通旦认为，"非乐"所非的是享乐和礼乐两项，"享受之'乐'指享受之过分者；礼乐之'乐'指以乐治天下一事。"③ 这些学者也都提出了一些相关的论据。

要准确理解"非乐"中"乐"的具体指向，我们需要结合现有的文献资料，并将其放到在当时具体的社会历史环境中，而不能片面地加以理解。

自夏商周三代始，一直到春秋战国时期，"乐"作为一种特定的文化现象，与生产力水平、物质生产、工匠技艺、文化艺术等诸多要素存在复杂的关系。正因为如此，才引起了当时一些思想家的关注和探讨，并试图以自己的观点去进行解释。"乐"在这一时期，也被赋予了"各言其志"的不同文化内涵，不同的思想家站在不同的立场，从不同的视角来解读这一文化现象。但是，在百家争鸣的背景下，并没有人给出"乐"的具体定义，即便是墨子也没有给"乐"下一个清晰明确的定义。但是结合墨子的文本以及在书中的大量议论，以及参考当时的社会现状，我们还是可以发现墨子基本的思想倾向。

首先是关于狭义的"乐"。

到了孔子生活的年代，已经是"礼崩乐坏"。所谓"礼崩"是形容周王朝的旧制度已经开始崩溃；所谓"乐坏"则是形容"乐"这种上层建筑已经摆脱了"礼"的制约。新发展起来的"乐"，也变为一些"王公大人"追求精神享乐的对象。各诸侯国统治者突破了传统"礼乐"制度的限制，把过去只有天子才可以使用的礼乐，用于自己私人的活动和宴会。《左传》

---

① 蔡仲德：《中国音乐美学思想史》，人民音乐出版社 1999 年版。
② 甘乃光：《先秦经济思想史》，商务印书馆 1930 年版，第 39 页。
③ 周通旦：《墨子非乐辩》，《东方杂志》1944 年第 23 期。

中有庄公二十年、二十二年的"王子颓享五大夫，乐及编舞"，以及"郑伯乐备"的记载；《论语·八佾》中有季氏"八佾舞于庭"，以及《国语·周语》中周景王铸造"无射律大钟"等史实，说明当时统治者与权贵阶层，追求音乐享受已经成为一种时髦和风尚。《吕氏春秋》中所描绘的"以巨为美，以众为观，侈诡殊瑰"，也说明了当时的这种奢侈状况。

《非乐》篇中，墨子多次讲到"为乐非也"，墨子提出"非"乐是有自己的充足理由的，这些"乐"主要是供"王公大人"享用，也就是"宫廷之乐"，"王公大人"整日沉浸于这些"乐"中，不能把精力用于治理国家，于国于民不利。在历史上，因为享受"乐"而导致国家的危乱，是有深刻教训的。例如《论语·微子》中有记载：鲁定公十四年，鲁国季桓子受齐馈赠的女乐，"三月不朝"，孔子得知后，愤然离开了鲁国。在夏商周时期也有同样的事例，如夏启淫康乐，夏桀女乐三万之说，据《管子·轻重》介绍："昔桀之时，女乐三万，端噪晨乐闻于三衢。"殷纣妇女倡优，钟鼓管弦，最终导致国家的灭亡。

"国家熹音湛湎，则语之非乐、非命。"（《墨子·鲁问》）国家上下都沉迷于"乐"，是上层统治者带头兴起的享乐风气。狭义上讲，墨子所非之"乐"，主要是指上层贵族们为了享乐而导致的国家危乱、百姓贫困的这种宫廷之乐。

其次是关于广义的"乐"。

《刘向说苑·反质》中，有一段墨子回答弟子禽滑厘的言论，"故食必常饱，然后求美；衣必常暖，然后求丽；居必常安，然后求乐。"这是讲人们应该在基本物质生活得到保障后，才可寻求更高层次的"美"、"丽"、"乐"。显然，这里的"乐（lè）"不仅指音乐之"乐"，还包括感官愉悦之乐。可是，如果下层百姓还生活在"饥者不得食，寒者不得衣，劳者不得息"的悲惨情状中，那么所谓的"美"、"丽"、"乐"也不过是一种虚幻的梦而已。

所以,《非乐》开篇就推出自己的鲜明观点:"非以大钟、鸣鼓、琴瑟、竽笙之声,以为不乐也;非以刻镂、文章之色,以为不美也;非以犓煎炙之味,以为不甘也;非以高台、厚榭、邃野之居,以为不安也。"墨子承认,声、色、味、居都可以在不同的方面给人带来一些"乐"(lè),但问题是"王公大人"们在这些方面已经超越了正常的享乐,奢侈无度,没有任何节制。他们在饮食方面"美食刍豢,蒸炙鱼鳖……冬则冻冰,夏则饰嚏。人君饮食如此,故左右象之"。(《墨子·辞过》)他们的衣服是"铸金以为钩,珠玉以为佩,女工作文采,男工作刻镂,以为身服,此非云益暖之情也"。(《墨子·辞过》)就是死了,也"棺椁必重,葬埋必厚,衣衾比多,文绣必繁,丘陇必巨"。(《墨子·节葬》)这些贵族在生前、死后,各方面都穷奢极欲,挥金如土,尽享乐事,是百姓为他们负担一切,如此下去,人民必然陷入贫困,国家必然导致混乱。所以墨子深感非"乐"的必要性,广义上的"乐",指的就是统治者在衣食住行及所有方面的生活享乐,是那些纯粹享乐的东西。

对"乐"的含义,郭沫若先生有一段很专业的分析理解,他说:"中国旧时的所谓的乐(岳),它的内容包含得很广。音乐、诗歌、舞蹈,本事三位一体不用说,绘画、雕镂、建筑等造型艺术也被包含着。甚至连仪仗、田猎、肴馔等都可以涵盖。所谓'乐(岳)者,乐(洛)也,'凡是使人快乐,使人的感官可以得到享受的东西都可以广泛地称为乐。但它以音乐为其代表,是毫无问题的。大约就因为音乐的享受最足以代表艺术。"[①]他还指出"公孙尼子的所谓乐,也依然是相当广泛的。《乐记》中所论到的,除纯粹的音乐之外,也有歌有舞,有干戚羽旄,有缀兆俯仰。但大体上是以音乐为主,比前一两辈人的笼统,是比较更分化

[①] 郭沫若:《青铜时代——公孙尼子与其音乐理论》,北京科学出版社 1957 年版,第 187—188 页。

了"。①郭沫若先生不仅对"乐"作了概括，而且从狭义、广义两个方面作了具体解释，在他看来，虽然"乐"在古代含义比较复杂，但还是可以用"音乐"来称呼，因为"音乐"是最具代表性的。

2.关于音乐的功能

墨子"非乐"，却不否认"乐"带来的美感，但在字里行间可以看出墨子"非乐"实质是指向儒家的礼乐制度，它也是一直控制中国精神层面的制度，这一观点在《墨子》一书的其他章节中也有明确指出。

承认"乐"的审美功能。

《非乐》开篇即提出，"非以大钟、鸣鼓、琴瑟、竽笙之声，以为不乐也；非以刻镂、文章之色，以为不美也；非以刍豢、煎炙之味，以为不甘也；非以高台厚榭邃野之居，以为不安也。"可见，墨子并不排斥美，他是承认美的客观存在的。墨子不仅承认"大钟、鸣鼓、琴瑟、竽笙之声"可以给人带来快感，并且他自己还会演奏。《吕氏春秋·贵因》就记载有"墨子见荆王，锦衣吹笙，因也"。《艺文类聚》援引《尸子》中的观点，指出："墨子吹笙，墨子非乐，而于乐有是也。"他在整篇《墨子》中也多次提到美的事物是客观存在的，包括美的人物、食品、行为等，例如"西施之沉，其美也"。(《墨子·亲士》)"以为美食刍豢，蒸炙雨鳖"。(《墨子·辞过》)"面目美好者，此非可学能者也。"(《墨子·尚贤》)

在墨子看来，美是客观存在的，但是这种美必须在一定的条件获得满足后才能实现。"食必常饱，然后求美；衣必常暖，然后求丽；居必常安，然后求乐。为可长，行可长，先质而后文。此圣人之务也。"②只有

---

① 郭沫若：《青铜时代——公孙尼子与其音乐理论》，北京科学出版社1957年版，第192页。

② 墨子佚文，见刘向《说苑·反质》。

基本的温饱得到满足后，才能追求更高层次的美。《文选·七命》借用《尸子》中的观点论述道："绕梁之鸣，许、史鼓之，非不乐也。"各种乐器演奏后发出的美妙的声音，墨子认为并非"不乐"。这里的"乐"（lè）是由"乐"（yuè）产生出来的，这种"乐"（lè）存在于"乐"（yuè）自身，是由优美悦耳的声响、轻重缓急的音调产生的。可见墨子承认"乐"，却又"非乐"，是发生在特定的环境中，有其特定的指向的。

反对儒家的礼乐制度，墨子在《公孟》篇中明确提出"弦歌鼓舞，习为声乐"是"儒家之道，足以丧天下"的罪状之一。以孔子为代表的儒家推崇"礼乐文化"，其中"乐"指的是与"礼"相和的"雅乐"、"古乐"，对于那些形式上不合"礼"的规定，内容上不符合"礼"的要求的"新乐"，孔子也是反对与排斥的。日本学者青木正儿总结道："在儒教中乐和礼最被尊重。所以想要攻击儒教，务必不得不把箭射向这个目标，这就是墨子所以有《非乐》论的原因。"① 说法虽然过于绝对，但是墨子"非乐"论背后指向儒家提倡的"礼乐文化"中的"乐"确是很明显的。

春秋战国时期，以孔子为代表的儒家竭力维护周王朝旧时的统治秩序，途径之一便是重塑礼制。孔子将"礼"、"乐"并举，认为"礼节民心，乐和民声"，同时又将"礼"、"乐"、"刑"、"政"并称，"礼乐刑政四达而不悖，则王道备矣。"（《史记·乐书》）将"乐"打上了重要的政治教化功能的标签。"乐"的功能是配合"礼"，以达到这种教化的功能。这主要是因为，"乐也者，情之不可易者也"；"礼也者，力之不可易者也"。以"乐"来感染人的情感，陶冶性情，这就是孔子所说的"乐教"。他认为，"兴于诗，立于礼，成于乐。"（《论语·泰伯》）比较于诗之"兴"与礼之"立"，乐具有"成"的功用，可见"乐教"在其整个思想观念中

---

① ［日］青木正儿：《中国文学思想史》，春风文艺出版社 1985 年版，第 241 页。

的重视程度。刘宝楠在《论语正义》中解释道："学诗之后，即学礼，继乃学乐。盖诗即乐章，而乐随礼以行，礼立而后乐可用也。"意思是说诗、礼、乐三者一体，诗在乐中，而乐又"随礼以行"，三者之中，礼最重要。诗与乐都是为礼服务的。他还说："礼得其体，乐得其和，动必由之，有制节也。"大意是礼来节制乐，表现在阶级社会中，由阶级地位决定礼的表现形式，阶级地位不同，礼制便不同。由此，由礼来节制的乐，必然要符合礼所表现的阶级地位。因为对"乐"的教化功能充满厚望，孔子对"乐"提出了"尽善尽美"的要求："子谓《韶》，尽善矣，又尽美也。谓《武》，尽美矣，未尽善也。"（《论语·八佾》）想要"尽善尽美"，则"乐"必悦耳且合礼，能够通过满足感官的快感，继而满足人格、地位、等级制度的要求。

"礼"与"乐"这种在社会中区别等级、用于教化的作用在墨子那里得到了完全否定。墨子提倡"兼爱"，认为社会中没有等级差别，要做到平等爱人。君子、小人，贵族、庶人，圣人、仁人，在墨子眼中都是平等的。也即墨子反对与否定社会中区别等级的"礼"，而"乐"具有"礼"的功能，所以墨子就要反对"礼乐"中的"乐"了。

儒家认为，借助于"乐"，便能达到政治和谐、家庭和顺的效果。"乐在宗庙之中，君臣上下同听之，则莫不和敬；在族长乡里之中，长幼同听之，则莫不和顺；在闺门之内，父子兄弟同听之，则莫不和亲。"儒家寄希望于"礼"、"乐"和谐来达到从上至下的和睦，但墨子认为国家的治理和政治的和谐不能靠"亏夺民衣食之财"的"礼乐"制度，而要靠贤明的君臣和勤劳的百姓。《庄子·天下》评价墨子的"非乐"："不与先王同，毁古之礼乐。"① 可谓一针见血。

---

① 王先谦、刘武：《庄子集解》，中华书局 2006 年版，第 288 页。

三、对墨子"非乐"的评述

墨子"非乐"的提出，实有其特定的社会的历史背景，因此也不可避免地受制于当时的生产力水平和墨子本人身份的局限性，"非乐"思想所引起的争议也是不可避免的，它毕竟不属于成熟、完备的理论。"非乐"是以墨子"兼爱、交相利"为中心的，不管怎样，它的提出在当时的社会历史条件下，是有理论价值，有进步意义的。

1. 积极的作用

墨子所处的年代正值剧烈的动乱与变革时代，他对非常关注突出的社会问题，对"众暴寡、诈欺愚、贵傲贱，寇乱、盗贼并兴"的社会状况有切身的感受，也为此感到焦虑和担忧，对身陷悲惨境况中的下层百姓给予了极大同情。他站在小生产者和平民的立场上，提出了自己尚检及其"非乐"主张，反对治者的残酷统治，他是从社会艺术活动层面提出"非乐"的主张，认为当时统治者"厚措敛乎万民"、"亏夺民衣食之财以拊乐"，与历史上"三代暴王桀、纣、幽、厉，尔为声乐，不顾其民"（《公孟》）并无两样，这是给当时的统治者发出了警告，对遏制他们的行为是有积极作用的。

很显然，"非乐"思想是针对当时统治阶层纵情声乐提出来的。当时的上层统治者不顾百姓的疾苦，过着奢靡无度的生活，"所重者在乎声乐珠玉，而所轻者在乎人民。"（《史记·李斯列传》）他们整日纵情声乐，讲究排场，相互攀比，给百姓带来沉重负担，墨子批评上层统治者的享乐行为和繁饰礼节，指出要他们收敛，从国家到个人都要提倡节俭，反对浪费，这是具有积极的进步意义的。伍非百对此的评价是："墨者非乐，非不知乐。为救世之急也。""墨子所谓利者，固不止物质的，而亦兼有精神的。不过利有缓急，有本末。先其急后其缓，培其本削其末。"①注引《尸子》曰："绕梁之鸣，许史鼓之，非不乐也。墨子以为伤义，故不听也。"《说苑·反质》中记载了墨子回答禽滑釐的话："食必常饱，然后求美；衣必常暖，然后求丽；居必常安，然后求乐。为可长，行可久，先质而后文，此圣人之务。"

2. 消极的因素

在《非乐》篇中，墨子用舟车来与"乐"的作用相比较，说音乐如果没有像舟车一样的实际作用，就应该加以否定。还认为，若要肯定"乐"，那就必须能够让百姓增加"衣食之财"，使天下得到大治。这就表现出墨子的局限性，他是从维护小生产者的物质利益出发，没有客观看待人们生活中所需要的艺术活动价值，而且，也没有认识到社会动乱的根本原因，是在于腐败的政治制度，在于统治者的倒行逆施和统治阶层的剥削压迫，而不在于"乐"本身。

应该说，音乐，包括歌舞，并不仅仅是上层权贵专门享用的东西，平民百姓也需要音乐歌舞等，如果用之合适，也不一定会妨碍生产劳动，而且还能给劳动者带来欢快。本来音乐与劳动就是密不可分的，音乐原本就起源于劳动的过程，虽然经过发展音乐与劳动的关系逐渐分离了，但是作为一种艺术活动，音乐始终在人类生活中扮演主要角色，有着独特的不可替代的功能。墨子反对统治者不正常的"为乐"活动并没有错，但对下层百姓正常的"聆缶之乐"是不应该反对的，可以反对"王公大人"奢侈的享乐的生活，但不能由此否定所有能使感官产生愉悦的活动，在这一点上是有所偏颇的。

如果把物质生活与精神生活对立起来，这是过于简单化了，也不符合艺术本身的性质及发展规律。墨子是这样推论的，每一样事物都有它

---

① 伍非百：《墨子大义述》，国民印务局 1933 年版，第 174、180 页。

固有的功用。衣物可以保暖，食物可以充饥，房屋可以用来避寒暑，但是乐的功用是什么呢？他问儒者，儒者答不上来，所以得出"乐"是无用的结论。这样的推导显然是很勉强的，也是不合乎逻辑的。

我们说音乐作为一种艺术活动，既有为人提供休闲、娱乐的功能，也具有影响人的精神的功能，可以对政治、文化、社会产生积极影响。针对墨子的倾向，荀子在《乐论》中提出了批评："乐者，乐也。人情之所必不免也，故人不能无乐。"庄子在《天下》篇也指出："其道大，使人忧，使人悲，其情难为也；恐其不可以圣人之道，反天下之心，天下不堪。"梁启超也说："知有物质上之实利，而不知有精神上之实利；知娱乐之事，足以废时旷业，而不知其能以间接力陶铸人之德性，增长人之智慧，舒宣人之筋力，而所得者足以偿所失而有余也。……盖墨学之最大缺点在是。"①

另外，墨子将"治"与"乐"简单对立起来，也是不妥的。在他看来，"为乐"多，国家就一定治理不好，这是过于绝对化了。从乐器的制造到音乐的演出，再到音乐的欣赏，造成了人力财力的巨大浪费，这是事实。但造成国家危难局面的主要原因不能全部归于"为乐"，因为一般地说来，艺术毕竟是从属于一定的政治制度的，墨子忽略了这一点，只是从"为乐"浪费时间与财富，以及影响"从事"与"听治"的方面来找理由，这是没有说服力的。虽然，毫无节制的"为乐"不利于"听治"，但是利用好了"乐"，也会为统治阶层维护政治制度和统治而服务。

早在上古时期，统治者就已经认识到"乐"的作用，并善于利用"乐"来达到人心的和谐、社会的安定。《尚书·尧典》中就有这方面的记载："帝曰：'夔，命汝典乐，教胄子：直而温，宽而栗，刚而无虐，简而无傲；诗言志，歌永言，声依咏，律和声；八音克协，无相夺伦，神人以

---

① 梁启超：《子墨子学说》，中华书局 1936 年版。

和.'夔曰:'于,予击石拊石,百兽率舞.'"① 夔是当时的乐官,他是通过音乐的演奏来教育启发当时的年轻人,培养他们温和的德行.如何做到这一点呢?就是在演奏中要训练五声八音之间的配乐和谐,这样和谐的音乐就连神听到也会心生和谐的.就是说,音乐的作用是巨大的、不可忽视的.

音乐不仅能让人的心灵进入平静,还能表达人的喜怒哀乐之情,孔子曰:"钟鼓之声,怒而击之则武,忧而击之则悲,喜而击之则乐.其志变声亦变."(《尸子》)先王用音乐来表现"礼",并且能够做到"观音知政".② 所以说,合情合理地利用好音乐,不仅不会危害国家,而且会对国家有帮助,导致国家危亡的主要原因不能归结于"为乐",更不能因此而否定音乐的价值.

墨子把下层百姓的"三巨患",也归为统治者的"为乐",同样是片面的."王公大人"过度追求享乐,加重了百姓的负担,应该加以声讨,但是这些罪患不是艺术本身造成的,而是制度造成的.单靠"非乐"并不能阻挡统治者对生活享乐的追求,也不能根除这些弊端.所以墨子提出的"非乐"、"节用"、"节葬"等主张,可以在一定程度上减少浪费现象,也都是有现实意义的,但不可能从根本上解决问题.

受历史条件制约,尽管墨子一生都在为下层劳动人民奔走呼号,尽了最大努力,但取得的成效并不明显,因为他的思想毕竟是建立在小生产者意识的基础上,他的目的只是想让当时的百姓摆脱困境,满足其基本的衣食住行,却淡化或忽略了历史前进的总的方向,分析问题时不可避免地带有一定的片面性和绝对化倾向."墨子把自己的注意力集中在人民的物质利益上,往往忽略音乐艺术的积极作用,对音乐艺术采取了

---

① 孙星衍:《尚书今古文注疏》,中华书局1986年版,第69—71页.

② 田瑞文:《"礼""器"之辩:儒墨乐论思想评议》,《山西师范大学报(社会科学版)》2013年第2期.

某些具有狭隘功利主义特征的态度。"① 这一评价还是比较恰当的。

第三节 "非乐"在墨学体系中的位置

作为墨学十论之一，"非乐"思想，在墨子的思想体系中占有比较重要的地位。在墨子思想体系中，"非乐"思想并不是孤立存在的，它与"兼爱""节用""非儒"等思想有着紧密的关联，彼此互相补充，互相印证。概括地说，"非乐"是"非儒"思想的一部分，是为了达到"节用"的目的，都是以"兼爱"为核心。

一、"非乐"与"节用"

墨子小生产者的立场，决定了他倡导的实用主义价值观和消费观。他在衣、食、住、行等方面都提倡节俭。在墨子看来，"乐"具有劳民伤财的特点，这就使"非乐"顺理成章地成为"节用"思想中的一个组成部分。

在墨子的节用思想中，既反对物质生活的浪费，也反对精神生活的无度，而通过"非乐"可以达到这个目的。梁启超说："他以为有一部分奢侈快乐，便损害了别部分人的利了"，② 所以墨子是想通过"非乐"来实现"节用"。在他看来，上层统治者在追求享乐和礼乐的过程中，既有物质浪费，也有精神浪费，他们的享乐是以下层劳动者的劳动贡献为基础的，所以，墨子对统治者的奢侈生活方式进行了猛烈的抨击。

---

① 曹惠康：《墨子非乐思想——先秦音乐思想笔记之一》，《学术月刊》1964 年第 1 期。

② 夏晓虹：《梁启超文选》（下），见《墨子学家》，中国广播电视出版社 1992 年版，第 320 页。

提倡"节用"，与反对劳民伤财的"乐"，存在着必然的联系。墨子在《非乐》开篇明确地表示，并不是那些大钟、鸣鼓、琴瑟所奏出的声音不美，无论是王公大人，还是普通百姓，都感到它悦耳，墨子不可能不承认这个常识。问题在于它"上考之不中圣王之事，下度之不中万民之利"，王公大人"造为乐器"，"以为大钟鸣鼓琴瑟竽笙之声"，是"将必厚措敛乎万民"。另外，制造和演奏乐器，取材于民"衣食之财"，使百姓"饥者不得食，寒者不得衣，劳者不得息"，进而导致"寇乱盗贼并兴"的混乱。音乐的制造和演奏也需要大量的人力参与，会导致"废丈夫耕稼树艺之时"，"废妇人纺绩织纴之事"。"为乐"的各种活动，都是以"亏夺民衣食之财"为前提的，负担是由百姓承担的，这不符合"兴天下之利，除天下之害"的总的要求，这样不实用的"乐"，当然要非之，所以墨子再三强调"为乐非也"，认为"乐之为物，将不可不禁而止也"。（《非乐上》）

墨子讲"非乐"，并没有直接去否定音乐本身的娱乐价值，也不会不承认乐可以给人带来好处。他要反对的理由，主要是针对乐的制作和欣赏，所造成的人力和物力的巨大浪费，这是不符合"节用"要求的。如果对百姓有实用价值的事情，他是不反对的。"乐器反中民之利，亦若此，即我弗敢非也。"（《非乐》）在他的眼里，音乐对百姓没有太大的实用价值。统治阶层耗费巨大人力财力，只是对自己有利，对百姓不利。所以墨子是要反对的。

墨子提出"节用"，针对的是当时社会的实际现状，显然是有必要的，尤其是那一时代生产力水平低下，物质资源贫乏，因此要想"强本"必须"节用"，而把"节用"的主张落在实处，就需要把"衣、食、住、行"等各种需求降低标准，如果超过最低要求就是浪费。在精神生活方面也是如此，不能超过最低标准，否则也是奢侈的。总之，无论是物质生活还是精神生活，都应该加以节制。

荀子针对墨子的"节用",进行了直接的反驳。他说:"墨子之言昭昭然为天下忧不足。夫不足非天下之公患也,特墨子之私忧过计也。"(《富国》)荀子认为是没有必要对音乐过于担心的,社会财富还没有不足到那么严重的程度,也不至于形成天下的"公患"。意思是墨子有些小题大做,他还说:"天下之公患,乱伤之也。胡不尝试相与求乱之者谁也?我以墨子之'非乐'也,则使天下乱;墨子之'节用'也,则使天下贫;非将堕之也,说不免焉。"(《富国》)这里的意思是,墨子之"非乐"也好,"节用"也罢,不仅起不到好作用,反而会使天下更贫更乱。从这里也可以看出,荀子与墨子看待这一问题的角度是不同的,得出的结论自然也不同。

应该说,荀子是站在统治者的立场上分析这个问题的,他要维护的是统治阶层为主的"天下","天下"是以统治阶层为主的。相反,墨子则是站在下层百姓的立场上,要维护的是百姓的"天下",这个"天下"是以下层百姓为主的。而墨子的"非乐"、"节用"不符合统治阶层的利益,却符合百姓的利益,在墨子看来,只有当百姓的生活得到保障时,天下才会达到大治。

庄子也对墨子的"非乐"、"节用"提出了批评,他说:"虽然,歌而非歌,哭而非哭,乐而非乐,是果类乎?其生也勤,其死也薄,其道大觳,使人忧,使人悲,其行难为也。恐其不可以为圣人之道,反天下之心,天下不堪。"(《庄子·天下》)在庄子看来,"天下"应该是重视内心生活人的天下,因为这些人追求精神生活的自由,自然会重视音乐等各种艺术,这与墨子的观点是不同的,墨子更多考虑的是普通百姓物质层面的需求。

无论如何,墨子同情并站在劳动人民的立场是难能可贵的,他的"节用"与"非乐"主要是针对统治阶层来说的,是为了给广大的下层百姓争取更好的生活,这是必须要给予肯定的。

二、"非乐"与"非儒"

韩非子说："世之显学，儒墨也。儒之所至，孔丘也。墨之所至，墨翟也。……孔墨之后，儒分为八，墨离为三，取舍相反不同，而皆自谓真孔墨。"（《韩非子·显学》）作为当世之显学，儒、墨在各自发展过程中，相互诘难，分歧很大。侯外庐说："孔墨二家学术潮通过了战国、秦、汉之际，是非相攻，没有间断。"[①]《史记·孟子荀卿列传》中谈到，墨子生活的年代，"或曰并孔子时，或曰在其后"。而《孟子·滕文公下》说："天下之言，不归杨则归墨。"根据这些话，可以判断墨子生活的年代，大约是在孔子之后，孟子之前。

墨子对儒家礼教的批判，主要集中在《非儒》篇中，也散见于《节葬》、《非命》、《非乐》等篇章中。在不同的篇章中，墨子主要针对其中一个方面，具体驳斥儒家的做法。但是在"非乐"篇中，墨子批判的是儒家礼乐制度造成的奢靡浪费，所针对的是思想层面的观点，而不是指向孔子本人。

一方面，墨子批评儒家远近亲疏的礼仪关系，认为儒家提倡礼制，有时连辈分都不分。例如守丧，《仪礼》中说："丧，父母，三年；妻，后子，三年；伯父、叔父、弟兄、庶子，其，戚族人，五月。"在墨子看来，如果仅仅是以亲疏来定服丧的时间，应该是亲者长而疏者短，可是按儒家的礼制，却把妻子、嫡子与父母等同起来了。如果以尊卑来定服丧的时间长短，那么应该是妻子、儿子与父母同样尊贵，然而让伯父、兄长和庶子一样的地位，这是有悖人伦的，也说明儒家繁复的礼节是自相矛盾的。又例如儒家的婚丧礼节，也表现出厚待偏爱的人，轻视应该重视的人的倾向。相反，墨子提倡的"兼爱"是"爱无差等"，与儒家

---

① 侯外庐、杜国庠、赵纪彬：《中国思想通史》，人民出版社1957年版，第43页。

截然不同。

另一方面，在《非儒》中，墨子还列举例子，用儒家的丧葬礼节的过于繁复来说明儒家"繁饰礼节以淫人，久丧伪哀以谩亲，立命缓贫而高浩居，倍本弃事而安怠散"。甚至使人"贪于饮食，惰于作务，陷于饥寒，危于冻馁"。(《非儒下》)墨子嘲讽一些儒者，说他们一听说富人办丧事就非常高兴，连他们自己都承认了"此衣食之端也"。为什么高兴呢？是因为那些儒者是靠主持烦琐的丧礼，来换取粮食维持生计。从节用的角度出发，墨子也对儒家的厚葬久丧制加以反对，提倡简单的薄葬，为的是减轻生者的生活负担。

可见，墨子"非儒"，是有特定含义的，非的是儒家的"繁饰礼节"，亦即礼乐文化，而"乐"恰恰是礼乐文化中的重要组成部分，墨子之所以要"非乐"，其中一个重要原因，也是因为随"乐"带来一系列"繁饰礼节"。因此我们可以说，在针对儒家礼制这一问题上，"非乐"是包含"非儒"的。

在春秋战国时期，虽然已经"礼崩乐坏"，但"礼"仍然是一种形式大于内容的残余制度，仍在发挥着作用。其礼乐制度的存在也给社会上的下层百姓造成沉重的物质负担，带来了精神压力。正如常金仓先生所讲："战国时，旧礼乐的形式在社会上还以残余形态存在着……礼最初以原始礼仪与道德观念结合而产生，最后又以二者的分离而解体，结果是道德蝉蜕，礼归于俗。"① 墨子在《公孟》篇中辛辣地指出："弦歌鼓舞，习为声乐"，是"足以丧天下"的儒家之道。在《非儒》篇中他还说："孔某盛容修饰以蛊世，弦歌鼓舞以聚徒，繁登降之礼以示仪。"由此可见，墨子的"非乐"与"非儒"，其基本方向是一致的。

---

① 常金仓：《周代礼俗研究》，黑龙江人民出版社 2005 年版，第 201 页。

三、"非乐"与"兼爱"

"兼爱"是墨子思想中最核心的一个概念。"非乐"、"节用"等理论，都是在"兼相爱，交相利"的基础上生发出来的。对与"兼爱"的含义，《墨经》中解释为："兼，尽也。尽，莫不然也。"《经上》中的解释是："体，分与兼也。"强调的是人与人之间要实现普遍、无等差的爱。《小取》中说道："爱人，待周爱人，而后为爱人。不爱人，不待周不爱人，不周爱，因为不爱人矣。"意思是爱人就是应该普遍地爱周围所有人，这样才能称之为真正的爱人。反之，就不能算得上是真正的爱人。在墨子那里，"兼爱"是包含两个方面内容的，其一是像爱自己一样爱别人，要像对待自己的国家、家族一样，去对待别的国家、家族；其二是你只有爱别人，才能从他人那里得到爱。他说："吾先从事乎爱利人之亲，然后人报我以爱利吾亲也。"（《兼爱下》）另外，墨子还区分了"兼"和"别"，奉行"兼爱"的人，才能成为"兼士"，奉行爱无差等的人才能称为"别士"。接下来，墨子论证了"兼爱"的正确性与可实行性，认为要想"兼相爱"，就必须以"交相利"为基础。

那么，什么是天下之利，什么是天下之害？天下之害就是"国之与国之相攻，家之与家之相篡，人之与人之相贼，君臣不惠忠，父子不慈孝，兄弟不和调。"（《兼爱中》）一句话，这些人都不相爱。比如说，各地的诸侯们只知爱护自己的国家，不知道爱护别人的国家，还不惜动用全国的力量，去攻打别的国家，不断引发新的战争。家族首领也是一样，只爱自己的家族，不爱别人的家族，不顾忌动用全族的力量去争夺别人家族，那么自然会推动互相间不断的争夺。以此类推下去，如果人与人不相爱，势必会导致相互残害；天下之人如果都不相爱，则势必导致"强必执弱，众必劫寡，富必侮贫，贵必傲贱，诈必欺愚"（《兼爱中》）。因此墨子提出，应以"兼相爱，交相利之法易之"（《兼爱中》）。

要"视人之国，若视其国；视人之家，若视其家；视人之身，若视其身"（《兼爱中》）。所以，墨子得出如下结论："爱人者，人亦从而爱之；利人者，人亦从而利之。"（《兼爱中》）用冯友兰先生的话说就是："爱别人就成了一种长期投资，它是会得到偿还的。"①

虽然，墨子"兼爱"的主张，限制了上层社会的利益，却有利于下层民众。为了说服上层统治者也能接受他的观点，他说"兼爱"思想是继承了上古的圣王，早在夏、商、周时代就已经存在了。也因此，墨子的"兼爱"主张一提出，就在当时的社会上引起了关注。孟子在《滕文公下》中讲道："天下之言，不归杨，则归墨。"墨子的"非乐"思想，从经济方面讲，就是"节用"；从政治方面讲，就是"兼爱"，即无等差的、平等的爱。

上古就有音乐，而且与宗教祭祀活动关系密切。墨子与孔子，在对待上古音乐的态度上也是不同的。孔子要维护礼乐文化，维护传统古乐，"为邦，乐则《韶》舞。"而墨子却直接提出"非乐"，这也同样是出于政治上的需要。因为从周到春秋战国时代，乐已经达到了高度政治化、等级化的程度。规模越来越大，浪费越来越重，不仅如此，因为"乐"不仅浪费大量社会财富，还使社会分化更加严重，这显然不符合"兼相爱，交相利"的政治目的。

"乐"的演出，因面对不同的社会等级，而分为不同的演出规模；因不同的规模和场合，而演奏不同的音乐。那些为上层贵族阶层所欣赏的乐，下层百姓是无法享受到的，这些都促使和加重了社会的等级分化。

总之，孔子极为推崇古乐，试图重建礼乐文化，以及礼乐制度下的宗法等级社会，而墨子则是以"兼爱"为基础，呼吁"非乐"，对于统治阶层的奢靡之乐直接进行否定，并进一步否定儒家的礼乐制度。

---

① 冯友兰：《中国哲学简史》，北京大学出版社 1996 年版，第 50 页。

第四节　墨子与诸子"乐"论之比较

春秋战国时期，是我国历史激烈动荡、变革的时期，在这一特殊的社会形式下，出现了"百家争鸣"的文化现象，思想活跃，学术发达。在这一时期，不同阶层之间相互冲突，不同学派之间相互争论，彼此诘难。其中，围绕音乐问题所展开的争论，也是"百家争鸣"的一个重要组成部分。在这期间，各家各派站在不同的立场，从不同的角度，对"乐"发表自己的看法，正是由于这次大论辩，极大地促进了我国音乐理论的发展和繁荣，对我国的传统音乐文化产生了极为深远的影响。

一、墨子"非乐"与先秦儒家的乐论

与墨家学派"非乐"观点相对立，以孔子、荀子为代表的先秦儒家，对"乐"充分肯定，大加赞扬。如果说孔子关于"乐"的议论比较零散，那荀子则进行了较为集中系统的论述，而且还写了一本关于专门关于"乐"的著作，与墨子的"非乐"思想针锋相对，进行了一系列反驳，同时也对儒家的音乐思想做了全面的总结。

1.墨子"非乐"与孔子的"正乐"

以孔子为代表的儒家格外重视音乐，一方面是出于对于周代"礼乐制度"的维护，一方面也是因为音乐是孔子作为个人文化修养的精神支撑。

根据记载，孔子似乎比墨子对音乐更有兴趣，而且具有良好的音乐基础和音乐修养，不仅会唱歌，还会演奏多种乐器，"子与人歌而善，必使反之，而后和之"。（《述而篇》）"孺悲欲见孔子，孔子辞以疾，将

命出户，取瑟而歌，使之闻之。"(《泰伯》)孔子的生活中，音乐伴随了终生。离不开音乐，甚至在身陷危难之时，依然有"弦歌"伴随。当他困于陈、蔡时，"不得行，绝粮。从者病，莫能兴。"但他仍在"讲诵弦歌不衰。"(《孔子世家》)即便是参与政事，也要有"弦歌"，《阳货》篇曾载子路为武城宰，"子之武城，闻弦歌之音不绝。"这个习惯一直未改。"弦歌"几乎成为儒家学派的代名词。墨子在《公孟》篇中称："弦歌鼓舞，习为声乐"，指的就是儒家学派。

孔子认为，音乐可以通过节奏、韵律，给人带来精神上的美感，通过学习和演奏音乐，可以将自身人格与音乐融为一体。《史记·孔子世家》中载有一段"孔子学鼓琴于师襄"的故事：

> 孔子学鼓琴于师襄子，十日不进。师襄子曰："可以益矣。"孔子曰："丘已习其曲矣，未得其数矣。"有间，曰："已习其数，可以益矣。"孔子曰："丘未得其志也。"有间，曰："已习其志，可以益矣。"孔子曰："丘未得其为人也。"

孔子向鲁国的乐官师襄子学习弹琴，学了十天仍止步不进。师襄子说可以增加学习内容了。孔子说我已经熟习乐曲的形式，但还没有掌握演奏的技巧。过了一段时间，师襄子说你已经熟习演奏的技巧，可以学习新的曲子了。孔子说还没有领会乐曲的志趣啊。过了一段时间，师襄子说你已经熟习乐曲的意境、志趣，可以继续往下学了。孔子说我还不了解乐曲的作者啊。

到此，讨论并没有结束：

> 有间，有所穆然深思焉；有所怡然高望而远志焉。曰："丘得其为人，黯然而黑，几然而长，眼如望羊，心如王四周，非文子

其谁能为此也。"师襄子辟席再拜，曰："师盖云《文王操》也。"

过了一段时间，孔子默然沉思，欣喜陶然，高瞻远望而意志高远地说：我知道乐曲的作者了，那人皮肤深黑，体形颀长，眼光明亮远大，像个统治四方诸侯的王者，若不是周文王还有谁能创作这首乐曲呢。师襄子离开座席连行两次拜礼，恭敬地说：老师说这乐曲就叫作《文王操》啊。

孔子对子路鼓瑟的评价是："由也升堂矣，未入于室也。"这就是有名的"升堂入室"典故。文中提到的"曲"、"数"、"堂"，都是指音乐演奏中的技巧和技艺方面的熟练程度，而"志"、"人"、"室"，则指音乐演奏，在达到一定的熟练程度后，在演奏过程中导致的人格精神升华，以及从音乐中领悟到的东西。由此可见，孔子让弟子们培养对"乐"的感悟，是由技艺层面逐渐过渡到精神层面，从而达到人格精神的提升。

孔子不仅对自己的音乐修养有着十分严格的要求，对弟子们同样要求严格。在他开设的礼、乐、射、御、书、数六门课程中，"乐"是比较靠前，排在第二位的，具有特殊的地位。在《论语》中，孔子还曾经对自己的儿子伯鱼说过："人而不为《周南》、《召南》，其犹正墙面而立也与。"（《论语·阳货》）在这里孔子是把不学音乐比作面壁而立，意思是没有出路。在孔子的教育理论中，乐是完成人格修养的最高或最后阶段，即所谓的"兴于诗，立于礼，成于乐"。（《论语·泰伯》）

另外，孔子对周代的礼乐制度也大力推崇。他曾感慨地说道："周监于二代，郁郁乎文哉！吾从周。"即使在危难时刻，出于对周代礼乐制度的传承与维护，依然可以做到身窘心泰。孔子在匡地遇到危险，"弟子惧。孔子曰：文王既没，文不在兹乎？天之将丧斯文也，后死者不得与于斯文也。天之未丧斯文也，匡人其如予何！"[1] 在他心目中，最好的

---

① （汉）司马迁：《史记》，中华书局 1959 年版，第 1919 页。

政治就是建立在礼乐制度之上的仁政。

但是，现实的社会环境却是面临着"礼崩乐坏"，这是孔子不愿看到的。"周室既衰，诸侯恣行。仲尼悼礼废乐崩，追修经术，以达王道，匡乱世反之于正，见其文辞，为天下制仪法，重六艺之统纪于后世。"（《史记·太史公自序》）这里讲的"正"，就包括"礼乐"中的"乐"，因为"乐"是为"礼"服务的，"乐"崩溃了，意味着周代以来奴隶制度的崩溃。"周室俱坏，乐尤微眇，以音律为节，又为郑卫所乱，故无遗法。"（《汉书·艺文志》）面对"礼乐制度"的日益衰落，孔子感到忧心忡忡，但对于那些逾越礼制的"乐"，也是非常反感。"八佾舞于庭"的典故，反映了孔子的基本态度。他晚年周游列国，在经历宣扬自己的学说没有结果后，开始转向了对《诗经》的整理，试图通过这些工作，来继续维护周代的礼乐制度。在《论语·子罕》中，孔子说："吾自卫反鲁，然后乐正，雅颂各得其所。"这里的"雅"、"颂"原本是《诗经》中的两个部分，因为当时诗、歌、乐、舞为一体，"雅"、"颂"即是指"雅乐"与"颂乐"。雅乐是上层统治阶层的宴饮之乐，颂乐则是专门的祭祀之乐。孔子之所以用"雅"、"颂"来代表整体的"乐"，是为了恢复原来的传统贵族之乐，寄希望于这种音乐能够重新确立统治地位。

孔子是将"仁"这一观念，融入到他的音乐理念，他说"人而不仁如礼何？人而不仁如乐何？"（《论语·八佾》）强调"仁"对于"礼乐"的重要决定作用。孔子清楚地意识到，在"礼崩乐坏"，大势所趋的现实面前，仅仅单纯强调"礼乐制度"已经没有希望，于是便提出"仁"的思想。

孔子说："安上治民，莫善于礼；移风易俗，莫善于乐。"（《孝经·广要道》）他是希望依靠音乐来助力实施仁政，以此改变社会风气，恢复到周代那时礼乐和谐的社会。可见，音乐已经被孔子赋予了政治功能，作为一种为"礼"服务、治理天下的辅助手段。在谈到音乐的作用时，他说："礼云礼云，玉帛云乎哉？乐云乐云，钟鼓云乎哉？"（《论语·阳货》）这显然是把"礼乐"的作用进一步提升和加以系统化。

孔子不仅提升了音乐的社会作用和教育功用，也充分肯定了音乐的艺术性及娱乐性。在音乐批评理论方面，他的"尽善尽美"，作为艺术理论的原则，为我国古代音乐思想的发展，起到了重要推动作用。在《论语·八佾》中他讲道："子谓《韶》尽美矣，又尽善也；谓《武》，尽美矣，未尽善也。"他认为，音乐无论是内容还是形式，两个方面都要做到又"美"又"善"。

同时，孔子对音乐的娱乐作用也给予了充分的肯定，他自己就曾经听《韶》乐而"三月不知肉味"，他坦言承认"不图为乐之至于斯也"。（《述而》）孔子提倡雅乐，为雅乐正名，但并非接受所有的乐，也有他所抵制的乐，也就是那类形式和内容上不合乎礼制要求的乐。形式上不符合的乐，指的是对礼制的僭越，以及过度的娱乐；内容上不符合的乐，指的是情感上的不"中和"，即"郑卫之音"，当时被称为新乐。

儒墨两家均把乐视为工具和手段，是一种与政治密切联系在一起的行为载体。无论是"正乐"还是"非乐"，孔子和墨子的出发点都是好的，都是为了维护国家的稳定和百姓的生活。但是，儒墨两家的思路是不同的。在孔子那里，"礼崩乐坏"是造成社会动乱的主要原因，而在墨子看来，如果上层统治阶层和下层民众过分沉迷于乐，只顾感官的享受，势必会招致"上天"的惩罚。思路的不同，直接导致儒墨两家对待"乐"的截然不同态度。孔子认为"礼"、"乐"都是政治手段，既可以用来规范群臣尊卑、长幼之序，也可以规范家庭伦理道德。如果礼乐制度能够恢复到西周时的样子，就完全可以实现天下的大治。所以，他一生都在致力于恢复周代的礼乐制度，并说"一日克己复礼，天下归仁焉"。政治目的也决定了他必然大力倡导雅乐。因为在他看来，遵循礼制下的乐，将有助于阻止社会秩序的失序状态。但是墨子却认为，"乐"

不仅不会有助国家的稳定，过于沉迷其中，反倒会导致国家的危亡。孔子设想通过乐教来培养仁人志士，达到实施仁政的目的。但墨子并不认可"乐"有这个功能。虽然他也承认乐确实能给人带来感官上的愉悦，但也能使人沉迷其中而不能自拔，对国事、政事、生产劳动不闻不问。

可见，孔子和墨子对于"乐"的截然不同态度，都是取决于对"乐"的社会作用的不太理解，而关于音乐及音乐的本质，并没有展开深入的讨论。先秦时期，诗乐舞为一体的"乐"，其最突出的特征是情感的表达。不管他们对"乐"的社会功用有什么不同的看法，但在这点上还是有共同点的。

2. 荀子《乐论》与墨子的"非乐"

荀子，名况，字卿，战国时期赵国（今山西安泽）人，是先秦时期著名的思想家、大学者。尤其在音乐方面，形成了自己的一套完整理论。荀子的《乐论》代表了当时音乐理论的最高成就。在他在《乐论》中，连续多次对墨子的"非乐"思想进行反驳。在荀子看来，墨子的"非乐"之论，"犹瞽之于白黑也，犹聋之于清浊也，犹欲之楚而北求之也。"他对墨子的"非乐"思想进行了尖锐的驳斥。

首先，荀子提出，"乐"为"人情之所必不免"，"夫人之情，目欲綦色，耳欲綦声，口欲綦味，鼻欲綦臭，心欲綦欲。此五者，人情之所必不免也。"（《王霸》）正是因为"耳欲綦声"是属于人之性情的天生欲望，所以音乐的产生有其必然性，是顺应人的情、欲，合乎自然地产生出来。"夫乐者乐也，人情之所以不免也，故人不能无乐，乐则必发于声音，形于动静，而人之道，声音动静，性术之变尽是矣。故人不能不乐，乐则不能无形，形而不为道，则不能无乱。"（《乐论》）人的各种情感是发自内心，通过声音在音乐中表现出来。声音的高低起伏，节奏的变化，相应地反映了人的感情波动，这些波动借助音乐得到了充分体现。"乐"乃"发于声音，形于动静"，也就是说人的内心情感，需要通过音乐的声音、舞蹈的动静来加以表现。"人之道"、"性术之变"，都可以包含在这些变化之中，这说明人性与"乐"关系紧密，人性不能离开"乐"而独立存在，因此，荀子一再强调"故人不能无乐"。

显然，荀子对"乐"的看法，与墨子是不一样的，墨子的"非乐"并没有深刻意识到音乐与人性的密切关系。那么，如何才能避免音乐的负面作用呢？荀子与孔子的观点一样，要"致《雅》、《颂》之声可道之"。因为荀子以为，《雅》、《颂》这样的音乐，具有很好的艺术感染力。他说："先王恶其乱也，故制雅颂之声以道之，使其声足以乐而不流，使其文足以辨而不諰，使其曲直繁省廉肉，节奏足以感动人心善心，使夫邪污之气无由得接焉。"（《乐论》）也就是说，《雅》、《颂》之乐，不仅可以满足人们对"乐"本身的追求，同时也会把欣赏"乐"的人，带到正确的道路上来，作为《雅》、《颂》之类的乐，之所以具有这个功能，就是因为它符合礼乐制度的基本要求。

其次，荀子还认识到音乐具有巨大的感染力，它可以感化人的心灵，起到移风易俗的作用。"夫声乐之入人也深，其化人也速，故先王谨之为之。"（《乐论》）"凡奸声感人而逆气应之，逆气成象而淫乐生焉；正气感人而顺气应之，顺气成象而治声焉。"（《乐论》）"故齐衰之服，哭泣之声，使人心悲；带早婴胄，歌于行伍，使人心伤；姚冶之容，郑卫之音，使人心淫；绅端章甫，舞《韶》歌《武》，使人之心庄。"（《乐论》）

荀子认为，听不同的音乐，会对人产生不同的影响。这是因为，一般地说，凡是正声，普遍具有平和中正的特点。"乐中平则民和而不流，乐肃庄则民齐而不乱"，这样的平和中正的正声之乐，对于人们有一定的引导作用。当人们听到这样的音乐，会情不自禁地跟随唱和，从而产生共鸣，可以达到修养身心的效果，从而使自己的行为更加合乎礼制。与之相反，那些"奸声"，就像"郑卫之音"一类，会破坏人心的平静，让人心慌意乱。

所以，荀子认为，要想成为品德高尚的君子，就应该接近"正声"，做到"耳不听淫声"。"以钟鼓道志，以琴瑟乐心，动以干戚，饰以羽旄，从以磬管。"在欣赏音乐之时，要能够做到"以道制欲"，如此才可"乐而不乱"。（《乐论》）相反，如果只是为了满足"欲"，只是追求感官上的快乐，就必然会"以欲忘道"。荀子的这一思想明显是受到孔子的影响，孔子大力提倡雅乐正声，贬低郑卫之音，荀子也同样积极推崇雅乐正声，认为健康的音乐具有良好的道德教化功能，可以使人修身养性，远离邪念。相反，那些不健康的邪音则会使人心生乱。

另外，荀子认为音乐可以助力于实现天下"大治"。他说："故乐在宗庙之中，君臣上下同听之，则莫不和敬；闺门之内，父子兄弟同听之，则莫不和亲；乡里族长之中，长少同听之，则莫不和顺"。（《乐论》）意思是，乐在调和人与人的关系方面，有着独特的不可替代的作用，演练乐舞还对强身健体或军队训练，有着重要作用。"故其听雅颂之声，而志意得广焉；执其干戚，习其俯仰屈伸，而容貌得庄焉；行其缀兆，要其节奏，而行列得正焉，进退得齐焉。"（《乐论》）

荀子还认为，好的音乐可以震慑强暴，让民众团结一致，达到天下大治。他说："且乐者，先王之所以饰喜也；军旅斧钺者，先王之所以饰怒也。先王喜怒皆得齐焉。是故喜而天下和之，怒而暴乱畏之。"（《乐论》）"乐中平则民和而不流，乐肃庄则民齐而不乱，民和齐则兵劲城固，敌国不敢婴也。如是，则百姓莫不安其处，乐其乡，以至足其上矣。"（《乐论》）总之，乐不仅可以达到人心教化，还可以可以强兵安邦，实现天下太平。

与孔子一样，荀子非常重视"礼乐制度"的。他说："且乐也者，和之不可变者也；礼也者，理之不可易者也。乐合同，礼别异，礼乐之统，管乎人心矣。"根据荀子的观点，乐具有明显的教化人心、移风易俗作用，礼则具有明显的维护统治秩序作用。只有礼与乐相辅相成，才能够达到"乐行而志清，礼修而行成，耳目聪明，血气和平，移风易俗，天下皆宁，美善相乐"的至高境界。

在《国富》篇中，荀子还比较详细地阐述了政治和音乐的关系，以及生产和音乐的关系。其基本观点是，音乐可以帮助统治者维持统治秩序，调和等级差别，而不仅仅只是作为礼的辅助手段，同时，好的音乐还可促进生产活动，让百姓安居乐业。荀子认为，在社会生活中，有"分"就有"合"，礼制主要是起到"分"的作用。如果按照礼来区分社会生活中的一切，就可以起到维持秩序的良好作用。但"合"的实现，需要"乐"的帮助来实现，

荀子继承了传统儒家的思想，强调音乐"和"的功能。他除了在《乐论》篇中表达了这一观点外，在其他篇章中也多次提到。《臣道》曰："恭敬，礼也；调和，乐也。"《儒效》篇曰："《乐》言是其和也。"《劝学》篇曰："《乐》之中和也。"荀子高度重视礼乐制度，强调音乐与政治的密切关系。"声音之道，与政通矣。"当然他不是一概而论，而是认为只有具备上述那些功能的音乐，才能有此功能，如"《雅》、《颂》之声"，也包括他在《乐论》中提到的《韶》、《武》等夏商周时期的作品。

我们可以看到，荀子的音乐观明显与墨子的"非乐"的音乐观有很大的不同。他重视音乐，提倡教化，积极倡导优秀的音乐，更多地从正面肯定音乐的社会功用。可墨子的"非乐"，明确反对礼乐，重在提倡节俭，这就降低了音乐所具有的社会功用。那么，为什么会出现这样的分歧呢？

首先是因为墨子与荀子所持的立场不同，直接导致了二人对于音乐的认识的差异。在墨子看来，人只有在满足了自身最基本的衣食住行需求后，才可以有其他更高的要求。而最基本需求的满足，需要上层统治者精心的治理，下层百姓们的辛勤劳动。"乐"的泛滥恰恰是妨碍了上

述行为，所以必须要禁止。制作、演奏音乐，既耗费时间和精力，又浪费大量物力财力，不利于社会生产活动。墨子的出发点是好的，也看到了一些存在的问题，但因此而降低音乐的社会价值，是有些片面的，不符合历史发展的进步要求。荀子的音乐观与墨子的"非乐"相比较，有一定的进步意义，也符合音乐发展的历史潮流。他积极倡导优秀音乐，清楚看到了音乐产生于"物动心感"的必然规律，也看到了音乐在伦理教化方面的重大社会作用。批评墨子的"非乐"是"蔽于用而不知文"。（《解蔽》）还是有一定道理的。

其次是因为二人的社会生活背景不同。我们知道，墨子出身平民，对于百姓现实的生活状况有切身的感受。这些人也是最广大的群体，所面临的生存问题显得更为迫切，如果连生计都不能解决，哪还顾得上进行音乐消遣娱乐。如前所述，墨子反对音乐，是有特定所指的，并不是反对音乐本身，主要是针对礼乐所带来的奢侈与浪费。荀子却不同，他所代表的是当时的社会上层，受过良好教育的贵族阶层，这些人对音乐本身有比较深的理解，对音乐的社会价值有一定的认识，所以荀子才认为，音乐的演奏和欣赏可以对国家治理、社会和谐起到良好的作用。

无论如何，二人有一点是相同的，他们各自的理论目的，都是为了国家得到更好的治理，百姓有更好的生活。在墨子那里，国家贫困，主要原因是从君主及官员到下层的百姓，都用大量的时间沉湎于音乐，确实严重影响了治国理政和社会生产。音乐活动带来的这些弊病，已经危害到了社稷民生，所以必须要下狠心制止。在荀子那里，则是另外的思路，他主张推进富国强兵的政治，建立合理有序的礼乐制度，而要实现这一目标，就必须让百姓尊卑有序，群而有分，便于管理，否则，就会使社会混乱，国家一盘散沙。

荀子在《乐论》中指出，墨子的"非乐"观于国于民不利，"墨子之'非乐'，则使天下乱；墨子之'节用'，则使天下贫。……墨子虽为之衣褐带索，嚼菽饮水，恶能足之乎！既以伐其本，竭其原，而焦天下矣。"
（《富国》）他提醒到，不能只是节流而不开源，一味地提倡节俭，是无
法实现国富民强的。但是，我们也应看到，作为荀子的礼乐思想，主要
是出于维护儒家宣扬的礼乐制度，面对当时的礼崩乐坏，并没有从根本
上探讨其主要原因。我们是否可以这样说，荀子之过是高估了音乐在当
时的正面作用，而墨子之过则在于夸大了音乐在当时的负面作用。

二、墨子"非乐"与先秦道家的乐论

先秦道家是春秋战国时期影响最大的学派之一，以老子、庄子为代
表，亦称老庄学派，有学者认为，春秋战国时期，老子、庄子都未称自
己的学派是"道家"，"道家"这一称呼是到汉代吸收儒、墨、阴阳等学
派创立的新学派。① 我们这里讲的"先秦道家"，就是指"老庄学派"。

与墨子的"非乐"不同，道家的音乐思想是立足于音乐本身，其观
点是与自身的学术思想一致的，其基本倾向是崇尚虚无、朴素与自然，
推崇不加雕饰的美的音乐，反对虚伪的音乐。

1. "非乐"与老子的"大音希声"

老子思想的精髓体现在他的道论，"道"，在老子那里是一个高度抽
象的概念，它是先天地而生，是万物之母。"道"具有本体的性质，创
生天地万物，"道生一，一生二，二生三，三生万物。"（《老子·第四十二
章》）② 对于道，《韩非子·解老篇》的解释是："道者，万物之所然也，万
理之所稽也。""道"是天地万物的总规律。

---

① 任继愈：《道家与道教》，《文史知识》1987 年第 5 期。
② 陈鼓应：《老子注释及评介》，中华书局 1984 年版。以下相同。

老子讲"道",是从有、无开始的,"无,名天地之始;有,名万物之母。"(《老子·第一章》)从存在的维度看,道是无,无是天地的开端;道又是有,是万物的根源。有无与天地万物的关系,是存在与存在者的关系,也是规定与被规定的关系。有无使世界成为世界,使万物成为万物。如果说无是指称天地的开端,那么有则是指称万物的根源。"故常'无',欲以观其妙;常'有',欲以观其徼。"(《老子·第一章》)从思想的维度看,思想就是要去观妙、观徼。把握有、无的转化。道是抽象的,又是具体的。所以老子让人们从"无"中,去观照"道"的奥妙;常从"有"中,去观照"道"的端倪。"妙"是指道的神秘性,之所以神秘,就在于它既显现又遮蔽。"妙"和"徼"都是对有无的描述,因为道是有无的统一,我们才可以去领略道的奥妙。

"道"是形而上的,它产生万物,是"有",却不具有"万物"的形态,对于它,视之不见,听之不闻,因此又是"无"。所以老子说:"天地万物生于有,有生于无。"(《老子·第四十章》)"道"存在于"有"、"无"两种状态。"无"生"有","有"又归于"无",正因为如此,老子对世界上所有的存在现象,都持有一种虚无的态度,认为它们都处在运动转化之中,终将归于虚无。这一观点表现在音乐中,便是"大音希声"。(《老子·第四十一章》)

"大音希声",来自宇宙本体,指的是最完美的音乐,就是音乐本身。它是一种传递"道"的信息的音乐。"听之不闻名曰希"(《老子·第十四章》),我们能听到的只是现象界的外在声音的现象,而听不到真正的表现为原始之"道"的"大音",这个"大音"要靠心灵的感悟,

在国家治理方面,老子主张"无为而治",他认为"祸莫大于不知足,咎莫大于欲得"(《老子·第四十六章》),"罪莫大于可欲"(《老子·第四十八章》)。要想治理好国家,就要以无为的管理方式,"常使民无知无欲"(《老子·第三章》),使百姓"见素抱朴,少私寡欲"(《老子·第

十九章》)。因此，老子反对挑拨人的欲望，认为"五色令人目盲，五音令人耳聋，五味令人口爽，驰骋田猎令人心发狂"。(《老子·第十二章》)

"五音"是指宫、商、角、徵、羽，这是中国古代按照声音的高低而排列起来的音阶。五音的不同排列演奏，便可发出不同的乐声。《国语·周语下》中由："大不逾宫，细不过羽"，声音高低由宫至羽分为五个度。声与色、味一样，也是为了满足人的听觉欲望。老子认为追求声色、色、味，都是刺激欲望的东西，会对人的感官造成伤害。对此王夫之表示反对，对老子的观点进行了反驳："老氏曰：'五色令人目盲，五音令人耳聋，五味令人口爽'，是其不求诸己而徒归怨于物也，亦愚矣载！……夫欲五色，则无如无目；欲无声，则无如无耳；欲无味，则无如无口。固将致忿疾乎父母所生之身，而移怨于父母。"(《尚书引义·顾命篇》)

但是老子对这个问题有自己思考的角度："吾所以有大患者，以吾有身。及吾无身，吾有何患！"(《老子·第十三章》)连身体都是祸患的根源，音乐与文化就更不用说了。老子认为，那种只是纯为了满足人的感官欲望的"五音"，是没有必要的。

对于音乐，老子并不全都是否定，他认为最美好的是顺其自然的声音，所谓自然的声音就如同婴孩发出的声音，那些婴孩"终日号而嗌不嗄，和之至也。"(《老子·第五十五章》)"嗄"，就是哑。魏源在《老子本义》中说："心动则气伤，气伤则号而哑。今终日号而泰然，是其心不动而气和也。"王弼注为："无争欲之心，故终日出声而不嗄也。"老子认为，婴儿无欲望的叫声，才是最符合自然的声音，那么，音乐也应该是如此。

应该提倡自然之音，反对人为之音，根据老子的看法，好的音乐应该是自然到"淡乎其无味"，"听之不足闻"。所以要反对那些仅仅是为了满足欲望而存在的艺术形式，这虽然不是直接针对儒家的"礼乐制度"，但在他的思想中是否定人为的不自然的音乐，尤其是反对那些单纯刺激欲望的音乐，这些观点显然是不符合传统的"礼乐文化"的。

老子与墨子一样，都有贬低一般音乐的倾向，但还是有区别的，主要表现在他们各自有不一样的出发点。墨子谈音乐，是站在平民的立场上，从维护下层百姓的利益出发的，认为大兴礼乐，会极大浪费人力物力，增加百姓的负担。所以他是希望通过反对礼乐制度，来改变当时百姓的贫困生活现状。尽管墨子的"非乐"主张没有取得明显的效果，但也给当时的统治者发出了警告，具有一定的震慑作用。墨子承认音乐具有美感，可以使人感到愉悦，但是出于实用的功利主义目的，他还是坚持反对统治者的"为乐"行为。只不过是没有把上层统治者骄奢淫逸的琴瑟之乐，与下层百姓的"瓴缶之乐"加以区分，从而贬低了社会上所有的音乐活动。

老子更多的是强调音乐给人的负面作用，尤其是反对刻意装饰的"五音"，也就是那些挑拨人的欲望的音乐，这些音乐会"令人耳聋"。老子主张无为而治，不满于统治者对百姓的过多干扰。在国家治理上，他提倡"无为而治"，实施"小国寡民"的策略，反对一切人为强加给百姓的强行统治做法。

同样，老子在对待音乐上，也是坚持自然的原则。他推崇自然之声，反对人为之音，认为最好的音乐是"大音希声"，能给人带来纯粹的美感。这里有一个问题，如果"五音"不是悦耳动听，激动人心，那又怎会使人"耳聋"呢？他自己也说："乐与饵，过客止"，正是因为这里的"乐"很动人，过客才会停下来驻足欣赏。问题就出在，老子推崇的是一种虚无的抽象的音乐，但对于一般具体的音乐而言，会给人带来不同的感受，不应该用"无为"之乐，来否定"有为"的礼乐，因为人为之乐也有其存在的合理性，也会满足人的一些欲望，至少也会给人带来一些快乐。

总之，老子与墨子虽然都在反对礼乐制度方面是一致的，但是出发点和目的是不同的。墨子"非乐"主要是提倡节俭，反对音乐的浪费行为，老子关注的是现实中乐的负面作用，否定有为之乐，是为了推行他的"无为而治"的国家治理理念。

2. "非乐"与庄子的"至乐无乐"

庄子是老子思想的继承人，他和老子一起创立了道家学派。庄子接受了老子的道论，并将其进一步发展和展开。与老子一样，庄子也是把"道"视为宇宙的本体、天地万物的本原，他主张效法自然，去智去欲，这体现在音乐思想上，就是他的"至乐无乐"(《庄子·至乐》)①。庄子涉及音乐方面的论述是比较丰富。庄子论述涉及音乐的方面比老子多，原因之一是他对音乐了解得更多。在《庄子》一书中，除了直接谈到音乐之外，还有许多间接涉及音乐歌舞的，我们可以经常在书中看到与乐舞、乐声相关的描述。例如，在"庖丁解牛"的故事里，庄子是以"合乎《桑林》之舞，乃中《经首》之会"(《庄子·养生主》)，来比喻庖丁炉火纯青的精湛技艺，而文中提到的《桑林》和《经首》，也都是乐舞的名字。正是因他通晓音乐，所以关于音乐方面的论述也就比老子更丰富具体一些。

庄子的"至乐无乐"，与老子的"大音希声"，表面上看有些类似，但实际上还是有很大的差异。庄子说"所乐者，身安、美服、好色、音声也……所苦者，身不得安逸、口不得厚味、形不得美服，目不得好色、耳不得音声"(《庄子·至乐》)。这里讲的是普通人的世俗的快乐，也就是追求身体感官获得的愉悦。我们说引起快乐的原因是多方面的，但音乐只是人的快乐的来源之一。庄子对快乐有特定的理解，不是指一

---

① 陈鼓应：《庄子今注今译》，中华书局 1983 年版。

般世俗的快乐，而是指"无为"的快乐。"无为"也就是无所追求，放任其事，不加干预，所以无为的快乐是无功利性的、不加干预的、放任自然的，"又俗之所大苦也，故曰：至乐无乐"(《庄子·至乐》)。

"无为"的乐是"至乐"，"无为"是道的特性，也就是自然性。在庄子的叙述中，是把"道"的音乐和"形色名声"的音乐做了区分。他说："视而可见者，形与色也；听而可闻者，名与声也；悲夫！世人以形色名声，为足以得彼之情。夫形色名声，果不足以得彼之情。"(《庄子·天道》)同时，他又讲道："礼法度数，刑名比详，治之末也；钟鼓之音，羽旄之容，乐之末也。"这里他是把"钟鼓之音"也就是"形色名声"说成是"乐之末"，或者可以理解为是形下的，它是"不足以得彼之情"。与此不同，作为"道"的音乐，则是"视乎冥冥，听乎无声。冥冥之中，独见晓焉；无声之中，独闻和焉"。(《庄子·天地》)这种音乐虽然人耳听不到，却是作为"道"的音乐，是形上的，也正是庄子所极力赞美的"至乐"之音乐。

在庄子看来，如果能够做到自然无为，并且顺乎"道"而为，就可以达到一种"与天和"的境界，也就是"天乐"。"天乐"是一种音乐的最高境界。那么何为"天乐"？庄子是这样解释的，"与人和者，谓之人乐；与天和者，谓之天乐"。(《庄子·天道》)他还说："天机不张，而五官皆备，此之谓天乐。无言而心说，故有焱氏为之颂曰：'听之不闻其声，视之不见其形，充满天地，苞裹六极。'"郭象注曰："此乃无乐之乐，乐之至也。""许由曰：'吾师乎！吾师乎！齑万物而不为义，泽及万事而不为仁，长于上古而不为寿，覆载天地，刻雕众形而不为巧，此之谓天乐。'"(《庄子·大宗师》)

庄子将"天乐"归于"至乐"，认为他是"合乎道"的音乐。他将音乐分为"人籁"、"地籁"、"天籁"，"地籁则众窍是已，人籁则比竹是已"(《庄子·齐物论》)，"比竹"是指竹管笛箫之类的木管乐器，也叫"人籁"，

"地籁"是风吹过孔穴而发出的声音,与"人籁"相比,"地籁"是天然的一种声音。而"天籁",则是"夫吹万不同,而使其自己也",是三种声音中最自然的声音,是纯粹的音乐本身,更接近于"道"。在庄子那里,"天籁"、"地籁"、"人籁"形成一个由高到低的等级系列,传统的礼乐制度中的"乐",属于"人籁"。

既然自然之乐是"天乐",那么人为的音乐,就无法与它相比,"多于聪者,乱五声,淫六律,金石丝竹黄钟大吕之声。非乎?而师旷是已"。(《庄子·骈母》)师旷是当时有名的乐师,但是庄子认为他的"聪"是有问题的,是"乱"而"淫"的,不自然的,是不值得赞美的。

庄子非常怀念他心目中"同为禽兽居,族与万物并"的"至德之世",在那里,人们过着自然朴素的生活,不需要礼乐制度的束缚,也不需要某种被道德绑架的音乐。正所谓"性情不离,安用礼乐?""五声不乱,孰应六律?"(《庄子·马蹄》)

老子讲"五音令人耳聋",庄子是讲"五声乱耳,使耳不聪"。(《庄子·天地》)在庄子看来,那些乐师及其"五音六律"没起到好的作用,甚至是有害的,是造成社会混乱的重要原因。"擢乱六律,铄绝竽笙,塞瞽旷之耳,而天下始人含其聪矣……彼曾、史、杨、墨、师旷、工倕、离珠,皆外立其德,而爁乱天下者也。"(《庄子·胠箧》)庄子反对礼乐,认为"礼乐遍行,则天下乱矣"。(《庄子·缮性》)

关于音乐的创作与欣赏,庄子认为都适应万物的本性,亦即自然性,如果音乐违背了万物的本性,也就意味着偏离了音乐的基本规律。

由此可见,老子、庄子为代表的先秦道家谈论音乐,与墨子的角度不同。墨子的"非乐"是以节俭思想为基础的,目的是反对礼乐的奢侈浪费。庄子则是推崇"天籁"之声,以此与儒家的人为礼乐形成鲜明对比。

墨子"非乐"的提出,曾在当时和后世引起了许多争议。应该说"非乐"的一些观点，对于正常的音乐艺术现象来说，有一定的片面性、绝对化，但这些局限性在当时特殊的社会背景下是可以理解的，"非乐"不仅揭露了上层统治者奢侈的享乐方式，也批判了当时儒家奉行的礼乐制度，其中所贯穿的批判精神和节俭精神是值得肯定的。

第五章　墨子"节葬"阐释

　　"节葬"也是墨子的十大主张之一，亦是墨子节俭思想体系的重要内容和组成部分。墨子的"节葬"思想是以"兼爱"为基础，推进社会进步的一项具体措施。丧葬习俗源远流长，是中国传统文化的一部分，在经历了原始社会和夏商周的发展后，在春秋战国时期已经基本确立，一方面形成了内容丰富的民俗传统，但另一方面也给人民带来沉重的负担，严重影响了当时社会的正常发展。墨子认为"节葬"符合古者圣王之道，他在借鉴古之文化传统的基础上，针对当时流行的厚葬久丧，鲜明地提出了"节葬"的观点，"国家贫，则语之节用、节葬"，试图通过这一举措，遏制国家触目惊心的奢侈浪费现象。墨子认为死者在丧葬礼仪上要体现平等，悼念应"以哀为本"，而不需要过多伪饰的成分，表达了对死者的公正态度以及对孝道的基本看法。墨子的"节葬"思想历史影响深远，也为当代社会如何确立正确丧葬观提供了重要启示。

第一节　丧葬概说

一、"丧葬"及其起源

　　有生命就有死亡，生与死都是人类生活中，必须要经历的最重要事件。出生是生命的开始，死亡是生命的终结。所谓丧葬礼，简单地说就是人们对死亡事件的处理，既有精神层面的情感活动，也有物质层面的操作行为。为了深刻理解墨子的"节葬"思想，有必要对"丧"与"葬"做一简要考察。

从遥远的古代开始，"丧"、"葬"现象的发生与发展，经历了一个十分漫长的历史，逐渐成为一种具有形式多样、内容丰富的丧葬习俗。

关于"丧"。最早见于甲骨文中的"丧"字，是采桑的象形，由桑树和采桑的工具两部分组成，根据《甲骨文字典》，"丧"字是采桑的象形，带有桑树的桑叶被满树蚕虫侵食的隐喻。许慎《说文解字》："丧，亡也。"指丧失、失去。后来"丧"字在此基础上又不断演化出多种含义。

关于"葬"。根据《甲骨文字典》，"葬"字的象形与泥土相关，带有掩埋的隐喻。许慎《说文解字》："葬，藏也。"《礼记·檀弓》曰："葬也者，藏也；藏也者，欲人之弗得见也。"《周易·系辞》有："古之葬者，厚衣之以薪，藏之中野，不封不树。"

丧葬是一种仪式，也是一种礼俗，是人死后凭吊和埋葬的礼仪过程的总称。陈华文先生在他的《丧葬史》中谈道：丧葬，简单地说是处理死者的方式方法，后来，随着历史的发展，丧葬从史前社会的埋葬方式演变为繁复的丧葬礼仪和丧葬文化"。[①] 常金仓先生在《周代社会生活述论》中通俗地说："丧礼指由始死到下葬阶段死者生前的君长、亲属、朋友围绕着举哀、设奠、处理遗体所设计的一系列行为。"[②] 因此从一般意义上说，丧葬仪式或丧葬礼俗，就是处理死者的一系列活动，其活动的主体是生者，是生者对待死者的活动。这些活动由最初的简单动作，逐渐发展成有一定规则和固定流程的丧葬礼仪。

根据考古发掘成果的考证，我国早在旧石器时代就已经有了墓葬。

---

① 陈华文：《丧葬史》，上海文艺出版社 1999 年版，第 1 页。

② 常金仓：《周代社会生活论述》，吉林人民出版社 2007 年版，第 83 页。

此后，经新石器时代至商代，逐渐形成了办理丧事的丧葬制度。

人类早期，生产力水平极为低下，人们对自然现象充满了疑问和困惑，对生命的概念也是模糊的，也不知道人为什么会生老病死。最初的原始先民，对死者遗体处理的方式也非常简单。《孟子·滕文公上》曰："盖上世尝有不葬其亲者，其亲死，则举而委之于壑"，人死后，可以把尸体随便丢弃。

当人类的生产力水平发展到一定的阶段，物质生活的水平有了一些提高，与此相适应，认识能力也在不断提高，人们开始思考自然界的各种现象，尝试着一点点解开各种谜团。

起初，人们对生命现象的认识还是很肤浅的，也不理解人类为什么会生老病死，为什么还可以在梦中见到已经死去的人，他们最早猜测可能是有一个独立的灵魂存在，这个灵魂似乎能够独立于身体之外而存在，否则我们为什么可以在梦中见到它呢？

于是，死亡、灵魂的观念，就这样在人们心中慢慢萌发、发展。在我国新石器时代仰韶文化遗址中，可以发现瓮棺底部都留有一个小孔，有专家猜测这个小孔可能就是供灵魂出入的。

在世界各民族中，几乎都有灵魂不死的古老观念。恩格斯在探讨远古人类对于死亡和灵魂的认知时指出，"他们的思维和感觉不是他们身体的活动，而是一种独特的、寓于这个身体之中而在人死亡时就离开身体的灵魂的活动。从这个时候起，人们不得不思考这种灵魂对外部世界的关系。既然灵魂在人死时离开肉体而继续活着，那末就没有任何理由去设想它本身还会死亡；这样就产生了灵魂不死的观念"。[①] 英国人类学家爱德华·泰勒在他的著作《原始文化》一书中，也比较具体地分析

---

① 中共中央编译局译：《马克思恩格斯选集》第四卷，人民出版社 1972 年版，第 219—220 页。

了关于肉体和灵魂的古老观念，他说："处在第几文化阶段上的能独立思考的人……他们力求了解，第一，是什么构成生和死的肉体之间的差别，是什么引起情形、梦、失神、疾病和死亡？第二，出现在梦幻中的人的形象究竟是怎么回事？看到这两类现象，古代的蒙昧人——哲学家们大概首先就自己做出了显而易见的推论，每个人都有生命，也有幽灵。"①

正如上述所说的灵魂脱离肉体仍能够存在甚至以自身的力量干预人事，所以灵魂是存在的，而且是不死的。在远古人那里，由观念变成一种信仰。在北京周口店遗址中，考古学家发现在尸体旁边撒有赤铁粉，并佩戴有一些装饰品及石器，等等。在《穿越生命的时空——中国丧葬文化》一书中，要英先生分析说："在尸体撒上红色的赤铁矿粉，表示给死者以新的血液，增加生命的活力；随葬品则表明当事人认为死去的同伴的灵魂在另一个世界继续存在。"② 这就说明在那一时期灵魂不死的观念已经存在了。

再到后来，灵魂不死的信仰又衍生出鬼魂的观念。《礼记·祭法》载有"大凡生于天地之间者皆曰命，其万物死者皆曰折，人死为鬼"。原始人朴素地猜测，当人死亡后，就无法承载灵魂，灵魂无法依附肉体，就会永久离开，变成鬼魂。人在生前都是拥有灵魂，这个灵魂在人死后，脱离肉体成为独立存在的鬼魂。在原始信仰中，鬼魂的能量很大，可以千变万化，且行动不受任何束缚。他们可以对人的行为进行干涉，如果谁敢对鬼魂不敬，就会遭到严厉报复，甚至威胁到健康和生存。受这种观念的影响，原始人对鬼魂产生了恐惧的心理，所以他们便想办法来安抚鬼魂。他们还对死者的遗体进行认真处理，妥善地进行埋葬，显然也

---

① ［英］爱德华·泰勒：《原始文化》，上海文艺出版社 1992 年版，第 416 页。

② 要英：《穿越生命的时空——中国丧葬文化》，沈阳出版社 1997 年版，第 2 页。

是做给鬼魂看，目的是希望他们不要打扰生者的生活。

由此可见，灵魂、鬼魂的信仰，在丧葬起源中是起到一定作用的，也为后来厚葬久丧习俗的延续打下了基础。

二、丧葬习俗的确立

我国最早的丧葬活动，大约发生在旧石器时代晚期，据考古学家发掘发现，北京的山顶洞人遗址，就是一座男女老少合葬的公共墓地。

新石器时代早期，也就是母系氏族社会进一步发展的时期，丧葬活动开始发生了新的变化。其中以半坡文化、仰韶文化、大汶口文化为例，发现那一时期的公共墓地，几乎都是分布在原始聚落周围，并以单人葬为主，也有一些合葬，大多是以草席包裹下葬，采用木制棺椁下葬的也只算是雏形，一同下葬的随葬品种类也比较多，有装饰品、生活用具、生产工具、儿童玩具等。

到了新石器时代后期，生产工具有了较大进步，生产力水平有了新的提高，男子在生产活动中的作用不断提高，于是，导致了母系氏族社会逐渐被父权制取代。劳动产品的增加，导致了私有制的出现，也出现了阶级的分化。这些分化，从随葬品的种类和数量上就可以看出。根据山东大汶口墓地的文物发掘统计，在发掘的133座墓中，大约出土1000多件陶器，其中四分之一集中在5座大墓中。墓坑有大有小，有的有随葬品，有的没有随葬品。很明显，有地位的人比一般人的墓面积要大，随葬品更多。值得注意的是，在大汶口后期的一些墓中，已然出现了用木材修筑墓穴的现象，面积也比较大，能够修建这样的墓穴，这说明墓主人是有较高地位的，至少具备一定的经济实力。

进入夏商时代，依然保留着灵魂不灭的原始宗教信仰。《礼记·表记》中说"夏道尊命，事鬼敬神而远之，近人而忠焉"，"殷人尊神，率民以事神，先鬼而后礼"①，在殷墟中出土的甲骨卜辞中，卜问鬼神内容甲骨的就有十万多片，灵魂不灭的观念，在丧葬中的反映就是厚葬。

因为夏商时代的特定社会背景，灵魂不灭的信仰也成为统治者奴役、统治人民的工具。因为这种观念和信仰，有利于维持统治者的地位，可以让被统治者安于被奴役的现实，统治者通过宣扬灵魂信仰和敬畏鬼神的活动，来证明他们与鬼神之间存在着特殊的关系，可以与鬼神进行交流，代表人们向鬼神表达意愿，从而保证避免灾祸，让人们相信只有统治者可以依靠和信赖。

在原始社会，下葬比较简单，直接把尸体埋入土中即可。但是到了夏商时代，已经出现用棺椁来埋葬死者的现象。考古工作者在二里头遗址发现了一座规模比较大的墓葬地，由大坑和小坑组成。其中"大坑南北长 2.3 米，东西宽 1.26 米；小坑南北长 1.7 米，东西宽 0.74 米"②，大坑应该是墓穴，小坑是埋葬死者的棺椁。与原始社会的蒙昧观念不同，这时的人们已经意识到，可以用棺椁来延长尸体腐烂的程度，让尸体保存得更长久。但是考古资料显示，虽然夏代已产生了棺椁，但考古发掘出这一时期的棺椁还是很少的，说明夏代才刚刚开始实行棺椁下葬，到了殷商时期，就比较多了，因为已经开始流行了。

值得注意的是，从夏代开始就已经有了殉葬制度，但到了殷商时期达到鼎盛时期。这一时期的殉葬非常之残忍，内容主要包括人牲与人殉两个方面。人牲是在祭祀活动进行的，用来祈求鬼神和祖先的保佑。人殉是为死者准备的，把奴隶作为奴隶主的私有财，与主人一起殉葬。

这一时期比较突出的例证，是安阳殷墟小屯的侯家庄 1001 号墓和

---

① 杨天宇：《礼记译注》，上海古籍出版社 2004 年版，第 724 页。

② 徐吉军：《中国丧葬史》，江西高校出版社 1998 年版，第 62 页。

武官村大墓，根据现有的考古资料，侯家庄1001号墓中的人殉大约是400人，武官村大墓中大约有近80人，从这些数据可以想象当时人殉的规模是如此之大，令人不寒而栗。

由于铁制工具的大量使用，生产力水平明显提高。作为我国第一个奴隶制王朝，夏朝的孝道观念还是比较浓厚的，与之相适应，开始出现了厚葬的现象。例如，在随葬品中，发现了贵重的玉器，还有大量的爵、觚等铜制酒器，这些都是显示奴隶主贵族地位的珍贵物品。

在殷商时期，墓地有两种类型，分为公墓和邦墓。据《周礼·春官·冢人》记载："冢人掌公墓之地，辨其兆域而为之图。先王之葬居中，以昭穆为左右。凡诸侯居左右以前，卿大夫士居后，各以其族。"①这里介绍的是公墓情况。"墓大夫掌凡邦墓之地域，为之图，令国民族葬，而掌其禁令，正其位，掌其度数，使皆有私地域。"②这里介绍的是邦墓情况。通过公墓和邦墓的具体情况以及规模，可以看到家族成员血缘亲疏不同，墓葬的规格也不同，这是由氏族宗法等级制度所决定的。在这一时期，随葬器具的数量，尤其是青铜器的数量明显增多，如河南安阳殷墟妇好墓，共挖出随葬品1928件，其中的青铜器就有468件。此外，人牲陪葬现象也很盛行，人殉范围由原始社会后期的妻妾，扩大到姬妾、臣子、仆人等，而且数量明显增加了许多。

西周时期，随葬品从范围上看，比商有所扩大，而且出现了"列鼎而食"的现象。根据据《仪礼》，奴隶主阶层的列鼎，划分为五个等级，分别为一鼎、三鼎、五鼎、九鼎；簋分为四个等级，分别为二簋、四簋、六簋、八簋。在这个时期周文王顺应历史发展的潮流，在国家治理上，推行一些民本思想，对传统的鬼神崇拜有所淡化，简单的理性意识有所

---

① 郑玄注，贾公彦疏：《周礼注疏》，北京大学出版社1999年版，第567页。

② 郑玄注，贾公彦疏：《周礼注疏》，北京大学出版社1999年版，第571页。

发展，这是一种思想和文化上的进步。在此背景下，人牲、人殉现象逐渐衰落，而且随葬数量也有大幅减少。

这一时期，墓地的规模与殷商时相比，没有太大变化，但采用棺椁下葬已经比较普遍。在哀悼方式上，出现了丧服现象，尽管还没有达到广泛流行的程度。到西周末年开始出现文献的记载。《诗经》曰："庶见素冠兮，棘人栾栾兮，劳心博博兮。庶见素衣兮，我心伤悲兮，聊与子同归。庶见素韠兮，我心蕴结兮，聊与子如一。"《桧风·素冠》这里的"素冠"、"素衣"、"素韠"就是当时的丧服。亲人死去后，子女便穿上这些素色的丧服服丧，以表达对死者的哀思。

周代人同夏商人一样，继承了远古流传下来的灵魂不灭的观念，"周人尊礼尚施，事鬼敬神而远之"（《礼记·表记》）①，但是随着社会的发展与进步，周代开始出现了重民轻天的倾向，这显然与殷商时期崇尚鬼神的观念有了很大的不同。虽然也有极少数人对死后灵魂的存在提出质疑，但这种声音在当时毕竟是非常微弱的，也不可能动摇鬼神信仰的主导地位，这就在观念上为周代的厚葬兴盛提供了重要理由。

另外，周代丧葬礼仪在体制上的完备，孝文化的兴起也发挥了重要作用。"孝"，《说文解字》注为"善事父母者，从老省，从子，子承老也"。② 陈华文先生在《丧葬史》中说"孝这种善事父母的观念行为，在非常原始的社会，便已随着亲情伴生于母子，后来，伴生于父母与子女之间"。③ 简单地说，孝最原初的含义就是孝顺父母。人与父母是最近的血缘关系，产生了孝观念是十分自然的事情。周代个体家庭经济的发展，有力推动了孝文化的发展，关于孝的内涵也得到了丰富和拓展，不仅包含对父母的孝，也包括对祖先的孝，而要实现孝，在丧葬中的表达

---

① 杨天宇：《礼记译注》，上海古籍出版社 2004 年版，第 724 页。

② [汉] 许慎著，段玉裁注：《说文解字注》，上海古籍出版社 1981 年版，第 398 页。

③ 陈华文：《丧葬史》，上海文艺出版社 1999 年版，第 8 页。

就成为一个重要的方面,这在客观上就需要有一套系统、规范的丧葬礼仪流程。

到了春秋战国时期,一些诸侯国的实力有了很大增加,甚至强到可以和天子抗衡,于是,僭越的事件经常发生,这意味着长久以来的以宗法血缘为基础的等级秩序,受到前所未有的冲击。面对这一新的形势,出于维护现有执政者的统治地位,保证天子为代表的上层统治阶层的利益,传统儒家的丧葬礼仪应运而生,并不断得到了推广,形成了一套完备的礼仪制度。

儒家所推广的这套丧葬礼仪,内容上十分丰富,还有具体的可操作性,形式上庄严隆重,而且程序上规范,尽管烦琐,依然为人们所接受。受各种因素的影响,社会上形成了厚葬的风气,下葬、哀悼不惜花费巨大的开支。但也有一些有识之士,对此不满,认为厚葬劳民伤财,也造成巨大浪费,给人们增加了沉重的负担。于是,他们提出与儒家厚葬相反的薄葬思想,墨子也挺身而出,及时提出"节葬"的主张,表达了广大民众的呼声,也代表了历史的进步,符合历史发展的潮流。

第二节 "节葬"的原因和内容

墨子"节葬"是尚俭思想的主要内容之一,也是"兼爱"和"节用"的拓展。

之所以要提出这一主张,是为了推广薄葬,遏制上层阶层在丧葬礼仪方面的铺张浪费,减少下层百姓的沉重压力和应对丧葬的大量花费。墨子还将"节葬"与它的"天志"、"明鬼"联系起来,为的是增加权威性和说服力。

一、"节葬"的原因

墨子节俭思想及其节葬主张，是古代优秀传统的继续，与禹汤文武上古圣王的思想是一致的，符合人民的利益，也有利于国家的发展。墨子坚持的薄葬原则与儒家的厚葬针锋相对，形成鲜明对比。

墨子"节葬"的提出，有其深厚的历史渊源。从上古开始，先王们就厉行勤俭节约的精神，在丧葬态度上倾向于节俭。在那一时期，人们应对自然的能力很弱，条件十分艰苦，生产力水平极为低下，国家面临的困难是我们现代人无法想象的。在此背景下，先王们励精图治，大多崇尚节俭，在丧葬方面也倾向于简单、朴素。《周易》说"古之葬者厚衣之以薪，葬之中野，不封不树，丧期无数，后世圣人易之以棺椁，盖取诸大过"（《系辞下》）。按孟子的说法"古者棺椁无度，中古棺七寸"，说上古时代的丧葬没有什么严格的规定，甚至于人死后就用树枝当衣服，随便埋葬在田野里，丧期也没有那么长，厚葬现象是开始于中古时期。

在是否应该节葬的问题上，先秦各学派的观点是不一样的。儒家基本上继承了厚葬久丧的传统，孔子虽然并没有明确主张厚葬，但还是重视祭祀活动，鼓励子女尽孝，坚持久丧的原则。孟子是明确主张"厚葬"的，他说"君子不以天下俭其亲"，甚至把是否对父母"厚葬"作为君子的要求之一，他让人们对父母的葬礼不要从俭，要竭尽全力厚葬亲人，以表孝心。

墨子所处的时代比孔子晚一些，社会形势更加动荡不安，诸侯纷争激烈，民不聊生，国家贫弱。越是在这种局势下，节俭、节葬就愈加显得必要。无论是从国家层面还是个体层面，能否实行节葬，事关国计民生，直接影响国家的正常发展和个人的生存。

为了有效推行节葬，墨子提出他对丧礼的基本态度，"丧虽有礼，而哀为本焉"，重在强调丧礼的情感表达，而不是过多的形式。这和庄子比较类似，在庄子看来，丧礼并不需要任何特定的形式，完全可以采取各种表达方式。

庄子认为，生与死都是十分自然的事情，哀悼方式应顺其自然。面对生老病死，一般人未免患得患失，忧心忡忡，而庄子却要去除这些世俗的成见，"死生，命也，其有夜旦之常，天也。人之有所不得与，皆物之情也。"（《庄子·大宗师》）就像大自然有白天就有黑夜一样，人的生老病死也是不可避免的，也不是以我们的意志为转移的，没有必要成为沉重的包袱。庄子还说，"且夫得者，时也；失者，顺也。安时而处顺，哀乐不能入也，此古之所谓县解也，而不能自解者，物有结之。且夫物不胜天久矣，吾又何恶焉！"（《庄子·大宗师》）既然生和死我们都不能掌握，那么，为之"哀乐"就没有多少意义，世俗的"礼"也显得多余，"然为世俗之礼，以观众人之耳目哉！"于是我们就在《庄子》一书中看到这样的场景，老聃去世，秦失去吊唁，竟"三号而出"（《庄子·养生主》）就连庄子自己的妻子去世，他也竟然鼓盆而歌。（《庄子·至乐》）显示出对待死亡的超然态度。

具体地说，墨子提出节葬有以下主要原因。

第一，是基于现实的实用性目的。如前所述，墨子生活的时代，科学技术尚不够发达，生产力水平不高，生产劳动的效率非常低，国家贫困空虚，百姓生活艰难。虽然墨子是作为劳动人民的代表，却也是从国家的角度思考问题，他的节俭、节用以及节葬的主张，也是面对统治者的。他主张节葬，但不反对正常的葬礼及其悼念活动。他所针对的主要还是统治阶层的隆重而奢侈的葬礼。那些统治者和贵族不惜动用大量的人力财力，举行隆重的葬礼，修建大规模的坟墓，浪费国家珍贵的资源，这些行为制约了国家的经济发展，也助长了腐败的风气。因此必须要坚决反对。

第二，是要效法上古先贤做法。墨子以史为鉴，在《墨子·七患》中举曾经举例说，上古时的自然灾害比现在严重得多，禹时经历了七年水灾，汤时经历过五年旱灾。而且那时粮食也不是年年丰收，但是却没有多少灾民挨饿，就是因为能够未雨绸缪，在年景好时多储备些粮食，并且平时省吃俭用，所以即使遇到了灾年也能够应对。可是夏桀和商汤作为君主，不但没有居安思危的意识，也放松了储备和防御措施，最终被近邻的小国打败。

第三，是要抵制儒家的"厚葬久丧"。墨子坚决反对对儒家影响下的厚葬之风，尤其是对其推行的久丧行为极为不满。

因为"厚葬久丧"会浪费掉大量人力财力，使国家越来越穷，百姓的生活越来越贫困。统治阶层用于丧葬的开支是巨大的，因为要保证相应的规格，就拿棺椁来说，在周代"天子棺椁十重，诸侯五重，大夫三重，士再重"。（《荀子·礼论》）墨子也列举了统治者下葬的随葬物品："金玉珠玑比乎身，纶组节约车马藏于圹，又必多为屋幕、鼎鼓、几筵、壶滥、戈剑、羽旄、齿革，寝而埋之"（《墨子·节葬下》），"此存乎王公大人有丧者，曰棺椁必重，葬埋必厚，衣衾必多，文绣必繁，丘陇必巨"，统治阶层的丧葬如此奢侈浪费，下层贫困百姓的丧事也是一笔严重的负担，直到耗尽用以维持生计的生活资料，"存乎匹夫贱人死者，殆竭家室"。

至于当时的殉葬现象，是很普遍的，并不是个别现象，例如，《墨子·节葬下》说道："天子杀殉，众者数百，寡者数十；将军大夫杀殉，众者数十，寡者数人。舆马女乐皆具。……此为辍民之事，靡民之财，不可胜计也。"意思是说，君王杀人殉葬，多则几百，少则数十；将军和大人杀人殉葬，多则几十，少则几个。并且是车马、歌伎、舞女都俱备。这种殉葬如此残忍，毫无人道可言，所挥霍的民财更是无法计算。这些昏庸无度的行为、野蛮残酷的殉葬，让许多无辜的人结束了生命，在人们的心里留下阴森恐怖的阴影，也造成了人口的减少。

"厚葬久丧"严重干扰了生产活动。在本来就生产力十分低下的情况下，实行厚葬久丧，会让很多人不得不停止手中的生产活动，对于社会的发展十分不利。实行此种主张，使那些王公大人"不能蚤朝五官六府，辟草木，实仓廪。使农夫行此则必不能蚤出夜入，耕稼树艺"，使百工"不能修舟车、为器皿矣"，使妇人"不能夙兴夜寐，纺绩织纴"（《墨子·节葬下》）。实行这一主张后，王公大人不能上早朝，士大夫不能治理官府、开辟荒地、充实粮库，农夫不能早出晚归，种植耕作，工匠不能修车制船，制造器皿，妇女不能早起晚睡，纺纱织布。

而且，这种久丧活动，也直接影响到人们的健康状况和人口的正常增长。当时在居丧方式上，规定很严格，不得不遵守。"有君死，丧之三年；父母死，丧之三年；妻与后子死者，五皆丧之三年。然后伯父、叔父、兄弟、孽子其；族人五月；姑姊甥舅皆有月数。"（《墨子·节葬下》）国君死了，服丧三年；父母死了，服丧三年；妻与嫡长子死了，又都服丧三年。然后伯父、叔父、兄弟、自己的众庶子死了服丧一年；近支亲属死了服丧五个月；姑父母、姐姐、外甥、舅父母死了，服丧都有一定月数。

长时间的服丧不仅耗费钱财，也极大地对身体造成伤害，甚至导致了生育的下降。看那些服丧者，"面目陷陬，颜色黧黑，耳目不聪明，手足不劲强，不可用也。又曰上士操丧也，必扶而能起，杖而能行，以此共三年。若法若言，行若道，苟其饥约又若此矣：是故百姓冬不仞寒，夏不仞暑，作疾病死者，不可胜计也。此其为败男女之交多矣。"他们面目干瘦，颜色黝黑，耳不聪，眼不亮，手足不强健，不能做事情。上层士人守丧，必须搀扶才能站起，拄着拐杖才能行走。百姓们冬天忍不住寒冷，夏天忍不住酷暑，生病而死的，不可胜数。这样就会大量地损害男女之间的交媾，致使人口下降。

"厚葬久丧"还会引发社会动乱和国家动乱。不利于国家的统治。墨子目睹了当时的楚国攻打宋国的战争，贫困加剧，必然激化社会矛盾，引发社会的纷争，因此，"以厚葬久丧为政，国家必贫，人民必寡，刑政必乱"（《墨子·节葬下》）。

总之，墨子认为"厚葬久丧"之制，是巨大的浪费，不仅耽误了正常的生产生活，也严重损害了人们的身体健康，不断加深社会矛盾，给国家和人民带来灾难。因此必须要进行制止。

二、"节葬"的内容

为什么要土葬？土葬是人类的一种古老的习俗，曾经历了漫长的过程。从原始的天葬到后来的土葬，这是人类文明的一大进步。通过有些史料记载，黄帝当时就倡导土葬，还亲自发明棺材和修造墓室。

古人相信入土为安，认为只有让死者入土才是人的必然归宿，《周礼》说"众生必死，死必归土"，土葬习俗的形成，与人们的观念有着密切关系，《韩诗外传》说"人死曰鬼，鬼者归也，精气归于天，肉归于地"。《礼运》也说："魂气归于天，形魄归于地。"以上可以看出，土葬与鬼魂观念有密切联系，最初人们认为人死后埋入地下，灵魂才可以脱离身体归于天。从古至今，从旧石器时代到现代，人们在埋葬死者时，为什么一直保留着放入随葬物品的习俗？就是因为这样做可以让死者的灵魂在另一个世界生活得更好。

人死后为什么要下葬？关于这个问题，孟子有个说法："盖上世尝有不葬其亲者。其亲死，则举而委之于壑。他日过之，狐狸食之，蝇蚋姑嘬之。其颡有泚，睨而不视。夫泚也，非为人泚，中心达于面目。盖归反虆梩而掩之。掩之诚是也，则孝子仁人之掩其亲，亦必有道矣。"（《孟子·滕文公章句上》）孟子的意思是，大约上古时候的人，自己的亲人去世，会把尸体直接丢弃到山沟里，后来路过那里，看见狐狸在撕咬尸体，苍蝇虫子也聚集食之。人的额头上就会本能地冒汗，眼睛斜视而不敢正视。之所以会冒汗，不忍直视，是内心在脸上的反映，于是人就用藤蔓野草或者灌木来掩埋尸体。掩埋尸体是发自内心的本能，所以孝子和仁人埋葬自己的亲人，也是符合道理的。

葬也者，藏也。在《吕氏春秋》里有这样的议论："凡生于天地之间，其必有死，所不免也。孝子之重其亲也，慈亲之爱其子也，痛于肌骨，性也。所重所爱，死而弃之沟壑，人之情不忍为也，故有葬死之义。"（《孟冬纪·节丧》）吕氏关于为什么葬的说法，与墨子的思想是一致的，即承认葬的必要性、合理性。

墨子虽然反对儒家的厚葬久丧，但他并不反对丧葬之礼，《公孟》篇里就有这样一段记载："鲁有昆弟五人者，其父死，其长子嗜酒而不葬，其四弟曰：'子与我葬，当为子沽酒。'劝于善言而葬。已葬，而责酒于其四弟。四弟曰：'吾末予子酒矣，子葬子父，我葬吾父，岂独吾父哉？子不葬，则人将笑子，故劝子葬也。'"可见，墨子认为正常的丧葬活动是合情合理的，但他认为应该提倡节俭的丧葬，应当对活着的人有利，而不是带来过多的负担。

墨子的"节葬"，主要是讲薄葬和短丧，针对的是儒家的厚葬和久葬。至于如何实行薄葬，他具体谈到了"棺三寸"：

> 故古圣王制为葬埋之法，曰："棺三寸，足以朽体；衣衾三领，足以覆恶。以及其葬也，下毋及泉，上毋通臭，垄若参耕之亩，则止矣。死则既以葬矣，生者必无久哭，而疾而从事，人为其所能，以交相利也。"（《墨子·节葬下》）

所以古代圣王曾制定埋葬的原则，即：棺木三寸厚，足以让死者的尸体在里面朽烂就行；衣裳三件，足以掩盖可怕的尸形就可以；及至下葬，下面不接到泉水深处，上面不使腐气散发，坟地宽广可参考耕田之垄，就够了。死者既已埋葬，生者不应久哭，而应赶快从事生产，人人各尽其力，用以交相得利。

这样的薄葬是简单、简朴的，但墨子认为只要做到"哀为本"，尊重死者，对亲人表示真诚的哀悼就可以了，用不着过于复杂的形式，也没有必要过于浪费，对亲人的哀痛也要有所有节制，痛苦是免不了的，但伤痛过度损伤生者的身体是没有必要的。葬埋就应当有节制。

在墨子看来，衣食是人活着时候的利益之所在，然而还崇尚节制；葬埋是人死后的利益之所在，为何不可以加以节制呢？所以他要提出"棺三寸"的葬埋之法。这个法则，不会损害生者和死者两个方面的利益。既然如此，现在天下的士君子，内心确实想行仁义，追求做上士，就要上符合圣王之道，下符合国家百姓之利，坚持节葬的原则。

墨子不仅主张薄葬，也支持和提倡短丧。什么是久丧呢？久丧指的是长时间的守丧。"处丧之法，将奈何哉？曰：哭泣不秩，声翁，缞绖垂涕，处倚庐，寝苦枕块，又相率强不食而为饥，薄衣而为寒。使面目陷陬，颜色黧黑，耳目不聪明，手足不劲强，不可用也。又曰：上士之操丧也，必扶而能起，杖而能行，以此共三年。"（《墨子·节葬下》）墨子生动描述了那些守丧者的状态，他们在守丧时，不时乱哄哄地哭，鼻涕眼泪都流到衣服上，住在临时搭建的简易棚子里，睡觉盖草席，头枕土块，不吃不喝，穿着薄衣裳。把人折磨得面黄肌瘦，头昏眼花，四肢无力，就连那些士人守丧后，必须让人扶着才能站立，靠拐杖才可行走，守丧总共需要三年。

至于具体的丧期是多少，墨子并没有一个明确的说法，但可以肯定的是，他不会主张时间过长，它的本意是希望守丧尽可能简短，好让生者尽快恢复平静的日常生活，返回到生产劳动中。《墨子》中有一处公孟子与墨子的对话，公孟子说："予以三年之丧为非，子之三日之丧，亦非也"，墨子的回答是："子以三年之丧非三日之丧，是犹保谓撅者不恭也。"（《公孟》）毕沅、孙诒让等学者认为此处的"三日"应为"三月"，其根据是《韩非子·显学》中有"墨者之葬也，冬日冬服，夏日夏服，桐棺三寸，服丧三月"。对此，学者多有争议，尚无定论，但墨子是崇尚上古圣贤的，即便有一个确切说法，也应该与夏代大致相符，即便是三个月也比三年短很多，但本人还是认为三天的可能性要大一些，更符合墨子的节葬态度。

关于墨子丧葬观中提到的棺木，有两种讲法，一种是"棺三寸"；一种是"桐棺三寸"。有的学者认为是"棺三寸"，有的学者认为是"桐棺三寸"，在孙诒让先生《墨子间诂》书中，基本上是使用"棺"字。例如，《节用中》："棺三寸"，《节葬下》："棺三寸"，等等。至于"桐棺"一词出现得很少。

那为什么会出现"桐棺三寸"呢？例如，《韩非子·显学篇》有："墨者之葬也，冬日冬服，夏日夏服，桐棺三寸，服丧三月，世主以为俭而礼之。"《庄子·天下》曰："今墨子独生不歌，死不服，桐棺三寸而无椁，以为法式。"《隋书·经籍志》载："墨者强本节用之术也，上述尧舜夏禹之行，茅茨不剪，粝粱之食，桐棺三寸，贵间兼爱。"有学者认为桐木是一种容易腐朽的木材，而且比较廉价，因此符合墨子的节约目的。

对墨子推荐的"棺三寸"，荀子表示不满。在《礼论》中，荀子说墨子的"棺三寸"当为刑余罪人的棺木标准，是一种迷惑的谬论。另外，《左传》中有"郑子家卒，郑人讨幽公之乱，斲子家之棺，而逐其族"。（《宣公十年》）杜预注："以四年弑君故也。斲薄其棺，不使从卿礼。"孔颖达正义："《丧大记》云：'君大棺八寸，属六寸，椑四寸。上大夫大棺八寸，属六寸。下大夫大棺六寸，属四寸。士棺六寸。'然则子家上大夫，棺当八寸,今斫薄其棺,不使从卿礼耳。"①孙诒让先生认为《吕氏春秋·离俗览第七·高义》篇,荆将军楚子囊死,为之桐棺三寸,是示罚之义。②

荀子和《左传》之所以对墨子"棺三寸"提出非难,目的还是为了维护儒家的礼法制度,因为儒家是讲尊卑荣辱和等级观念的。而墨子是从民众的立场出发,代表的是劳动人民的利益,反对的是铺张浪费,所以才强调和推行简单、节俭的丧葬活动,与荀子的出发点不同。

墨子对厚葬久丧深感不满,认为它既不符圣王之道,也不符合国家和百姓的利益,实属劳民伤财。既然如此,那它为什么还一直存在呢?墨子认为,这就是"便其习而义其俗者也"(《节葬下》),也就是说所谓的适应习惯,安于习俗。厚葬久丧的观念根深蒂固,乃至已成为一种社会习惯,然而一旦形成习惯就不容易消除,会对人们产生无形的控制作用,使人们难以去怀疑它的合理性。在《节葬下》中,墨子举了三个国家的例子,第一个是:

> 昔者越之东,有輆沭之国者,其长子生,则解而食之,谓之"宜弟";其大父死,负其大母而弃之,曰"鬼妻不可与居处"。

从前,越国的东面有个輆沭国,那里的人出生后的第一个孩子会被肢解吃掉,称这种做法为"宜弟";当人的祖父死后会背着祖母扔掉,说:"鬼妻不可与他住在一起。"

第二个是:

> 楚之南,有炎人国者,其亲戚死,朽其肉而弃之,然后埋

---

① 李学勤:《春秋左传正义》,北京大学出版社1999年版,第626页。

② 孙诒让:《墨子间诂》,中华书局2001年版,第178页。

其骨，乃成为孝子。

楚国的南面，有个啖人国，那里的人双亲死后，要先把肉割下来扔掉，然后再把尸骨埋葬，认为这样才能成为孝子。

第三个是：

> 秦之西，有仪渠之国者，其亲戚死，聚柴薪而焚之，熏上谓之"登遐"，然后成为孝子。（《墨子·节葬下》）

秦国的西面有个仪渠国，这里的人的双亲死后，也要堆积木材进行焚烧。把烟气上升说成是死者"登仙"，然后才能成为孝子。

墨子举这几个例子，都是讲所谓的便于习惯、安于风俗，并非是什么仁义之道。但是却没有人怀疑这些风俗的合理性，还一直被遵守。所以他认为，厚葬久丧也是一样的，也是上行下效，人们都习以为常了，久而久之便形成风俗。然而这不符合圣王之道，是应该被禁止的。

要改变厚葬久丧这种不好的习惯，就需要用一种新的风俗来取代它。正是基于此，墨子才提出"节葬"之法，并希望上面的统治者能大力推行，下面的大众能自觉尊行。只要薄葬短丧确实符合人民的利益，迟早会被人们所接受，从而逐步扭转社会风气，最终取代厚葬久丧。

三、"节葬"与其他主张的关系

十项主张包含了墨子思想的精华，各主张之间彼此各自独立，又相互联系，构成一个完整的体系。"节葬"在其中占有较重的分量，与其他主张形成有机联系，互为补充。

首先是"节葬"与"兼爱"。

　　关于墨家思想体系的核心，在学界还是有一些不同见解的。有学者认为"兼爱"是墨子理想社会的蓝图；有学者认为"兼爱"是墨子学说的总纲领；还有学者认为"兼爱"是墨家思想体系的核心，是墨家思想体系赖以存在的社会伦理基础。但也有一些学者持不同看法，例如有学者把"天志"作为墨学的核心。

　　尽管对"兼爱"在墨学体系中的地位这个问题上有一些分歧，但在"兼爱"思想的内涵上，基本看法还是比较一致的，也就是爱无等差，强调人们超越血缘亲疏关系和阶层差别的爱，是墨子改造社会的基本措施，也是墨子思想的出发点和最终归宿。本人认为，墨子的"兼爱"是墨家学说最具标志性的一个关键词。

　　墨子之所以毅然打出兼爱思想的旗帜，是因为他对当时的社会状况感到不满，认为社会动乱的根本原因是与诸侯兼并有关，而诸侯兼并、社会的乱象则是起于不相爱。"臣子之不孝君父，所谓乱也。子自爱，不爱父，故亏父而自利；弟自爱，不爱兄，故亏兄而自利；臣自爱，不爱君，故亏君而自利，此所谓乱也。"臣与子不孝敬君和父，就是所谓乱。儿子爱自己，而不爱父亲，因而损害父亲以自利；弟爱自己而不爱兄长，因而损害兄长以自利；臣爱自己而不爱君王，因而损害君王以自利，这就是所谓的混乱。

　　反过来说，如果人人都能相亲相爱，做到爱别人就像爱自己，那么就不会有侵害他人的行为了。如果侍奉国君、父亲和兄长，就像对待自己一样，还会有不孝的行为吗？如果爱臣子、儿子和弟弟就像对待自己一样，还会作出不慈爱的事情吗？诸侯看待别的国家就像自己的国家一样，也就不会发生相互讨伐的战争了。所以"交相恶"则天下乱，"兼相爱""则天下治"。

　　墨子的"兼相爱"与"交相利"是一体的，也是墨家最高的社会理想。在儒家那里，是以"义"为重，"君子喻于义，小人喻于利"（《论语·里仁》），与儒家重义轻利的观念不同，在墨子这里是爱与利相连，即"兼即仁矣，义矣"（《兼爱下》），爱是内在于心的，要外在化为利，如果不能为他人带来实际的利益，仁和义都不过是空话。

墨子的兼爱强调义利并重，不仅体现在对人们现实生活的考虑，也包含着对待死者的态度。在他看来，儒家的厚葬久丧，所体现的就是以死为大，是过于重视死去的人，而轻视了生者，在这一点上与圣人的态度是不一样的，对于死者，圣人是主张顺其自然，简单料理后事即可，然后尽快转到现实的有意义的事情上来，做更多对活着的人有利的事情。

墨子认为尧舜禹都是以身作则，带头节俭，反对厚葬久丧。也都是按照"棺三寸"的标准来埋葬的，厚葬久丧与圣王的节俭原则是不相符的。厚葬久丧是对死者的重视，对生者的轻视。圣人对待生死都顺其自然，适可而止，既不会过度伤悲，也不会铺张浪费；既保持对死者的基本尊重，也能兼顾到生者的实际利益。

可见，墨子的兼爱讲的是兼顾，是兼顾到死者和生者，而并不是置死者于不顾，"厚葬久丧"也只是表达对死者的一种情感态度，并不存在什么利益的问题，但却给生者带来实际的负担，既然如此，那还有什么必要呢？所以就不要让死者继续消耗宝贵的社会资源了。

总之，墨子的"节葬"是以"兼爱"思想为基础的，尤其是兼顾到百姓的切身利益，是实现"生之者众，食之者寡。为之者疾，用之者舒。则财恒足矣"①的理想社会的一项节俭措施。

第二是"节葬"与"节用"。

在先秦诸子百家中，尚俭，可以说是墨家的一张醒目的名片。不仅如此，墨家的可贵之处还在于，他们崇尚节俭并不是仅停留在口头上，

_____

① 郑玄注，孔颖达正义：《礼记正义》，北京大学出版社 1999 年版，第 1603 页。

而是身体力行，与劳动人民打成一片，亲自参加生产劳动。墨子说如果不能做到"亲自操橐、耜而九杂天下之川，腓无胈，胫无毛，沐甚雨，栉疾风"（《庄子·天下》），那就不足以称其为墨家。

当时统治阶层和贵族，"厚作敛于百姓，暴夺民衣食之财"，使得府库耗尽，国家危机，民不聊生。"国离寇敌则伤，民见凶饥则亡。"（《墨子·七患》）在此背景下，墨子深感焦虑，"俭节则昌，淫佚则亡"（《墨子·辞过》），这是墨子向统治者发出的严肃警告，国家要想朝着正确的道路发展，就应该节约物质资料，制定各种消费标准，尤其要控制贵族阶层的肆意挥霍。

墨子认为，"诸加费不加民利者，圣王弗为。"（《墨子·节用中》）只给百姓增加负担却不给百姓加利，不是圣王的所为，"节用"的目的恰恰是给百姓减少负担而且加利，这也正是"节用"的根本目的。比如说"冬服绀之衣，轻且暖；夏服绤之衣，轻且清"，衣服只要能在冬天御寒、夏天防暑就可以了。食物只要能充饥，让身体强壮就可以了，没有必要"五味之调、芬香之和"，也没追求"远国珍怪异物"。可见墨子重视的是实用性，对于各种生活用品或者及其他一些东西的需求，只要能达到基本的要求即可，没有必要过于讲究。

"节葬"也是如此，也是能达到基本的目的就可以了，不需要过于烦琐，形式方面的东西没有必要太多，应该体现"节用"的原则，提倡简单、节俭的薄葬，能达到基本的哀悼目的就可以了，没有必要铺张浪费。"厚葬久丧"带来的后果是很明显的，让家庭背上沉重的负担，让活着的人耗尽钱财，身心疲惫不堪，生产活动难以进行。为了死去的人投入那么多，花费那么多，不但对死者没有一点实际的意义，而且还让生者进一步加重了贫困，这样做最终会招致上天的惩罚，对于死者和生者来说都没有什么实际利益，所以"节葬"是非常有必要的，只有坚持"节用"的主张，大力推广简易、节俭的薄葬，才能让天下广大穷苦百姓摆脱这个沉重的负担。

第三是"节葬"与"天志""明鬼"。

为了能够更好地推行"节葬",墨子还借助天和鬼神的力量。墨子把"天志"、"明鬼"篇列入他的十大主张之中,与其他的主张并不矛盾。他说有鬼神的存在,让人们相信鬼神的威力,目的无非就是把鬼神作为一种监督的力量。

墨子说:天是主持公道的,而且还能分辨义与不义,"天欲义而恶不义",天是喜欢义讨厌不义的。若说起天下的事情,"有义则生,无义则死;有义则富,无义则贫;有义则治,无义则乱。然则天欲其生而恶其死,欲其富而恶其贫,欲其治而恶其乱。此我所以知天欲义而恶不义也。"(《墨子·天志上》)天下的事情,有义的就可以生存,不义的就会死亡;有义的就会富有,无义的就会贫穷;有义的就能治理,无义的就会混乱。既然如此,那么上天喜欢人类生存而讨厌他们死亡,喜欢人类富有而讨厌他们贫穷,喜欢人类治理而讨厌他们混乱。这就是我所以知道上天爱好义而憎恶不义的原因。可是,今世的厚葬久丧,"辍民之事,靡民之财,不可胜计",致使百姓贫穷,国家混乱,"义"在哪里呢?

墨子还说:"我有天志,譬若轮人之有规,匠人之有矩。轮匠执其规矩,以度天下之方员,曰:'中者是也,不中者非也。'"①"节葬"可以减少繁复的礼节,减少毫无意义的浪费,可以让王公大人们专心于执政,让平民百姓免于疾苦,这就是从善。所以"节葬"是善举,既符合人民的意愿,也符合天的意愿。

此外,天和鬼神都是很公正的,具有赏善罚恶的能力,一个人得罪了家长或国君,还可以逃到邻居和邻国躲避,可要是得罪了天和鬼神,

---

① 孙诒让:《墨子间诂》,中华书局 2001 年版,第 195 页。

那可就无处可逃了，鬼神会对他进行严厉的惩罚。

在墨子那里，天鬼神和大众的诉求是一致的，它确立并捍卫天下的正义，并进行监督和赏罚，具有很强的威慑力。当然，作为一位思想家、科学家，墨子不可能真的相信鬼神的存在，他只是想借助这些无形的力量来约束人们的行为，对人的欲望进行约束和控制。

我们可以想象，在当时的社会环境下，墨子要推行他的"节葬"主张并不容易，他所面对的阻力很大，想要得到统治阶层的认可是不容易的，想要扭转顽固的习俗也会困难重重。所以，他要借助于天鬼神的权威，把"节葬"说成是天鬼神的要求，这样才能有利于推广。而且他还把"天志"之道，与圣王之道连接起来，让人们坚信"节葬"的正义性。

墨子说："凡言凡动，利于天、鬼、百姓者为之；凡言凡动，害于天、鬼、百姓者舍之。"（《墨子·贵义》）在这里，墨子是把天、鬼神和百姓放在一起进行审视的。天鬼神所欲的，即就百姓所需要的；天鬼神所罚的，就是百姓所弃的。

长期以来的厚葬久丧礼俗，直接导致了国家贫穷，使人口明显减少，这是违背天意的，如果继续得罪上天，就无法躲过天的严厉惩罚。是无论如何都躲避不掉的。此外，厚葬久丧，还会影响到祭祀鬼神的活动，人们都去忙于守丧了，也就顾不上祭祀，祭祀的人数不断减少，甚至难以按时举行，这些也会让鬼神感到不满，会让鬼神加大惩罚的力度。

总之，厚葬久丧，既不符合民意也不符合天意；而且薄葬短丧，既上合圣王之道也下中百姓之利，亦是鬼神之所意。"天志""明鬼"与"节葬"，相辅相成，有机相连，"尊天事鬼，其利人多"，其主要动机还是为百姓利益着想。墨子的心里始终把人民的利益放在第一位，这是令人尊敬的。

第三节 与儒道丧葬观念的比较

对于丧葬问题，春秋战国时期，除墨家学派外，其他学派如儒家、道家等也纷纷提出自己的主张，其中儒家学派关注和讨论得更多一些。这里我们将他们对丧葬的基本态度做一对比，各家各派的丧葬观都有其特定内涵和理论特色，也都存在着不可避免的历史局限性。为了对墨子"节葬"思想有一个全面的认识，有必要把他的薄葬短丧，与孔、孟、荀为代表的厚葬久丧观念，以及以老庄为代表的薄葬态度进行横向对比研究。

一、丧葬礼仪的标准

墨子主张"兼爱"，强调爱人如爱己，不分亲疏，没有等级差别，就是为了从根本上实现天下人人平等。兼爱既是实现平等的途径，也是自身平等的要求。在墨子那里，"不论是贵族阶级的天子、诸侯、公卿、大夫还是庶民阶级的庶子、工匠、农民以及农奴、工奴、商奴，在天之下，一律平等，都是天之人民。这种提法，是有民主的意味的。"[①]

在墨子的各项主张中，如兼爱、非攻、尚贤、尚同等主张，我们都可以看到他的平等思想观念，在丧葬主张中也同样如此。墨子的平等观念不仅针对活着的人，也是针对死者的。他认为丧葬礼仪是一种风俗，还将长久延续下去，对待丧葬礼俗人们有各种看法，有人倾向于厚葬，有人倾向于薄葬，因此就应该有一个相差不多的标准，而"节葬"就是

---

① 詹剑峰：《墨子的哲学与科学》，见蔡尚思主编：《十家论墨》，上海人民出版社2004年版，第13页。

一个最好的标准，它对所有人都是适用的。

关于丧葬礼仪的标准，首先涉及的就是关于平等性的问题。先秦时代毕竟是等级制度社会，与之相适应，等级观念是占据主流的。丧葬礼仪也不例外，不可能不带有等级分明的色彩。在《周礼》、《仪礼》、《礼记》等文献中，我们可以看到对统治阶层的丧葬礼仪，有比较详细的记载，但是关于平民的丧葬礼仪，却几乎见不到。

统治阶层的丧葬礼仪，分为天子、诸侯、大夫、士等不同的层次，不同的等级身份享有不同的地位和规格，对使用的棺椁都有具体的规定。墨子与他们不同，也不分等级，所有人的棺木都是三寸厚，也没有椁的要求和其他的装饰。当时的棺椁制度，根据《荀子·礼论》记载："天子棺椁十重，诸侯五重，大夫三重，士再重。"《庄子·天下》中也有类似的记载。《礼记·檀弓上》讲到天子之棺有四层："水兕革棺被之，其厚三寸，杝棺一，梓棺二，四者皆周。棺束缩二衡三，衽每束一。伯椁以端长六尺。"第一层是用水牛皮和犀牛皮表里包住木板的棺，其厚三寸；第二层是用杝木做的棺，厚四寸；第三、第四层都是用梓木作的棺，居内者叫属，厚六寸。另据《礼记·丧大记》记载，诸侯的棺有三层：棺、属、椑。大棺八寸厚，属六寸厚，椑四寸厚。上大夫的棺两层：棺、属。棺厚八寸，属六寸。下大夫的棺也是两重，棺八寸，属六寸。士只有一层棺，厚六寸。可以看出，只有一棺而无椁，棺木厚为三寸的标准，只是存在于士阶层以下的。

关于坟墓的标准，礼制上也有严格的规定，《白虎通德论·崩薨》引春秋《含文嘉》："天子坟高三仞，树以松；诸侯半之，树以柏；大夫八尺，树以栾；士四尺，树以槐；庶人无坟，树以杨柳。"也就是说身份越高，坟丘就越大。《礼记·月令》有"饬丧纪，辨衣裳，审棺椁之薄厚，茔丘垄之大小，高卑、厚薄之度，贵贱之等级"。

在随葬品上，依据礼制，国君可用100套衣服，大夫可用50套衣服，士可用 30 套衣服。衣服的面也有所不同，君为锦，大夫为缟，士为缁。为了保证身份地位的界限，不可以随便更改标准。与他们不同，按照墨子的标准，下葬时有三件衣服就可以了，也没有面料的要求。

关于服丧之期，儒家根据恩、义、节、权四制，设定了五等丧服。墨子并没就丧服的时间作出具体说明，但希望人们减少丧服时间，把死者埋葬后能尽快恢复正常的生产生活。

是否应该在丧葬礼仪上体现平等，墨子与儒家的观念是不同的，但与道家基本上是一致的。尽管在老子、庄子的文本中，没有直接关于这个问题的议论，但是从他们的思想倾向上看，是应该倾向于墨子的节俭原则，而不会赞同儒家的厚葬久丧。

根据老子的道论，道是均等的，以道观之，万物是无差别的。庄子的《齐物论》就是讲万物齐一，物无差等，亦即"道通为一"。老子的道论消解了等级、差别，确立了万物平等的原则。庄子说："以道观之，物无贵贱。"（《庄子·秋水》）天下万物并没有什么高下、尊卑之分。道是万物的本原，万物都是生于道，因而都是平等的，既然道化生的万物都是平等的，那么人也不例外，人与万物是平等的，人与人也是平等的。按照这个推论，人生前就不应该有等级差别，死后也同样不需要等级。

当然，我们讲老子、庄子的平等观念，是围绕着道论的，讲的是自然本性的平等，是希望人们不要以外在的装饰来掩盖本性自然，而不是直接针对丧葬问题本身。与此不同，墨子讲平等是直接针对社会的现实问题，他反对的是礼制中的等级观念，尤其是丧礼中的等级观念，他的出发点是为了节省物质资源，维护百姓的生活利益。

墨子极力推广"节葬"方法，追求简单、适用、经济，标准更具有实用性、普遍性，适用于最多的人，不仅可以节省出大量的社会物质资源，也会对等级制背景下的丧葬礼俗造成冲击，进而动摇附属于等级秩序的伦理道德体系。

二、情感表达的方式

墨子曰："丧虽有礼，而哀为本焉。"[1] 他又说："君子之道也，贫则见廉，富则见义，生则见爱，死则见哀，四行者不可虚假"（《墨子·修身》），人都有七情六欲，人死了对其表示哀痛之情，这是无可非议的。丧葬之礼，应该以哀为本，但没有必要掺杂过多形式方面的装饰性因素。

对待丧葬和吊唁，如果说在墨子那里强调的是"哀为本"，那么在儒家那里则有一些"饰"的成分。孔子是非常重视葬礼活动中的外在礼节的，但他也和墨子一样，看重情感上的投入。他说："丧礼，与其哀不足而礼有余也，不若礼不足而哀有余也。"（《礼记·檀弓上》）他也承认，礼只是外在的次要因素，人们内心的哀痛之情才是丧礼中最重要的。颜回死后，孔子大哭不止，表现出极度的悲哀，随从的人说：先生悲伤过度了。孔子回答道：我悲伤过度了吗？我不为他悲伤又为谁悲伤呢？（《论语·先进》）

孔子很容易动情，不仅对认识的人表示哀伤，甚至在路上遇到不认识的人穿丧服，他也不忍心去看，还要快步避开。《述而》记载："子食于有丧者之侧，未尝饱也"，和有丧事的人在一起吃饭，都没有吃饱过。至于那些遇到丧事却没有悲痛的人，孔子连看都不想看，"临丧不哀，吾何以观之哉"（《论语·八脩》）。

在这方面，孟子与孔子是有所不同的。虽然也有一定的哀痛表达，但对待丧礼的情感，表现得不如孔子那么深切，他更重视厚葬中的形式和物质因素，注重把礼仪和厚葬结合起来，还认为君子不能因为天下薄葬其亲，所以才有了"孟子之后丧愈前丧"的说法，说的是孟子母亲的

---

[1]　孙诒让：《墨子间诂》，中华书局2001年版，第7页。

丧事比办父亲的丧事还隆重。

在孟子的影响下，荀子更加强化了厚葬久丧的要求，而且在礼和厚葬的结合上，进行了提升，也对墨子的薄葬观进行了反驳。按照荀子的丧葬主张，增加了葬礼的装饰成分，减少了情感的投入。荀子说："礼者，谨于治生死者也。生，人之始也；死，人之终也，终始俱善，人道毕矣。故君子敬始而慎终，终始如一，是君子之道，礼义之文也。"（《荀子·礼论》）礼的规定，对待生死是很谨慎的。生，是人的开始；死，是人的终点，能够正确对待生和死，那么做人之道也就完备了。所以君子谨慎地对待生与死，始终如一，乃是君子之道，这是礼义的明确要求。在荀子看来，因为对每个人来说，死亡只有一次而不能再来，所以臣子要敬重君主，子女要敬重父母，活着的时候，侍奉不忠厚、不恭敬有礼，这叫做粗野；死去后，送葬不笃厚、不恭敬有礼，这叫做薄待。

墨子针对厚葬所造成的浪费，批评儒家不顾百姓的利益，给百姓造成沉重负担。对此，荀子进行了辩解，他说丧葬的礼仪只不过是装饰性的而已，没有多少浪费，也就是按照生者的穿戴来装饰死者，模拟死者还活着的样子来给他送终，有些就是走个形式，比如说随葬的一些盒子里都是空的，木器只是粗加工，陶器也是半成品等。也就相当于模拟搬家，对死者的恭敬，更好地表达哀痛之情。在荀子看来，"事生，饰始也；送死，饰终也。终始具，而孝子之事毕、圣人之道备矣。"（《荀子·礼论》）也就是说，尽管葬礼是装饰性的，但也是体现了圣人之道的完备。

对荀子的做法，孔子不大认可，据《礼记·檀弓上》记载："孔子曰：'之死而致死之，不仁而不可为也；之死而致生之，不知而不可为也。是故，竹不成用，瓦不成味，木不成斫，琴瑟张而不平，竽笙备而不和，有钟磬而无簨虡，其曰明器，神明之也。'"孔子说，孝子以器物送葬，从而认定死者是无知的，这种态度缺乏爱心，不可以这样做。送葬的器

物既不能取消，也不能做得像活人用的那样完美。送葬的竹器，没有滕
缘，不好使用；瓦盆漏水，不好用来洗脸；木器也没有精心雕研；琴瑟虽
然张上了弦，但没有调好音阶；竽笙的管数也不少，但就是吹不成调；
钟磬不缺，但没有悬挂钟磬的架子，不能敲击。这样的送葬器物就叫
"明器"，意思是就是把死者当神明来看待的。

墨子却认为，虽然下葬形式简单，但不会影响真诚情感的表达，一
些儒者的所谓情感表达，实际上是"伪哀以谩亲"，是以内在的伤悲掩
盖内心的虚假，所以儒者外饰性的哀，不过是虚伪的"伪哀"而已。这
种做法同物品的浪费一样，也是不可取的，根本不值得效仿。

庄子，在丧事中不仅没有伤痛，而且还把丧事当喜事。在《庄
子·大宗师》中，他谈到了关于子桑户的死的事情：

　　子桑户死，未葬。孔子闻之，使子贡往侍事焉。或编曲，
或鼓琴，相和而歌曰："嗟来桑户乎！嗟来桑户乎！而已反其
真，而我犹为人猗！"子贡趋而进曰："敢问临尸而歌，礼乎？"
二人相视而笑曰："是恶知礼意！"子贡反，以告孔子曰："彼何
人者邪？修行无有而外其形骸，临尸而歌，颜色不变，无以命
之。彼何人者邪？"孔子曰："彼游方之外者也，而丘游方之内
者也。"

子桑户、子琴张和孟子反三人是好友。后来，子桑户死了，还未下
葬。孔子获悉后派子贡去帮忙打点丧事。当子贡到后，看到孟子反和子
琴张两人，一个在编曲，一个在弹琴，合唱道：子桑户啊，子桑户，你
已经返回本真了，我们却还生存在昏乱的人世啊。子贡回去后把这些告
诉了孔子。孔子说，他们是超脱于尘世之外的人，把生死视为周而复
始、没有始终的事，茫茫然徜徉于方域之外，逍遥于无为的事业中，不

齿于生活在糊涂的人世间。

在《庄子·养生主》中，庄子还讲了秦失为老聃吊丧的故事：

老聃死，秦失吊之，三号而出。弟子曰："非夫子之友邪？"曰："然"。"然则吊焉若此，可乎？"曰："然"，始也吾以为至人也，而今非也。问吾人而吊焉，有老者哭之，如哭其子；少者哭之，如哭其母。彼其所以会之，必有不蕲言而言，不蕲哭而哭者。是遁天倍情，忘其所受，古者谓之遁天之刑。适来，夫子时也；适去，夫子顺也。安时而处顺，哀乐不能入也，古者谓是帝之悬解。

老聃死了，他的朋友秦失去吊丧，大哭几声便离开了。老聃的弟子问道："你不是我们老师的朋友吗？"秦失说："是的。"弟子们又问："那么吊唁朋友像你这样，行吗？"秦失说："行。原来我认为你们跟随老师多年都是超脱物外的人了，现在看来并不是这样的。刚才我进入灵房去吊唁，有老年人在哭他，像做父母的哭自己的孩子；有年轻人在哭他，像做孩子的哭自己的父母。他们之所以会聚在这里，一定有人本不想说什么却情不自禁地诉说了什么，本不想哭泣却情不自禁地痛哭起来。如此喜生恶死是违反常理、背弃真情的，他们都忘掉了人是秉承于自然、受命于天的道理，古时候人们称这种做法就叫背离自然的过失。偶然来到世上，你们的老师他应时而生；偶然离开人世，你们的老师他顺势而死。安于天理和常分，顺从自然和变化，哀伤和欢乐便都不能进入心怀，古时候人们称这样做就叫自然的解脱，好像解除倒悬之苦似的。"

在庄子看来，只有当人明白了生与死的自然之道，才能平和地面对突然发生的死亡事件，他既赞美生命，也应赞美死亡，因为在他的眼里，生命与死亡都是自然造化赋予人的馈赠。人来到这个世界是自然的，离开这个世界也同样是自然的。因此，对待死亡现象，包括丧事，应当坦然面对，不必过于悲哀。

墨子主张"节葬"，丧礼简办，但并不是反对正常的丧礼，也理解生者对死者的真诚的哀悼，他只是反对那些表面化的虚伪的哀悼。当然他也不会像庄子那样，完全超脱于世俗的情感之外。

三、对待死亡的态度

墨子"节葬"的思想，与他对死亡的态度有直接关系，儒家和道家也有着各自的思想体系，不同的思想观念决定了他们对待死亡的不同态度。

儒家关注人生，也重视死亡。毕竟人的生命是宝贵的，对生死的关注是人类本能的反应。孔子深入思考了生与死的问题，他说"未知生，焉知死"，生与死的问题是互相关联的，如果不懂得生，也就不可能认识死。弟子颜渊死了，孔子痛哭不已，说明他把生命看得很重，也为失去的生命感到惋惜。但孔子也有想开的时候，虽然珍爱生命，但仍能对死保持一种豁达的态度，认为也不必过于悲伤，过于害怕，"死生有命，富贵在天"，生与死都是命里注定的事情。但是，孔子并没因此而让人们放弃主观的努力，"士不可以不弘毅，任重道远，仁以为己任，死而后已"，君子当舍生求道，追求崇高的精神。孔子还把生死和礼相联系起来，"生，事之以礼；死，葬之以礼，祭之以礼"。（《论语·为政》）希望人们充分尊重生命，珍爱生，无论是生还是死。都要以礼待之。

孟子也对孔子的生死观表示赞赏，但他更重视的是如何赋予生死以仁、义、礼的价值，明确提出"生亦我所欲也，义亦我所欲也，二者不可得兼，舍生而取义者也"。（《孟子·告子上》）既然生和义二者不可兼得，那就毅然选择舍生取义，可见，他是主张"以死见义"，把仁、义、礼看得更高，是将道德情操置于生死之上。

与孔子、孟子比较相近，荀子也非常注重关于生死的道德价值。他强调"死生事大"，不但强调"饰生"，更强调"饰死"，只有做到"终始俱善"才算是达到"人道毕矣"。如果慎始而不敬终，礼就不算完整。此外，荀子还对君子之死与小人之死做了区分。"子贡曰：'大哉死乎！君子息焉，小人休焉。'"（《荀子·大略》）基本的意思是，君子死而不止，小人死而不生。君子重死持义，舍生取义，死而尽礼，死得其所。虽然身体死了，精神道德还会存在。因此，我们不能刻生附死，也不能厚生薄死。显然，荀子对待生死的观点，为儒家的厚葬观念提供了重要的理论支持。

墨子对死亡的认识，重生而不畏死的，他是以利来看待生死。他关注生命，也重视生命，认为"天下不若身之贵也"，什么也没有生命重要，没有了生命也就没有了任何意义。但他反对厚葬，认为那是让死人与活着的人争利，人死了什么都不知道，可对于活着的人却伤害很大，是得不偿失的。可见，他是要通过反对厚葬来为活着的人争利。

墨子虽然重视生命的利益，但同时也重视生命的价值。他说："争一言以相杀，是贵义于其身也。"（《墨子·贵义》）他还说："万事莫贵于义"，要敢于为了取义挺身而出，士可杀不可辱，为天下大义可随时献出自己的生命。所以，正如梁启超所言，墨家是做到了"摩顶放踵利天下而为之"。如前所述，孔子也讲士应该有"杀身成仁"的勇气，绝不能为了求生而放弃"仁"。孟子也说君子要能做到"舍生而取义"。

但墨子所说的"义"与儒家所讲的"义"，内涵是不一样的，并不是一个对等的概念。儒家讲的"义"是完全排斥利的，也就是所谓的"君子喻于义，小人喻于利"（《论语·里仁》）。在孟子看来，"何必曰利，亦有仁义而已矣"，也就是把"利"理解为自私自利，认为争利是人的不良欲望，是不合理的要求。但是，墨子讲的"义"，指的是符合国家百姓之利的"义"。

墨子讲"兼相爱，交相利"，就是要把爱与利有机结合起来，使利获得了合理性。他认为，那种把"义"和"利"对立起来的观点是不可取的。圣人讲义，做到"亲死而忘之"，这是为天下人谋利益。子女应该善待父母，这是本分，但是父母死后，就应该尽快从悲痛中解脱出来，尽快投入到为天下兴利的活动中来。那些用烦琐的礼节来束缚生者的做法，是违背天下大义的。

与儒家、墨家相比，道家对待死亡的态度，更具有超越性的哲学含义。老子和庄子把生死问题提升本体的层面，对宇宙万物的流转生灭，进行一种形而上的思考。老子说："名与身孰轻？身与货孰多？得与亡孰病？"（《老子·第四十四章》）声名和生命相比哪一个更亲切？生命和货利比起来哪一样更贵重？得到名利和丧失生命哪一样有害？老子通过提问，提出了两种可能性。名与身、身与货、得与亡，要求决断选择。名与货、身与货、得与亡的对比，强调人要自重、自爱，保持人的尊严。

许多人因追逐名利而轻身，因贪得财货而不顾危亡，老子却告诫世人：生命比名利更可贵，人要贵生重己，珍爱生命，大可不必为名为利去铤而走险。"甚爱必大费，多藏必厚亡"，对待名、对待利，都要适可而止，只有保持知足知止的心态，才能避免危机和灾祸。这实际上是在另一个角度上重申了他的"见素抱朴，少私寡欲"的人生价值观念，体现了老子深切的人文关怀。

老子所处的春秋战国时代，在统治者的威迫下，人们相互残杀。"饥者不得食，寒者不得衣，劳者不得息。"（《墨子·非乐》）在此社会动乱的背景下，人的尊严和价值都无法得到保障，可是许多人还轻身而求名货，贪得而不顾危亡，这就违背了人的自然本性，远离了自然之道。人被物所奴役，灾难必然要降临，更可怕的是，人对物的欲望日益增长和膨胀。统治者的暴行和奢靡就是来自强烈的欲望，甚至不惜动用各种手段，达到最大程度地满足占有欲，根本不顾百姓的生存。

"知足不辱，知止不殆"，只有"知足"，才能久安。任何事物都有自身发展的极限，超出极限，就必然向相反的方向转化。因此，人应该对自己的行为有一个清醒的认识，欲求不可过高，欲求得越多，付出的代价也就越大，积敛得越多，失去的也就越多。老子警告统治者和权贵阶层，对财富的掠夺和占有欲，必须要进行控制。

对于世俗名利与生命本身，老子选择淡泊世俗名利，不让心为物役。庄子认为，"人生天地之间，若白驹之过郤，忽然而已。注然勃然，莫不出焉；油然寥然，莫不入焉。已化而生，又化而死，生物哀之，人类悲之"①。人生天地间，如白驹过隙，稍瞬即逝，终究要走向死亡。"人之所欲，生甚矣"，庄子热爱生命，但不愿追求所谓的荣华富贵。出于对生命的珍视，在庄子的弟子打算厚葬他时，他却说，我以天地为棺椁，日月为连璧，星辰为珠玑，万物为随葬品，我的葬具不是很完备了吗？没有物质随葬品的要求，没有仪式的粉饰，自然而安宁。超然物外，保持生命的本真状态，在丧葬礼仪上，不做过多的要求，不仅没有棺木的要求，甚至连埋葬也不用，只求本真地将自己纳入到大道运行中。

人不分贵贱，都应实行"节葬"的做法，在这点上墨子与庄子是一致的，但各自的出发点不同，墨子更是为利，庄子更是为自然。庄子认为"始而本无生；非徒无生也，而本无形；非徒无形也，而本无气。杂乎芒芴之间，变而有气，气变而有形，形变而有生"②。虽然气是空虚的，但却能包容万物，形态各异的事物其实本性是一样的，并没有贵贱之

---

① 陈鼓应：《庄子今注今译》，中华书局 1983 年版，第 94 页。
② 陈鼓应：《庄子今注今译》，中华书局 1983 年版，第 94 页。

分，"磅礴万物以为一也"。个体的生死与万物的存亡都一样，如同昼夜交替一样的自然。所以，我们应该顺应生命的自然，"万物一府，死生同状"。生与死都是自然的规律，死亡原本就是一种自然现象，不过是顺其自然的回归而已，没有必要去粉饰，过多的粉饰也是一种累赘，让活人为死人而累。所以，丧葬要顺应自然。

老子认为，并非只有人才有生死现象，天地万物都有消长盛衰的变化。"飘风不终朝，骤雨不终日。孰为此者？天地。天地尚不能长久，而况于人乎？"（《第二十三章》）人是自然界的一部分，生与死都符合自然界本身的法则。每一具体的生命存在都是有限的、暂时的，但"道"却是永恒存在的。天地万物的生生灭灭，都是道的流变。人要与道长存，把有限的生命放到宇宙大生命的无限循环过程之中，这样才能超越生死的烦恼和局限，从容地面对生死。

庄子认为，生与死都是自然的不同表现方式。既然生生死死是无法改变的自然过程，那么人也就没有必要悦生而恶死；既然生与死并没有本质的区别，那就应该对生死保持同样的态度。"万物一府，死生同状"（《庄子·天地》）。生与死是相同的，都是自然的变化和循环。庄子认为，人生最彻底的解脱，就在于从死亡的精神压力中解脱出来。"乐死"是一种对待死亡的超脱态度，具体地说，就是要"以死为息"。

庄子之所以大谈死亡的话题，就在于他感到笼罩在人们心中的死亡阴影是很沉重的、难以摆脱掉的。庄子旨在于驱散这层浓厚的阴影，让人们正确地看待死亡。所针对的是世人的悦生恶死，要纠正人们对死亡认识上的误区。

庄子云："生也死之徒，死也生之始。"（《庄子·知北游》）庄子是把生死视为同一个过程，在生存的终极意义上，对死亡现象作出了深刻阐释。他的"以死为归"对生死界限的超越，是一种豁达的生死智慧，也表现出庄子作为一位思想家特有的浪漫风格和至高境界。

四、关于孝道的看法

对孝道的看法是与丧葬相关的一个问题。韩非子说："墨者之葬也，冬日冬服，夏日夏服，桐棺三寸，服丧三月，世以为俭而礼之。儒者破家而葬，服丧三年，大毁扶杖，世主以为孝而礼之。夫是墨子之俭，将非孔子之侈也；是孔子之孝，将非墨子之戾也。"（《韩非子·显学》）在韩非子眼里，儒家的厚葬久丧与墨家薄葬短丧是截然不同的丧葬观，儒家体现的是"孝"，墨家体现的是"戾"。

"仁"是儒家思想的核心，孔子、孟子都主张"为仁之本"，这也同样适用于丧葬。孝道的思想也是儒家厚葬久丧的一个理论根据。孔子说："君子务本，本立而道生。孝弟也者，其为仁之本与"（《论语·学而》），这里他是把"孝"视为仁学的根本。在孟子那里则是把"事亲"当做仁的根本，"仁之实，事亲是也"（《离娄上》），没有"事亲"之孝，仁便无从谈起。

《孝经》云："孝子事亲也，居则致其敬，养则致其乐，病则致其状，丧则致其哀，祭则致其严，五者备矣，然后能事亲。"这句话的意思是子女们不仅要在物质上供养父母，而且还要在感情上对父母表达孝敬。孟懿子曾问孝于孔子，孔子答曰："无违。"樊迟感到不解，孔子又说："生，事之以礼；死，葬之以礼，祭之以礼"，"终始具，而孝子之事毕、圣人之道备矣"，就是说要把孝敬父母当做一辈子的大事，此乃圣人之道也。

孟子说得更直接，"养生者不足以当大事，惟送死可以当大事。"他甚至认为厚葬必生养更能体现出对父母的孝。孟子极为重视通过葬礼表达孝心，也提出了详细的要求和注意事项。

其一是讲孝子丧亲之后的哀戚之情。"孝子之丧亲也，哭不偯(yǐ)，礼无容，言不文，服美不安，闻乐不乐，食旨不甘，此哀戚之情也。"

（《孝经》）这里的"偯"是指哭泣的余声。"旨"是指美味。整句话的意思是：孝子丧失父母亲人之后，哭得气竭力衰而发不出悠长的声调，举止行为失去了平时的端庄，言语没有了条理文采，穿上华美的衣服感到不安，听到美妙的音乐也不快乐，吃美味的食物也觉得没味，这才是悲哀伤痛的真情。

其二是讲圣人如何教节哀和守孝有终的道理。"三日而食，教民无以死伤生，毁不灭性，此圣人之政也。丧不过三年，示民有终也。"丧礼说："三年之丧，水浆不入口者三日。"（《孝经》）父母去世后必须守孝三年，从天子到庶人都要遵守这个礼节。根据人的生理实际，如果三日不进食，就会损害健康，甚至危及生命。所以圣人制定了"三日而食"，并施教于民，这是圣人的为政之道。为亲人守丧不超过3年，是告诉民众居丧是有终止期限的，并不是无休止的。

其三是讲孝子慎终追远的礼节。具体说分为三个步骤：首先是办好丧事。"为之棺椁、衣衾而举之；陈其簠簋而哀戚之。"（《孝经》）这里的"簠簋"，就是簠和簋，是两种盛放祭品的礼器。这段话的意思是说，办丧事的时候，要为去世的父母准备好棺材、外棺、穿戴的衣饰和铺盖的被子等，妥善地收殓入棺；在灵堂内陈设方圆祭器、供献祭品，以寄托生者的哀痛和悲伤。

然后是出殡安葬。"擗踊哭泣，哀以送之；卜其宅兆而安措之。"（《孝经》）意思是说，出殡的时候，捶胸顿足，号啕大哭，以哀痛送别亲人；占卜墓穴，选择吉祥之地以安葬亲人。再接下来是宗庙祭祀。"为之宗庙，以鬼享之；春秋祭祀，以时思之。"（《孝经》）把亲人的灵位移送到宗庙之中，使亡灵有所归依，并享受生者的祭祀；在春秋两季举行祭祀，按时节寄托生者的追思之情。

其四是讲如何才算善始善终地完成尽孝。"生事爱敬，死事哀戚，生民之本尽矣，死生之义备矣，孝子之事亲终矣。"（《孝经》）父母在世时要本着爱和敬的精神侍奉他们，父母去世后要怀着悲哀之情料理好丧事，这样，就尽到了为人的本分，完备了养生送死的义务，孝子事亲之道也就有始有终了。

并非只是儒家讲孝，墨家也讲孝。墨子曰："孝，利亲也。以亲为芬，而能能利亲，不必得。"（《经说上》）孝，以亲人为重，但不一定要求从亲人那里得到什么。墨子不仅多次讲到孝，也十分重视孝道。墨子认为"为人子必孝"，不孝也是天下之大害。但是，与儒家不同，墨子讲的孝，依然与利相连接，强调实实在在的孝，而不是做什么表面文章。墨子批评儒家的尽孝过于空洞，不一定非得厚葬久丧才算尽孝心。通过厚葬来表现孝道，是用物质来进行炫耀，说是给死人看的，其实是给活人看的，除了炫耀财富，并不能给死者和生者带来什么实际的利益，反而是一笔巨大的浪费。

墨子说："君臣不惠忠，父子不慈孝，兄弟不合调，此则天下之害也"，"人君之不惠也，臣者之不忠也，父者之不慈也，子者之不孝也。此又天下之害也。"（《墨子·兼爱》）所以他提出，要为人父慈，为人子孝，为人君惠，为人臣忠，为人兄友，为人弟悌，只有这才符合万民之大利。人人平等相爱，爱人如爱己，孝敬别人的父母如同孝敬自己的父母，这才是大爱。能否推广和普及孝，对国家的和平至关重要，将个人对自己父母的孝扩大至别人的父母，将家庭的孝扩展到国家，则天下大治矣。可见，墨子关于孝的看法，是建立在"兼爱"思想基础之上的，因而具有了很高的境界。

老子没有直接去谈论孝，但谈到了"仁义"。老子说："大道废，有仁义；智慧出，有大伪；六亲不和，有孝慈；国家昏乱，有忠臣。"（《老子·第十八章》）王弼注曰："甚美之名，生于大恶，所谓美恶同门。六亲，父子、兄弟、夫妇也。若六亲自和，国家自治，则孝慈、忠臣不知其所在矣。鱼相忘于江湖之道，则相濡之德生也。"这是以鱼相忘于江湖之道而相濡德生来喻说社会丧道才倡仁义这个道理。

在老子看来,仁义、智能、孝慈、忠臣等,都不合乎道,不过是一种伪装而已。真正的至德之世,应该是大道流行,仁义自然行于其中,人们都自觉地尊德重义,所以不需要人为地去倡导仁义道德。但是到了大道废弃的时候,统治者极力宣扬道德,倡导仁义,试图挽救病态的社会,于是社会上就不断造出了"仁义"、"智慧"、"孝慈"、"忠臣"等人格模范。其实,这意味着该社会已经到了仁义道德严重缺失的地步。

老子是把智慧与虚伪、孝慈与家庭纠纷、国家混乱与忠臣等,都放在对立统一的关系中,认为社会的长治久安、六亲的和睦相处,就显不出忠臣孝子;只有六亲不和、国家昏乱,才需要提倡忠孝。如此说来,若是在和平时代,就不需要也不会有忠臣出现。"智慧出,有大伪",在一个病态的社会里,人们的"智"就可能会以"智巧"、"巧诈"的面貌出现。如唐张鷟的《朝野佥载》就记载古代"孝子"郭纯为了骗取孝廉的名声,治丧期间每次于母亲亡灵之前哭时故意撒饭渣之类于地上,引飞鸟来吃,反复多次形成条件反射,鸟一听到哭声就会争着飞来,由此被人认为郭纯尽孝得连鸟都能够被感动,朝廷由此颁发匾额表彰郭纯的孝心。这个故事可以说是对儒家所宣扬的仁义道德的一个辛辣讽刺。

面对社会的一步步腐败,老子十分怀念古时代的民风淳朴,主张返璞归真。庄子也同样向往那个曾经的"至德之世",在那里"不尚贤,不使能;上如标枝,民如野鹿,端正而不知以为义,相爱而不知以为仁,实而不知以为忠,当而不知以为信,蠢动而相使,不以为赐。是故行而无迹,事而无传。"(《天地》)尽管让人们返回到原始的时代已经不可能,但民风古朴的社会情境却是令人向往的。

庄子继承了老子无为的思想,认为人应保持自然纯朴的本性,他反对虚伪的仁义,认为人应该"反其性情而复其初",为此他提出了"至仁无亲"的观点:

> 庄子曰："至仁无亲。"大宰曰："荡闻之，无亲则不爱，不爱则不孝。谓至仁不孝，可乎？"庄子曰："不然，夫至仁尚矣，孝固不足以言之。此非过孝之言也，不及孝之言也……故曰：以敬孝易，以爱孝难；以爱孝易，而忘亲难；忘亲易，使亲忘我难；使亲忘我易，兼忘天下难；兼忘天下易，使天下兼忘我难。"（《庄子·天运》）

庄子认为，要达到"至仁"的境界，就需要做到"无亲"，因为只有消除亲疏之别的狭隘之见，才能达到"至仁"。作为"至仁"的一个环节，孝可以分为敬孝、爱孝、忘孝三个方面。其中敬孝最容易做到，因为是外在的恭敬，并不一定是来自内心的真挚；但所要达到爱孝就不大容易了；最难的是忘孝，是没有任何礼仪装饰的孝。可见，墨子的"天下兼忘我"，爱别人的父母如爱自己的父母，与庄子"至仁无亲"是一致的，比之儒家的孝道观更具普遍价值。

第四节 "节葬"的历史影响

一、秦汉时期

虽然墨子的"节葬"主张，在他生前并没有受到积极的响应和应有的重视，但在他死后却影响不断扩大，而且不断有了新的发展。尤其是在秦汉时期，刘向、王充、王符等学者纷纷人著书立说，进一步丰富和拓展了墨子的薄葬思想。在魏晋南北朝时期，薄葬的主张已经开始在社会上得到一定程度的实施，与之前相比，采取薄葬的现象有所增多，甚至成为一股潮流，但在后来的发展并不顺利。总的说来，厚葬习俗有着悠久的传统和深厚的根基，难以从根本上改变和动摇。尽管在历史上各个朝代厚葬一直占据主流，但厚葬之风也受到薄葬主张的一定制约。

秦汉之际，受到墨子"节葬"主张的影响，刘向、王充、王符为代表的一些学者，在墨子理论的基础上提出了各自的一些见解，力图让墨子的节葬主张进一步发扬光大，不断扩大影响。

首先，是刘向的薄葬主张。

刘向，（约公元前77年—前6年），原名更生，字子政，祖籍沛郡人。西汉经学家、文学家。著有名篇《谏营昌陵疏》、《战国策叙录》等。

汉成帝鸿嘉二年（公元前19年），从事中郎陈汤和将作大匠解万年，为一己私利上书成帝，提出营建昌陵。成帝虽"从其计"，但"万年自诡三年可成"，到五年头上，"中陵、司马殿门内尚未加功"，再者"燃脂火夜作，取土东山，且与谷同价。作治数年，天下遍被其劳，国家疲敝，府藏空虚，下至众庶，熬熬苦之"。（《汉书·陈汤传》）于是，光禄大夫刘向于成帝永始元年（公元前16年）上奏《谏营昌陵疏》，力谏成帝停建昌陵，做一个"躬亲节俭"的好皇帝。在这份《谏营昌陵疏》中，刘向具体阐发了自己的薄葬思想。

刘向在奏章一开头，首先就讲国家生存与灭亡的道理，"臣闻《易》曰：'安不忘危，存不忘亡，是以身安而国家可保也。'故贤圣之君，博观终始，穷极事情，而是非分明。""虽有尧舜之圣，不能化丹朱之子；虽有禹汤之德，不能训末孙之桀纣。自古及今，未有不亡之国也。"安全不忘危险，生存不忘灭亡，因此自身安宁国家可保。所以贤圣的君主，广泛观察结局和开始，透彻地了解事理，而做到是非分明。即使有尧舜的圣明，不能教化丹朱这样的儿子；即使有禹汤的美德，不能教训作为末代子孙的桀纣。从古到今，没有不亡的国家。这些就是"富贵无常"的道理。

他说薄葬是圣王、贤臣的行为，给后世作出了表率。"黄帝葬于桥山，尧葬济阴，丘垅皆小，葬具甚微。舜葬苍梧，二妃不从。禹葬会稽，不改其列。殷汤无葬处。文、武、周公葬于毕，秦穆公葬于雍橐泉宫祈年馆下，樗里子葬于武库，皆无丘垅之处。"黄帝葬在桥山，尧葬在济阴，坟冢都很小，葬品微薄。舜葬在苍梧，二妃没有随从。禹葬在会稽，不变更原来地上百物的序列。殷汤没有葬地。文、武、周公葬在毕，秦穆公葬在雍橐泉宫祈年馆下，樗里子葬在武库，都没有坟冢。

接下来，他又说到了厚葬的危害，"逮至吴王阖闾，违礼厚葬，十有余年，越人发之。及秦惠文、武、昭、严襄五王，皆大作丘陇，多其瘗臧，咸尽发掘暴露，甚足悲也。""自古至今，葬未有盛如始皇者也，数年之间，外被项籍之灾，内离牧竖之祸，岂不哀哉！"到吴王阖闾，违礼厚葬，十多年后，越人挖开了他的墓。到秦惠文、武、昭、严襄五王，都大作坟冢，多所埋藏，全都被挖掘而暴露尸身，很可悲啊。从古到今，丧葬没有比始皇更盛大的，几年之间，外遭项籍之灾，内受牧竖之祸，不是很可悲吗！

"德弥厚者葬弥薄，知愈深者葬愈微；无德寡知，其葬愈厚。"（《汉书·楚元王传》）所以说所以德行越笃厚的人埋葬越微薄，智慧越深的人埋葬越简约。至于那些没有德智的，葬得越厚，坟冢越高，宫庙越华丽，被挖掘得越快。刘向提醒统治者，当以此为鉴，要借鉴俭历史上的经验教训，当政者应"上览明圣黄帝、尧、舜、禹、汤、文、武、周公、仲尼之制，下观贤知穆公、延陵、樗里、张释之之意"①，可以与古代圣王比节俭，而不该与乱世之君比奢侈。

刘向不仅对墨子的"节葬"做了发挥，而且也对厚葬对国家的生死存亡作出了新的论证，并积极向统治者进行劝谏，发出警示，这是难能可贵的。

---

① 班固撰、颜师古注：《汉书》，中华书局 1962 年版，第 1957 页。

其次是王充的薄葬主张。

王充，字仲任，会稽上虞人。著有《论衡》一书，在其中的《论死》、《死伪》、《订鬼》、《薄葬》等篇中，他指出了墨子思想体系中鬼神观与"节葬"之间存在的矛盾，认为人死不能为鬼，圣王也没必要厚葬。

王充是个唯物论者，他是不信鬼神存在的，他指出，社会上之所以盛行"畏死不惧义，重死不顾生，竭财以事神，空家以送终"①的厚葬恶习，其一是受到墨家明鬼观念的误导；其二是受到儒家厚葬久丧观念的影响。虽说墨家的出发点是好的，是想达到节葬的目的，可适得其反，你说人死为神鬼有知，就会使那些愚昧无知的人，制作偶人放到棺材里去侍奉死人，还在坟墓中储存很多食物让鬼神享用，甚至还杀人来陪葬，都是为了满足生者的意愿，消除对鬼神的恐惧，防止灾祸的降临。儒家认为丧葬礼仪也是对人的一种控制需要，如果采取薄葬势必会导致臣与子的情感疏远，也会导致祖先情感的淡化，所以要"从其重者"，全力厚葬亲人，可后果就是"财尽民贫，国空兵弱"，于国于民都极为不利。

王充认为，墨子的"明鬼"与"节葬"存在一定的矛盾冲突，所以不可能具有说服力，在现实中是难以实行的。至于儒家也没有说明死人无知的真实情况，担心一旦让人们知道了就会削弱孝的信念。正是基于此，他指出，要杜绝厚葬久丧的习俗，就必须让人们坚信这个世界并没有鬼神的存在世间无鬼之道理。

王充说"死人为鬼，有知，能害人"，"死人不能为鬼，无知，不能害人"（《论死》）。他还深入进行了论证，认为"人之所以生者，精气也"，人活着靠的是精气，精气是由血脉提供的，人死后血液停止流动，血脉也就枯竭了，没有了载体，精气也就不再存在了。不存在离开物体而独

---

① 袁华忠、方家常译注：《论衡全译》，贵州人民出版社 1993 年版，第 1418 页。

自燃烧的火，也不可能有离开形体存在的精气。他还说有些人认为鬼是有知觉的，鬼能害人，这是没有丝毫根据的。他在《死伪》篇中，根据他在当时所能了解到的生理常识，采取类比推理的方法，对社会流传的一些人死为鬼、鬼能害人的传说，进行了批驳。在《纪妖》、《订鬼》中，他还对一些史书上记载的鬼怪进行了解析，认为都是欺骗人的，向人们阐述死人不能为鬼的道理。

在《祀义》、《祭意》篇中，王充指出，那些相信鬼神的人以为"死人有知，鬼神饮食，犹相宾客，宾客悦喜，报主人恩矣"，坚信"祭祀者必有福，不祭祀者必有祸"。他对这些说法逐一进行驳斥，提出了坚决的反对，"今所祭死人，死人无知，不能饮食"，人死之后口鼻等器官都腐朽了，哪还能像活着的人一样吃东西呢？至祭祀的对象，比如天地、星辰、山河等也都不能像人一样吃东西，没有口没有意识，又怎么可以品味祭品呢？如果鬼神是根据祭品的多少来决定对人的态度，或者施以福，是否施以祸，那么它们都成了喜怒无常的怪物，那还算什么神呢？

在王充看来，所谓祭祀活动的意义是在于"思其德，不忘其功"，只是为了表达人们对祖先、圣王的心愿而已，没必要做得那么神秘。至于鬼神本来就不存在，是一些人编造出来的，根本不需要列为祭祀的对象。但是，虽然王充认为人死不能变成鬼，也不存在鬼能致人于祸福这一说，但他的无神论也有不彻底的一面，并不彻底，比如他也承认妖的存在，认为妖气能预示吉凶祸福。

不管怎样，在那样一个生产力低下，科学尚不够发达，迷信盛行的时代，王充的无神论尽管还带有朴素性，但对于排除迷信，抵制厚葬久丧，或多或少还是起到了较为重要的作用，因为古代厚葬之所以盛行，对鬼神的迷信是其中一个重要的根源，不把鬼神的观念扳倒，薄葬的观念就难以确立。这也是王充对墨子节葬思想的推进。

另外还有王符对厚葬久丧的批评。

王符，字节信，安定临泾人。性格耿直，不愿随波逐流，抵制世俗，采取隐居的生活方式，通过撰写书文表达心中的不满，"以讥当时失得，不欲章显其名"（《后汉书·王充王符仲长统列传》），他为自己的书起名为《潜夫论》，在这本书中王符针对当时的腐败风气，揭露统治阶层和权贵们的虚伪。他坚决反对厚葬久丧，大力主张薄葬短丧，认为厚葬久丧不符合人的自然本性。

首先，他指出了厚葬对于国家和人民的巨大危害。他说，上古时人们处理死者的方式是很简单的，既不封坟，也不栽树，而且没有服丧期限的严格规定。后来人们用桐木做棺材，再后来就选用用楸梓槐柏椿桦之类的木材，这些木材都比较结实耐用，可以达到较好的效果。可是再到后来情况发生了变化，尤其是统治者及其皇亲国戚，在材料的选择上，要求必须是江南生长的檽梓豫章梗楠等名贵树木，接下来其他一些边远的地区也开始效仿。但是，搞到这些名贵的树木并非容易，产地十分遥远，数量又稀少，伐木人要翻山越岭到处寻找，砍伐也很费事费工，还要通过许多人肩扛搬运到河道才能运到京城。随后的制作过程也是非常复杂，"工匠雕治，积累日月，计一棺之成，功将千万。夫既其终用，重且万斤，非大众不能举，非大车不能挽。东至乐浪，西至敦煌，万里之中，相竞用之。此之费功伤农，可为痛心！"① 他还说，本来古时是没有坟头的，文帝和明帝一个葬在芷阳，一个葬在洛阳，都没有高坟和庙宇，也没有奇珍异宝随葬。可是现在京城的权贵们，在亲人死后却隆重办理丧事，不仅用稀有珍贵的树木做棺材，还要有大量美玉等随葬品。占用良田修建坟墓，把数不清的珍宝器物埋入地下，这势必会引社会混乱，导致国家危机。

---

① 张觉译注：《潜夫论全译》，贵州人民出版社 1999 年版，第 134 页。

其次，他认为奢侈的厚葬行为，并不是什么所谓的"孝悌之真行"。文王、武王、曾晳都没有修建高大的坟墓，这并不是因为周公旦对君不忠，曾子对父不孝，而是观念不一样，在他们看来，对君主、父母的忠孝与否，不在于墓地的规模和随葬品的多少，而在于真实的情感和德行。"此乱孝悌之真行，而误后生之痛者也。"（《潜夫论·务本》）在这点上，墨子与王符的观点是一致的，丧葬重要的是感情的真挚，而不在于随葬品的多少。

最后，王符尖锐地指出，厚葬并非人的本性，它是社会的陋习和不良的教化造成的，所以要改变这种混乱状况，就必须移风易俗，树立新的观念，首先要由统治者"正表仪以率群下"，从自身做起，带头薄葬。王符提出的这种自上而下的推行的方法，进一步丰富了墨子的节葬主张。

秦汉时期许多有识之士批评厚葬，赞同薄葬，也影响到了当时的统治者。汉文帝遗诏说："朕闻盖天下万物之萌生，靡不有死。死者天地之理，物之自然者，奚可甚哀。当今之时，世咸嘉生而恶死，厚葬以破业，重服以伤生，吾甚不取。且朕既不德，无以佐百姓；今崩，又使重服久临，以离寒暑之数，哀人之父子，伤长幼之志，损其饮食，绝鬼神之祭祀，以重吾不德也，谓天下何！"（《史记·孝文本纪》）还下令天下臣民三日后可除去丧服，也不要去禁止嫁娶、祭祀、酒肉的食用，此外还有一些具体的薄葬要求。

二、魏晋南北朝时期

魏晋南北朝时期，一些帝王提倡薄葬，士大夫们积极响应，形成了中国历史上少有的丧葬相对俭薄的时期，其中值得一提的是曹操父子，可以说是推动薄葬的重要人物。

曹操深受墨家思想的影响，十分欣赏墨家的尚俭精神。他说："侈恶之大，俭为共德。"（《度关山》）和墨子一样，他认为"俭"可以"养德"。作为一位具有远见卓识的帝王，为了实现一统天下的大业，曹操针对当时的一些社会弊端大刀阔斧地进行改革，其中就包括对厚葬习俗的治理。建安十年，在他出兵平定冀州之后，就下令不得厚葬，也不许在墓前立碑。

东汉建安二十三年（218年）六月，曹操颁布《终令》。据《三国志·魏书·武帝纪》记载："六月，令曰：'古之葬者，必居瘠薄之地。其规西门豹祠西原上为寿陵，因高为基，不封不树。周礼冢人掌公墓之地，凡诸侯居左右以前，卿大夫居后，汉制亦谓之陪陵。其公卿大臣列将有功者，宜陪寿陵，其广为兆域，使足相容。'"

东汉献帝建安二十五年（220年）春正月，曹操死于洛阳，临终前颁布《遗令》。据《三国志·魏书·武帝纪》记载，"遗令曰：'天下尚未安定，未得遵古也。'"天下还没有安定，不必遵守古代的丧葬制度。"敛以时服，葬于邺之西冈上，与西门豹祠相近，无藏金玉珠宝。"入殓时穿平时所穿的衣服，埋葬在邺城西面的山冈上，与西门豹的祠堂靠近，不要用金玉珍宝陪葬。文武百官应当来殿中哭吊的，只要哭十五声。安葬以后，便脱掉丧服；那些驻防各地的将士，都不要离开驻地；官吏们都要各守职责。后来，曹操的丧事安排尊重了他的遗令，基本上是按照他的遗愿来办的。

据《晋书·志十·礼志》记载："魏武以礼送终之制，袭称之数，繁而无益，俗又过之，豫自制送终衣服四箧，题识其上，春秋冬夏，日有不讳，随时以敛。金珥珠玉铜铁之物，一不得送。文帝遵奉，无所增加。"

受其曹操的影响，文帝也主张丧事从简。曹丕遗诏言："夫葬也者，藏也，欲人之不得见也"，因此"为棺椁足以朽骨，衣衾足以朽肉"就可以达到目的了。他认为，自古以来没有不亡的国家，也没有不被掘的坟墓，不停地掘墓让亡灵不得安宁。采取薄葬则可以让亡灵安息，万载无危。他下决心进行薄葬，提前就做好了准备，因担心自己死后，那些家亲和臣子以忠孝为借口，修改自己的遗命，便把诏书藏在宗庙，还誊写几份分别存放于尚书、秘书、三府中。曹丕死后，丧事安排也是遵照他的遗命。此外，魏明帝曹叡，蜀汉刘备、诸葛亮、谯周等，晋司马懿、司马绍、司马衍、司马岳等，也都相继主张薄葬。

隋唐以后，仍有许多士大夫力主张薄葬，反对厚葬。例如，高祖驾崩，太宗欲厚葬之，虞世南劝谏曰："高坟厚垄，珍物毕备，此适所以为亲之累，非曰孝也。"（《旧唐书·虞世南传》）宋璟认为："俭，德之恭；侈，恶之大。高坟乃昔贤所戒，厚葬实君子所非。"（《旧唐书·宋璟传》）欧阳修认为，厚葬"劳民枉费"，害国伤民，他还曾上书劝谏当时的统治者，不要进行厚葬，"不肯薄葬而留之以待侈葬，成王之恶名"（《历代名臣奏议》）。

程颐在《为家君上神宗皇帝论薄葬书》中说，建议神宗在英宗的丧事上能，"尽依魏文之制"，金银铜铁珍宝奇物都不要入墓。陈确的《葬书·葬说》中讲："贫有贫之养，则贫亦有贫之葬，俭葬是也。夫俭非薄也，礼所不当为，力所不能为者，吾不强为焉之谓俭也"，认为贫有贫养，贫有贫葬，丧事安排不要攀比，应该实实在在，量力而行。

总之，墨子心系天下，面对厚葬久丧所带来的巨大危害，适时提出"节葬"的主张和具体措施，这是对厚葬久丧陋习的有力抵制。墨子认为丧葬礼仪是必要的，是表达哀悼之情的一种方式，但没有必要拘泥于形式，更不应该铺张浪费，劳民伤财。

第五节　殡葬改革与绿色殡葬

墨子的薄葬思想，对于我国新时代的殡葬改革提供了富有启发的智慧，具有积极的现实意义。墨子"节葬"的具体主张，是在几千年前特定的历史条件下，针对当时的社会现实提出来的，虽然有些具体措施并不适合当代社会，但是其尚俭的精神却没有过时，为我国目前正在进行的殡葬制度改革，树立新的时代风尚提供了重要的参考。

虽然，历史已经发生了重大变化，人类已经步入现代文明社会，但对于现代人来说，生老病死依然是一件需要认真面对的大事。按照传统习俗，举行一定规模的丧葬仪式，是对死者的尊重，也是对死者表达哀思的需要。但是由于各种旧的风俗习惯的存在，一些迷信的观念并没有完全消失，厚葬现象在一些地方仍然比较严重。

为了满足虚荣心理，有些人仍然热衷于厚葬，其丧葬礼仪过于隆重，浪费也比较严重，这些不良的社会风气给社会带来了负面的恶劣影响。尤其在一些地区，相互模仿，相互攀比，看谁办得体面风光。于是不惜花费重金，大操大办，把丧事办得格外复杂隆重，名目繁多。甚至还趁葬礼的机会大吃大喝，铺张浪费严重。"外面吹吹打打，里边嘻嘻哈哈"，一桌桌酒席，谈天说地，却很少见到对死者真挚的缅怀和沉痛哀思。由于殡葬过程讲究的很多，各种名目的服务费用也随之增高，带动了殡葬业生意的兴隆。另外，趁机收受礼金的现象也是比较常见的。许多家庭感到开销过多，压力很大，负担沉重，乃至于发出"死不起"的感叹。

由于受落后的丧葬习俗影响，一些人在观念上还有许多误区，相信人死了灵魂还在，祖坟的风水以及墓地位置的选择，事关死者灵魂的安顿和生者的命运。于是，墓室的选择、设计等服务业也悄悄发展起来。

在一些人的头脑中，旧思想旧观念还很顽固，封建迷信与陈规陋习时有抬头。有一些人生前就很重视后事准备，省吃俭用，攒下一笔钱，为的是能买一块好的墓地。在一些农村很重视墓地，许多地方十分讲究"风水宝地"，坟墓也修建得足够豪华，价格不菲。在错误观念和一些人的炒作下，好多地方的墓地近些年来价格不断上涨，甚至翻番，但仍供不应求，说明还大有市场。这些社会现象触目惊心，也彰显出在全社会进行薄葬教育和殡葬改革的迫切性。

在一些地区的农村，土葬还比较流行，修建坟墓就要占用日益珍稀的土地资源。许多地方虽然已经具备完善的火化条件，也都有专门存放骨灰的地方，可以满足亲人祭祀的需要，但还是有些家庭在火化后，仍把骨灰盒放进棺材内后再下葬。还有一些更为极端的现象，例如交了钱不去火化，只是为了开张假证明。土葬或变相土葬，已经成为农村经济发展的一个障碍。另外，现在给死去的亲人烧纸也在不断创新，除了焚烧纸质的"金银财宝"，还有"高档电器"、"美元"等假奢侈品，既浪费又低俗，不仅增加了人们的开销，也造成恶劣的社会影响。

各种丧葬陋习不仅浪费社会大量的物质资源，也给许多家庭增添了本来就不必要的花费，还直接影响社会的风气和下一代的心理。虽然这些年来我国的殡葬改革取得了明显的效果，移风易俗的社会教育活动也是常抓不懈，但是这项工作依然还很艰巨，彻底根除这些社会乱象还需要继续努力。

当然，厚葬久丧习俗的形成并非偶然，经历了长时间的历史过程，其根深蒂固的丧葬观念若要得到根本转变，并不是一件容易的事情。

正如墨子所言，厚葬久丧是"便其习而义其俗"，是由它所导致的社会现象，这些习俗有它存在的土壤，古代的统治者在某种观念的影响和支配下，首先是在上层社会形成一套制度和规则，然后又逐渐扩展到民间，久而久之便形成了强大的历史惯性，一代接一代延续下来。作为习俗，人们已经习以为常了，好多人都认为厚葬是天经地义的事情，是老祖宗传下来的、不可更改的。所以，若改变延续数千年的丧葬观念及民间习俗，是十分艰巨的，会面临许多难题。

当前，不仅是厚葬现象依然存在，个别地区还有久丧的习俗。例如在一些较为落后的乡村，子女为了尽孝，在父母死后的一个月或者数月不下地干活，这样做造成了不必要的人力浪费，既影响了正常的生产活动，也会减少家庭生活的收入，直接影响到农村经济的发展。

死亡毕竟是一件令人痛苦的事情，对死者的哀悼、纪念与缅怀都是很正常的，无可非议的。但是无休止地沉浸在亲人逝去的痛苦中，过了很长的时间还不能从中摆脱出来，是不可取的。因为过度哀伤，身心疲惫，精神恍惚，既不利于身心健康，也不利于正常的生活和工作，这是不值得的，也不是死者希望看到的。其实，还是在死者的生前为他们做更多的事情，让他们有更多的幸福快乐更有实际意义。无论怎么进行厚葬，人毕竟死了，对于死者来说已经没有任何实际意义。正如北宋欧阳修在其《泷冈阡表》中所说："祭而丰，不如养之薄也。"墨子也强调在亲人离世后，要尽快从沉痛中摆脱出来，投入到日常的生活和劳作中，用实际的行动去完成死者未做完的事情，去实现他们对美好生活的愿望。

厚葬现象之所以还比较严重，主要是观念的落后，所以要更好地实施和推广薄葬，需要从观念的转变上下功夫。在新的历史时代，继续普及科学知识，抓好移风易俗的观念教育，宣传和倡导文明进步的丧葬方式。对于做得好的要总结经验，大力推广，在全社会形成一种良好的风气。要让广大民众在新观念的引领下，自觉抵制厚葬现象，让厚葬行为没有市场。要利用各种手段，传播科学知识，反对迷信陋习。要继续发扬墨子的尚俭精神，崇尚节俭，抵制浪费；提倡薄葬，反对厚葬。

要继续倡导简单节俭的丧礼，推广绿色环保的殡葬。当前，在新的社会背景下，殡葬行业这些年有了快速的发展，人们开始关注比较流行的绿色殡葬，能够接受的人也越来越多。

所谓绿色殡葬，就是指在现代思想和观念指导下，运用先进的科学技术、设施设备以及管理理念，以促进殡葬安全、生态安全、资源安全，以提高殡葬综合效益的协调统一为目标，以推行殡葬标准化为手段，推动人类社会协调可持续发展的殡葬新模式。

作为绿色殡葬，其一是节俭办丧事，排除各种低级庸俗的迷信仪式；其二是在丧葬方式上，采取骨灰回归自然的方法，按类型主要分为生态殡葬（树葬、花葬、草坪葬、江葬、海葬）和循环再生殡葬（可降解骨灰罐的深埋方式）等新型安葬方式。显而易见，与传统的土葬相比，绿色殡葬更加环保节俭、环保，简单易行，操作简单，基本上不占用土地或尽可能少占土地，是属于生态性无污染的多元化墓葬形式，同时还可为拥挤的城市营造新的绿地。目前，随着社会的发展进步，绿色殡葬逐渐成为一种潮流。

自 2009 年开始，民政部就开始陆续下发文件，要求各地区积极推广树葬、花葬、草坪葬等节地葬法，鼓励深埋、撒散、海葬等不保留骨灰的下葬方式。在国家"十二五"期间，殡葬改革的主要任务，就是要建设以惠民殡葬、公益殡葬、绿色殡葬和人文殡葬为主要内涵的现代殡葬。同年 12 月，民政部发布《关于进一步深化殡葬改革促进殡葬事业科学发展的指导意见》（以下简称《意见》），为绿色殡葬的发展定下主调。

《意见》明确提出，今后一个时期的殡葬改革，要努力实现殡葬服务优质化，殡葬管理规范化，殡葬改革有序化，骨灰处理生态化，殡葬习俗文明化，殡葬设施现代化的"六化"目标。要继续推行火葬，创新骨灰安葬方式，进一步加强公墓的规范管理，保护生态环境，促进殡葬事业健康发展。《意见》还就殡葬事业发展规划、提高殡葬服务水平、加强公墓管理、推行惠民殡葬政策等方面，提出了要求和措施。

民政部还把 2011 年定为"绿色殡葬推进年",进一步加大宣传力度,强化绿色环保理念,推动殡葬改革和政策创新,破解殡葬领域的难点问题。同年 7 月 31 日,民政部召开了绿色殡葬座谈会,具体提出惠民殡葬和绿色殡葬的相关政策。各级地方政府也都认真执行"节地、环保、生态、文化"的方针,结合本地区的实际,提出了建设和发展有特色的绿色殡葬业态的规划。

2016 年,民政部、国家发展改革委、科技部、财政部、国土资源部、环境保护部、住房城乡建设部、农业部、林业局等 9 部门,联合印发了《关于推行节地生态安葬的指导意见》。这是我国第一个推行绿色殡葬的政策性文件,旨在大力推进节地生态葬式葬法改革,在该意见中明确要求推广骨灰植树等。各地结合本地区实际制定了具体措施,几年来已经取得了初步成效。同时,各地也在积极宣传色低碳祭扫新理念,开展了形式各样的绿色低碳祭扫活动,比如采用鲜花祭扫、网络祭扫、种植纪念树等现代、绿色的环保祭扫方式,通过这些方式也可以达到缅怀亲人和寄托哀思的目的。

绿色殡葬直接关系到生态文明建设,是造福子孙、利在千秋的大事。近些年来,随着环保观念的提升与普及,绿色殡葬日益引起人们广泛的关注,"魂系生态、叶落归根、回归自然、绿荫后人",这种崭新的绿色殡葬理念得到了越来越多人的认可,采取绿色生态安葬的比例也都在逐年提高。

第六章　墨子尚俭思想与当代绿色发展

墨子的尚俭思想，与我国新时代的绿色发展理念有着内在的联系。人类居住的地球自然资源是有限的，但人类对资源的欲望和需求是无限的，这就不可避免地形成一个尖锐的矛盾，即有限的资源与无限的需求之间的矛盾。为了缓解这一矛盾，人类必须克制无限增长的欲望。虽然我国地大物博，但资源毕竟是有限的，有些资源甚至是短缺的。随着经济社会的发展，资源消耗的速度也是十分惊人的，在此情况下，我们必须保持清醒头脑，珍惜有限的宝贵资源，在利用资源时尽量做到节约、节俭，要坚决反对铺张浪费，尤其在我国经济迅速发展的情况下，更应该从墨子的节俭思想中吸取一些有益的启示，未雨绸缪，在新的历史背景下，树立全新的绿色理念，坚持走可持续的绿色发展道路，倡导一种绿色简约的生活方式。

第一节　尚俭与绿色可持续经济

一、绿色的经济发展模式

所谓绿色经济，就是指在生产、流通、消费等领域，尽可能节约资源和减少资源消耗，并获得最大的经济和社会收益的社会形态。新的绿色发展理念主张的是社会健康可持续的发展，所要建立的是节约型社会。

这里讲的"节约"，其一是杜绝浪费，是指在经济运行中减少对资源消耗的浪费；其二是节省资源，是指在生产过程中，消耗最少的资源、能源，创造出更多的产品。资源的节约并不是为节约而节约，而是为了从根本上满足人们的生活需要，而要满足人们的生活需要，就必须大力发展经济，如果社会停滞不前，节约就失去了实际意义，因此我们既要讲节约，又要讲发展，是为了发展的节约。

新的绿色经济发展模式，所要求的是既要尽可能地减少资源消耗，又能尽量地做到循环利用，而且还要保证社会达到较高的福利水平。因此，必须要有相应的制度规范和正确政策的引导，坚持节约资源、调整结构、技术创新和科学管理，把节约资源切实纳入经济转换方式的重要内容之中，成为生产者和消费者珍惜资源、节约资源的自觉行动。

通过对资源的合理配置、高效率的循环利用、有效的保护和替代，使经济社会的发展与资源环境的承载能力相匹配，是保证可持续发展的重要措施，也是实现绿色发展、清洁发展的正确道路。

在中国经济社会发展进入关键时刻，中共中央明确提出新发展理念，就是要在社会生产、建设、流通、消费的各个领域，在经济和社会发展的各个方面，切实保护和合理利用各种资源，提高资源利用效率，以尽可能少的资源消耗，获得最大的经济效益和社会效益。这是关系到我国经济社会长久发展的具有战略性的重大决策。

建立可持续的绿色经济发展社会，就需要把资源节约切实落在实处，这并非一件轻而易举的事情，需要进行长期的努力，而且必须要有一个强有力的支撑体系，有一个从宏观到微观的科学统筹规划，确立资源节约的生产模式和消费模式，这是国民经济和社会发展总体规划中的一项重要内容。

要依靠科技进步和创新，逐步构建起资源节约的技术支撑体系，突破资源节约和循环利用的一些关键技术，推广采用节约资源的新技术、新工艺、新设备和新材料。要建立节约资源的体制机制和政策体系，促进资源的节约和有效利用。加强相关业务部门的监督和管理，严厉制止浪费资源的行为，堵塞各种浪费资源的漏洞。

要调整已经过时了的陈旧的经济结构，不断探索和改变经济发展的模式，尤其是要改变那些高投入、高消耗、高排放、低效益的粗放型经济增长方式，尽快淘汰那些高物耗、高能耗、高污染的行业，建立以节能、节材为中心的资源节约型工业生产体系。

党的十八届五中全会提出了：破解发展难题，厚植发展优势，必须牢固树立并切实贯彻创新、协调、绿色、开放、共享的发展理念。这些理念的提出是很及时的，意味着一场深刻社会变革的到来，对于我国经济的健康发展至关重要，具有重大的现实意义和深远的历史意义。

中国是一个人口大国，虽然经过多年的努力，已经建立起了一整套完整的工业体系，但由于人口众多，人均资源显得相对贫乏，在工业化的进一步发展过程中，还需要大量的资源来保障和支撑，才能使国民经济可持续地稳定发展。改革开放以来，中国的经济得到了前所未有的高速发展，但我们也付出了较为沉重的代价，因为在相当长一段时间里，我们的高速发展依靠的是资源高消耗和粗放式的经营方式，不仅迅速消耗了大量的自然物质资源，也留下一些后遗症，造成了比较严重的环境污染。显然，这种以资源消耗高和环境污染严重为代价的经济发展模式是不可能持续下去的。当前，资源对经济发展的制约作用日益彰显出来，因此，要清醒认识到资源和环境有限的承载能力，唯有坚持新发展理念，走绿色可持续的发展道路，才是唯一正确的选择。

我们需要将节约资源和提高资源利用效率上升到战略的高度，把节约资源、保护环境作为基本的国策。建设一个健康的、绿色可持续发展的国家，是关系到中华民族前途命运的一个重大战略决策和长远战略方针。构建以国内大循环为主体、国内国际双循环相互促进的新发展格局，是对中国未来一段时期国家发展战略的全方位要求，对国家治理体系和治理能力现代化提出了新课题、新要求。

墨子的节约节用思想，对在新发展格局下推进国家治理体系和治理能力现代化具有重要的启示意义和借鉴价值。我们应该借鉴墨子的"凡足以奉给民用则止"，把节约落实在社会建设的实际行动上。在利用资源和消费资源时，应该做到足够用则止，而且做到物尽其用。

二、低碳的节约集约利用

要做到物尽其用，就必须"取之有度，用之有节"。坚持创新、协调、绿色、开放、共享的新发展理念，加快建设资源节约型、环境友好型社会，实现经济社会发展与人口、资源、环境相协调。

为此，我们要在资源利用方式上实现根本的转变，大幅降低能源、水、土地消耗强度，大力发展循环经济，促进生产、流通、消费过程的减量化、再利用、资源化。要建立资源高效利用制度和修复制度，加快形成绿色发展方式，推动绿色发展转型，让绿色经济步入良性循环。

墨子讲的"节俭则昌，淫佚则亡"，其实质是把节约问题提升到事关国家生死存亡的高度，这是值得我们进一步认真思考的。无论社会如何发展，墨子的警诫都依然有价值，会时时给我们敲响警钟。尚俭节约不仅是社会提倡的一种美德、一种优秀的传统，而且也是国家治理的一项重要国策，能否做到资源的节约集约使用，是一个关系国家安全发展的战略问题。

资源安全是国家安全的重要组成部分，坚持和重视国家安全问题，是习近平新时代中国特色社会主义思想的重要内容。党的十九大报告提出要统筹发展，增强忧患意识，做到居安思危，是我们党治国理政的一个重大原则。

我们对国家安全观的认识，应该提升到一个新的高度。完善国家安全体制机制，加强国家安全能力建设，有效维护国家安全，对实现民族伟大复兴，具有深远的意义。能否切实做到节约资源，事关国家的整体安全，因此，对资源的过度开发、粗放型使用这种竭泽而渔的行为，是会严重削弱抗风险的能力，不利于国家安全的。

习近平总书记在主持十八届中央政治局第六次集体学习时的讲话中谈道：要大力节约集约利用资源，推动资源利用方式根本转变，加强全过程节约管理，大幅降低能源、水、土地消耗强度。要控制能源消费总量，加强节能降耗，支持节能低碳产业和新能源、可再生能源发展，确保国家能源安全。要加强水源地保护和用水总量管理，推进水循环利用，建设节水型社会。要严守耕地保护红线，严格保护耕地特别是基本农田，严格土地用途管制。要加强矿产资源勘查、保护、合理开发，提高矿产资源勘查合理开采和综合利用水平。要大力发展循环经济，促进生产、流通、消费过程的减量化、再利用、资源化。

必须坚持节约资源和保护环境的基本国策，坚持可持续发展、低碳循环发展，推动建立绿色低碳循环发展产业体系，加快建设清洁低碳、安全高效的现代能源体系。全面节约和高效利用资源，树立节约集约循环利用的资源观，建立健全用能权、用水权、排污权、碳排放权初始分配制度，推动形成勤俭节约的社会风尚。

能源安全是关系国家经济社会发展的全局性、战略性问题，对国家繁荣发展、人民生活改善、社会长治久安至关重要。"面对能源供需格局新变化、国际能源发展新趋势，保障国家能源安全，必须推动能源生产和消费革命。推动能源生产和消费革命是长期战略，必须从当前做起，加快实施重点任务和重大举措。"① 经过多年的建设和发展，我国已成为世界上最大的能源生产国和消费国，逐渐形成了包括煤炭、电力、石油、天然气、新能源、可再生能源的综合能源供给体系，技术装备水平有了显著提高。但是，我们也应该看到，虽然我国能源发展取得了很大成绩，但同时也带来了能源需求的巨大压力，而且庞大的能源生产和消费，对自然生态环境造成了比较严重的损害，这直接构成了对国家可持续发展和安全的挑战，所以要保持高度警惕，具体地说，要切实做到四个推动。

其一，是推动能源消费革命。"抑制不合理能源消费。坚决控制能源消费总量，有效落实节能优先方针，把节能贯穿于经济社会发展全过程和各领域，坚定调整产业结构，高度重视城镇化节能，树立勤俭节约的消费观，加快形成能源节约型社会"。②

其二，是推动能源供给革命。"建立多元供应体系。立足国内多元供应保安全，大力推进煤炭清洁高效利用，着力发展非煤能源，形成煤、油、气、核、新能源、可再生能源多轮驱动的能源供应体系，同步加强能源输配网络和储备设施建设"。

其三，是推动能源技术革命。"带动产业升级。立足我国国情，紧跟国际能源技术革命新趋势，以绿色低碳为方向，分类推动技术创新、产业创新、商业模式创新，并同其他领域高新技术紧密结合，把能源技术及其关联产业培育成带动我国产业升级的新增长点"。③

其四，是推动能源体制革命。"打通能源发展快车道。坚定不移推进改革，还原能源商品属性，构建有效竞争的市场结构和市场体系，形成主要由市场决定能源价格的机制，转变政府对能源的监管方式，建立

---

① 《习近平谈治国理政》，外文出版社 2014 年版，第 130 页。
② 《习近平谈治国理政》，外文出版社 2014 年版，第 131 页。
③ 《习近平谈治国理政》，外文出版社 2014 年版，第 131 页。

健全能源法治体系"。①

为了贯彻创新、协调、绿色、开放、共享的新发展理念，我国陆续出台和实施了一系列有针对性的政策和措施，主要是大力发展清洁能源，优化产业结构，构建低碳能源体系，发展绿色建筑和低碳交通，建立国家碳排放交易市场，等等，大力推进绿色低碳发展，全面促进人与自然的和谐。

曾经的自然资源过度开发、粗放利用、奢侈消费，造成了一些比较严重的后果，必须要有紧迫感，加快实现资源的节约利用，转变资源的利用方式，提高资源的利用效率，确立节约集约循环利用的新资源观，尤其是要抓好重点领域的低碳循环建设，尽量以最少的资源换取最大效益。总之，树立绿色理念，推进绿色发展，建立绿色低碳循环发展的经济体系，这是一场全新的革命，也是一次严峻的考验。

三、科学的监管体制保障

走可持续发展的绿色之路，保护好可循环的生态环境，合理开发资源、节约使用资源是非常关键的，对此必须要管理到位，监管有力。

必须用严格制度对生态环境进行保护。习近平总书记指出："只有实行最严格的制度、最严密的法治，才能为生态文明建设提供可靠保障。"② 党的十八大以来，各地实行了环保"一票否决制"，使保护环境这一基本国策深入人心。如今人们的环保意识普遍增强，各级政府对环保尤为重视，更加坚定走生产发展、生活富裕、生态良好的发展道路，生态文明建设确实取得了新的成果，这是可喜的进展。

---

① 《习近平谈治国理政》，外文出版社 2014 年版，第 131 页。
② 《习近平谈治国理政》，外文出版社 2014 年版，第 210 页。

在此方面，党的十九大报告也作出了部署，而且非常具体，具有可操作性。全面推行资源节约，是国家绿色发展的重点工作之一。十九大报告将降低资源消耗进一步细化为降低能耗、物耗。在此之前，无论是生态环境保护方面的规划，还是生态文明体制改革方面的方案，"物耗"一词都很少出现。这意味着什么呢？意味着中国资源节约和循环利用工作不但要求的标准更高，而且要求得越来越具体、越来越细致。

在生态环境监管体制改革方面，党的十九大报告也作出了具体、细致的部署，包括明确提出了设立国有自然资源资产管理和自然生态监管机构，统一行使全民所有自然资源资产所有者职责，统一行使所有国土空间用途管制和生态保护修复职责，统一行使监管城乡各类污染排放和行政执法职责等。有关方面专家认为，"有了专门机构，自然资源管理和生态监管将更有效"。对于构建环境治理体系，党的十九大报告提出"政府为主导、企业为主体、社会组织和公众共同参与"，与此前"政府、企业、公众共治"等提法相比，也有明显细化。

这些细节，不仅会有力推动中国下一步的环境保护工作，也会助力世界的生态环境保护。受气候变暖、臭氧层耗损、大气污染和水污染等问题的困扰，全球化背景下的环境资源治理，仍充满严峻的挑战，中国作为世界最大的发展中国家，在这方面的贡献是有目共睹的。

无论是发达国家还是发展中国家，都已经意识到，当前迫切需要各国摒弃高耗能、高污染的生产和消费方式，许多国家都对中国的生态文明建设表示赞赏，认为中国提供了较为系统的方法和较为成熟的政策经验。

有学者认为，中国"正在形成不同于西方的、基于东方智慧的生态环境系统治理方案"，对解决全球环境问题的作用日益突出。"预计未来五年，中国生态文明建设的能量将充分释放，整个世界生态文明亦将因此发生重大变化。"从工业文明向生态文明的转型，中国的作用不可低估。

四、多层次的社会节俭教育

我们要在全社会开展宣传普及教育，增强资源方面的忧患意识和节约意识。每一个单位和个人都要自觉形成节约意识，比如在日常生活中随时随地节水、节电、节油、节粮等，让节约观念深入人心，成为一种习惯、一种自觉的行为。

当前，随着我国改革开放的全面推进，我国的经济在连续多年的高速发展之后，依然继续保持中高速的发展势头，人民的生活水平日益提高，社会生活也进入全面建设社会主义现代化国家、提升生活品质的阶段。但是，为了高速发展经济我们也曾付出了一定的代价，尤其是过度地耗费了大量的能源，破坏了生态环境。现在我们既要总结成功的经验，也需要吸取沉痛的教训，下大力气治理污染，节能减排，去产能、升级转型。与此同时，在生活上我们也需要简约、节俭，摒弃奢靡浪费。

伴随着我国经济的持续发展和社会物质的不断丰富，一方面，我们看到的是人民生活水平的不断提高，另一方面，也在社会生活中出现了一种比较普遍的浮夸浮躁、攀比浪费的风气，这种风气表现在如下几个方面。

例如，在城市建设方面，一些城市好大喜功，重视"面子工程"，而不重视实际的功用。办公楼一个比一个豪华，楼前的广场一个比一个大。笔者曾看到几个县级市、地级市的政府大楼及广场，比一些省政府的大楼还要气派，感到非常震惊。各大城市的地标建筑也越盖越高。一些大城市瞄准最高纪录，热衷于追赶更新的高楼排名甚至世界高楼排名，你超越我，我超越你，令人眼花缭乱、瞠目结舌，然而除了第一高的美名，实际的意义有多少呢？我们可以建一些高楼，城市也需要一些地标、名片式的建筑，但完全可以采取一些有特色的设计。如果竞相修改高度，只是出于排名的需要，并不一定符合实际。实际上，可争第一的不仅仅只有高度，还有许多其他指标。甚至还有一些建筑花了巨资，但还没建完就成了烂尾楼。

在民用住宅方面，住宅的面积不断扩大，现在数百平方米一套的住宅别墅群比较多，根据我国的土地和人口的情况，住宅面积有必要这样扩大吗？

在出行的车辆方面，自行车越来越少，有些城市，几乎已经没有了自行车的车道，所以即便有了共享单车，也没法骑。轿车的级别越来越高、空间越来越大，有相当一部分人买车、使用车并非是出于实际需要，而是为了攀比。一些上班族离单位不到一公里也要每天开车上下班，即便是公交车站就在家门口也从来不坐。

在吃的方面浪费就更突出了。中国人好客，待人热情，是好的传统，但有些过于讲究面子讲究排场，面对酒桌上铺天盖地的剩饭剩菜，人们都已见多不怪，习以为常了。

在奢侈品方面，中国几乎成了世界第一消费市场。一些买不起正品的人就买仿冒品，也由此成就了一个巨大的"山寨"市场。在某种程度上说，比奢侈品就是比阔气，就是为了满足虚荣。一旦出现了富人群体，同时也意味着贫富差距拉大了。如果富的骄傲、贫的怨恨，恃富欺贫和仇富心理同步发展，那么社会暴戾之气也会加深，不平衡心理严重，这些将影响到社会的和谐稳定。可见，社会生活能否简约节俭，不仅关系到人与自然的和谐关系，也关系到社会本身的和谐安定。

当然，随着社会文明的发展进步，越来越多的人已经逐渐认识到这些挥霍浪费的严重性。越来越多的人开始向往绿色生活方式，在衣食住行等方面改变一些习惯，选择简单、节俭的绿色生活方式。不过，这种现象要成为普遍的风气，成为社会广泛的共识，还要有一个较长的过程，也需要大力宣传和引导，让绿色的节俭意识深入人心。

为此，有必要开展多层次的社会教育，具体要关注以下几个层面。

第一个层面是大众传媒教育。既然国家已经正式发出绿色生活的号召，那么大众传媒就应该担负起这个宣传的社会责任，在报纸、电视、广播、网络以及一切公众传媒上面大力宣传，形成强大的舆论氛围。在以往的基础上，公益宣传要上一个新台阶，加大力度，让绿色生活理念、绿色生活方式更加深入人心。开展严肃的社会批评，分析和揭示那些不健康的生活方式的弊端和危害。同时，要弘扬正气，坚持正确的价值观导向，有效遏制那些鼓动奢侈浮华生活方式的宣传。

第二个层面是基础教育，这里主要指的是学校教育。1992年在巴西里约热内卢召开的"环境与发展大会"联合国会议上，通过了《里约环境与发展宣言》和《21世纪议程》，正式提出"可持续发展战略"、"面向可持续发展重建教育"等新的理念，指出"教育是促进可持续发展和提高人们解决环境与发展问题的能力的关键。基础教育是环境与发展教育的支柱"，"对培养符合可持续发展和社会大众有效参与与决策的价值观和态度、技能和行为的培养也是必不可少的"。1995年，联合国在希腊雅典召开环境教育会议，重点讨论如何将环境教育重新定向到可持续发展方向。1997年12月，联合国教科文组织在希腊塞萨洛尼组织了"环境与社会国际会议——教育和公众意识为可持续未来服务"。可以说，面向未来的可持续发展环境教育，已经成为国际社会和各国发展教育的战略选择。从根本上说，所谓"可持续发展"，若从生活方式来说，就是"绿色生活"，可持续发展教育，在某种程度来说，也就是"绿色教育"。我们应该把绿色生活与可持续发展的环境教育结合起来，从幼儿园、小学开始起，一直到中学、大学，把绿色生活教育贯穿于教育的全过程。

环境教育、可持续发展教育和绿色生活教育，还有待深化和提高。应该切实把这项教育列为关系到国家社会未来的重要教育内容之一，在考试考核中适当增加权重，使绿色生活教育更加深入人心。在大学中也可开展各种适合大学生特点的形式多样、丰富多彩的活动，鼓励学生开展社会调查和研究。大学课堂应该多开设相关的课程。大学生的文化水平高，接受新鲜事物快，社会责任感强，在社会上有很大的影响力，是倡导和推进绿色生活的生力军，应该充分发挥他们的优势和作用。

第三个层面是社会活动教育。要积极开展各种普及教育活动，如举办绿色生活宣传基地和各种平台，进行以绿色生活为主题的影响教育和互动教育，吸引社会民众广泛参与，这些活动要进社区、进家庭、进单位、进机关、进商场、酒店、景区、医院等，渗透到社会各个角落、各种人群。要创新工作形式，开展各种各样的节约、清洁、健康活动，如禁烟、垃圾分类、垃圾随身带走、污水处理等。要树立各种绿色家庭、绿色街区、绿色村镇、绿色企业、绿色城市等模范样板，向全社会推广。

总之，要运用一切可能的形式和办法，宣传和普及绿色生活理念，让绿色生活理念深入人心，让绿色生活方式成为一种社会风气。

第二节　尚俭与当代绿色简约生活

在新时代，继承中国传统的环境与资源保护智慧，尤其是墨子的尚俭思想，借鉴现代西方各国的绿色生活实践经验，认真探讨和研究我国的绿色生活现状、特点，以及未来发展的态势，这是一个既有理论性也有实践性的重大研究课题。"倡导简约适度、绿色低碳的生活方式，反对奢侈浪费和不合理消费，开展创建节约型机关、绿色家庭、绿色学校、绿色社区和绿色出行等行动。"① 以简约适度、绿色低碳为特征的生

---

① 习近平：《决胜全面建成小康社会，夺取新时代中国特色社会主义伟大胜利》，人民出版社 2017 年版，第 50—51 页。

活方式，体现的是新时代的文明和进步，是一种新的潮流和时尚。

一、绿色生活方式的兴起

自 18 世纪工业革命以来，西方国家是走了一条先污染、后治理的发展道路，工业的高速发展，直接导致了生态环境的急剧恶化。例如，著名的"八大公害事件"（包括比利时马斯河谷烟雾事件、美国洛杉矶光化学烟雾事件等），这些严重的工业污染事件令人震惊，引起了社会的广泛关注。第二次世界大战后，伴随着人口的快速增长、经济的突飞猛进，各工业化国家的能源消耗巨大，致使自然资源开始衰竭，环境退化迅速蔓延到世界的各个角落。蕾切尔·卡逊出版的《寂静的春天》，展示出对爱护环境的澎湃热情，唤醒了千百万民众的环保意识，开启了全世界轰轰烈烈的环保运动新的时代。

20 世纪 50、60 年代，发达国家纷纷制定各种环境保护法规，要求企业按规定排放污染和进行环境治理，经历一段实践探索，逐步建立和完善了环保法规体系。1969 年，日本东京在实施《烟尘限制法》、《公害对策基本法》之外，还颁布了《东京都公害控制条例》，使二氧化硫等污染物，从浓度控制转向总量控制。70 年代，西方发达国家从防止公害转向环境保护，把环境保护写进宪法，作为基本国策，一些国家把环境保护，从末端治理向全程控制和综合治理方面发展。美国的《清洁空气法》和《清洁水法》，在执行中严格而有效，有效地保护了空气和水资源。目前在发达国家中，环境保护和绿色生活观念已经开始广为流行，为广大民众所接受。

当代兴起的绿色生活，是人类对漫长的经济逐利进程所造成环境恶果的补救，也是为塑造人与自然和谐关系开出的一剂良方。相比较而言，西方发达国家的环保意识觉醒更早、环保理念更为先进、环保举措更加成熟，为我们提供了一些经验和借鉴意义。从发达国家的成功经验看，绿色生活的响应和实现，一方面是靠国家的政策引导、制度配套、立法手段和惩罚机制等一系列综合治理措施；另一方面也离不开广大民众的环保自觉与自律意识的养成，得益于普遍的低碳生活、绿色消费和循环利用等生活习惯与消耗模式。开发与利用清洁可再生能源，新建筑设计与老社区改造注重节能与环保，发展城市公交与低排放的交通工具，居民生活垃圾分类回收利用，保留与扩大城市绿地和菜园等，综合起来就是为居民的绿色生活方式提供更多的选择，给人们带来更多的便利。

在欧洲的很多国家，已经对绿色的生活方式和消费形式达成一种共识，倡导从环保而非个人便利的视角去合理利用资源，开发出众多生活绿色化的创新举措，通过实施智慧型城市建设工程，促进节能减排目标的实现。2000年，英国南安普顿市正式启动智能卡项目，拉开了欧洲智慧城市建设的序幕。欧洲国家通过智慧城市建设改善交通，有助于降低碳排放。瑞典的斯德哥尔摩是清洁空气和环保交通领域的领军力量，有75%的城市交通依靠可再生能源，同时，通过对汽车征收拥堵费的方式鼓励当地居民使用公共交通。意大利的锡耶纳成为欧洲境内第一个实现碳中和的城市，要求减少矿物燃料的使用，鼓励使用生物质燃料、生产地热能源等。冰岛首都雷克雅未克利用火山和温泉环绕的地理优势，采用氢和地热能源取代矿物燃料，超过90%的房屋依靠地热供能，居民可乘坐加氢公交车到达冰岛各地。法国巴黎为减少交通工具对大气的排放污染，推出"单车自由骑"活动，设立遍布全市的租车点提供自行车给民众租用；南特市实施的绿色交通政策是更新公共交通并重新启用有轨电车，有效地减少空气污染。英国政府一直倡导新能源的使用，通过对依赖煤炭的火电站进行"绿色改造"，扩大可再生能源在能源使用中的比重，英国南牛津郡迪德科特，是第一个当地居民利用自己的垃圾产生的沼气取暖的地方。德国柏林采用绿色屋顶和水池系统收集雨水，用于建筑物里的厕所冲水系统和灭火系统。

美国是世界上的能源消耗大国，家庭能耗占据很大比重。许多州都通过倡导居民使用绿色产品，引导人们按照更加环保、节约和健康的方式生活。一是为了遏制持续上涨的家庭能源消耗，政府采用相关配套措施鼓励绿色居住，让人们在享受绿色发展带来的品质生活的同时，履行好可持续发展的责任。一方面升级现有的居住设施。改良窗户，选择遮光窗帘，为墙壁和阁楼添加隔热层，在院子里种树。另一方面在购房市场大力推广节能房屋。努力使人们相信，买房的最佳选择是选择节能效率高的房子，以"能源之星"认证的为准。如果购买这种房屋，还可以享受"节能抵押贷款项目"，该项目将为节能支出提供资金，满足购买者的合理节能计划。二是大力发展风能、太阳能发电，加大可再生能源在城市发电的比重。三是鼓励居民回归自然朴素的生活方式，在自己家的后院种植自用的蔬菜水果，甚至饲养小动物以满足日常需要，包括下蛋的鸡、挤奶的山羊和收获蜂蜜的蜂群等。此外，还为没有庭院的市区居民，提供用于种植蔬菜水果的土地和其他各种方便条件。

日本人享有"环保超级大国"的美誉，环保意识之强举世闻名，节能减排体现在吃住用行各个领域。日本以政府为主导，向普通家庭推广太阳能发电带来的绿色生活。日本家庭盛行安装太阳能装置，地板采暖使用太阳能热水装置，厨房也告别了煤气时代，靠太阳能发电。此外，日本政府还拿出专项资金建立环保积分制度，用以鼓励购买节能家电的消费者，鼓励人们购买环保节能汽车。

日本人的消费，从一开始注重物质消费，到后来的注重个性消费，再到如今的"共享"消费，这体现了人们消费观念的变化。消费单位由家庭转变为个人，人们不再倾向选择大而笨重的商品，更愿意购买轻薄短小、时尚漂亮的商品。

合租公寓的兴起，每间房子都有自己的风格，拎包入住即可，浴室、厨房共用，前期投入比较小；几个人合住会更安全，室友间相处和谐的，还不会产生长期独居的孤独感，当然最重要的是省钱，因为租下整套房子价格过高，负担过重。

国外绿色城市的共同特点，还包括严格细致的垃圾分类、井然有序的废品回收、规划合理的清洁绿化、积极热情的绿色志愿服务等，绿色生活逐渐成为人们的自觉行动，最终实现一种环保、节俭、健康、自然的生活方式。

垃圾分类是日本将服务做到极致的另一个缩影。日本垃圾分类是全世界做得最好的国家之一，很多人都把原因归结到日本国民素质上面，可事实上，这一成果也来自日本社区工作者的出色服务。在一般的日本社区，若你没有按照垃圾分类规则来进行分类装袋，那么在你扔垃圾后的 6 小时内，社区工作者会敲开你家的大门，手把手地教你如何辨别和分类垃圾，直到你分解清楚为止。其次，为了让所有人更方便地做好垃圾分类这件事情，日本创新性地设计多种分类垃圾回收箱，一般看是 5 个垃圾桶为一组，分别标有不同的回收种类。在横滨的服务区甚至有 11 个分类的垃圾桶。

二、绿色生活与代际公平

作为社会文明进步的标志，绿色的环保意识、绿色的节约意识、绿色的生活意识、从关注"人类"演变到兼顾"自然"，从强调大刀阔斧的"激进式改造"转变到顺其自然的"节约型发展"，从以经济指标为风向标的战略定位，到以自然资源、生活环境、生物多样性以及与人类文化的保存均衡发展的崭新理念，反映出一个民族环境意识的觉醒、一个国家经济建设的理性。

今天的绿色生活理论已经进一步提升和成熟，其视野更宽，境界也更高。这也集中体现在对"代际公平"的关注。"代际公平"是指当代人和后代人在利用自然资源、满足自身利益、谋求生存与发展方面权利均等，即当代人必须留给后代人生存和发展的必要环境资源和自然资源。"代际公平"是可持续发展原则的一个重要原则和内容，这一理论最早是由美国国际法学者爱迪·B.维丝提出来的。

"托管"是"代际公平"理论中的一个重要概念，其基本意思是人类每一代人都是后代人类的受托人，在后代人的委托之下，当代人有责任保护地球环境并将它完好地交给后代人。

"代际公平"由以下三项基本原则组成：一是"保存选择原则"，就是指每一代人应该为后代人保存自然和文化资源的多样性，避免限制后代人的权利，使后代人有和前代人相似的可供选择的多样性；二是"保存质量原则"，是指每一代人都应该保证地球的质量，在交给下一代时，不比自己从前一代人手里接过来时更差，也就是说，地球没有在这一代人手里受到破坏；三是"保存接触和使用原则"，即每代人应该对其成员提供平行接触和使用前代人的遗产的权利，并且为后代人保存这项接触和使用权，也就是说，对于前代人留下的东西，应该使当代人都有权来了解和受益，也应该继续保存，使下一代人也能接触到隔代遗留下来的东西。作为可持续发展原则的一个重要部分，"代际公平"在国际法领域已经被广泛接受，并在很多国际条约中得到了直接或间接的认可。

"代际公平"讲的是隔代的公平，主张每一代人都应把上一代继承下来的自然资源传承给下一代时，下一代所享受到的资源不应少于上一代的数量。它要求在制定当代人的发展计划时，不但要综合考虑当代人的实际需要，而且要顾及后代人的潜在需求，也就是将一个可持续的生态环境和有持久动力的社会环境留给子孙后代。由于人类生活并不是独立于自然资源而存在的，也不可能不受自然界影响，人类社会的发展进程与我们所居住的地球环境息息相关。因此，如何维护一个健康、有序、和谐的自然生态系统，对于人类社会的发展至关重要，也是每个国家必须要面对的重大课题。多样化的自然环境为我们提供着不可估量的、天然的、无价的、无成本的宝贵资源，包括干净的水、洁净的空气、适合农作物生长的土壤、充足的氧气和树木的阴凉、满足人类生存需求的动植物等。当我们享受这些资源时，似乎是理所应当的，可是，一旦我们不加珍惜、肆意挥霍，所有的无价资源数量和质量都将发生不正常的变化，到那时人类将面临巨大的灾难，生存直接受到威胁，并为此付出惨痛的代价。

绿色生活的践行者们强烈反对向大自然的无度索取，积极倡导减少和降低个人或者国家对自然环境资源的消耗与浪费，通过改变能源结构、粗放的生产方式以及交通、饮食等方式来降低碳排放量。如果仅从表面上，这些措施会暂时降低目前经济发展速度，但从长远上看，则是有利于经济长期可持续发展的，而且可以极大地减少当下及后代人经济运行的风险。更有效地维护好环境，更好地保存环境资本，就是从根本上节省了资金与时间，人们的生活品质也将随之提升。

绿色的生活理论，视野开阔，给我们以深刻启示。从根本上说，当代绿色生活所折射的是可持续发展理念对于人类生活方式选择所起的决定性作用，当代绿色生活所倡导的是人的生存与发展模式不仅仅只是满足一代人的经济需求，而且还不能降低或损害后代人的资源需求和生活质量。我们应该坚持与自然结伴前行，友好地善待自然，坚决反对和制止疯狂野蛮的开发，尤其是那些对某些环境造成长期或不可逆转的破坏行为。保护环境是我们全人类共同的责任，必须付诸实际的行动。

三、绿色生活的诠释

1. 绿色作为简约、节俭的代名词

绿色，如今已成为简约、节俭的代名词，绿色理念几乎影响和渗透到人们工作和生活的各个领域，"绿色"一词已成为当今最流行的词语之一，这体现了人们对美好世界和美好生活的期待。澳大利亚的坦尼娅·哈的《绿色生活》一书，比较详细地列举了绿色生活的方方面面，其中最重要的是告诉人们如何在我们的生活中切实贯彻绿色的理念，以行动践行一种崭新的生活。

绿色生活，指的是指一种自然、节俭、健康、环保的生活方式，即尽最大努力节约有限的自然资源，把对环境和资源的破坏程度降到最低，从而实现社会发展的可持续性。作为一种新的时尚，与之伴随的将是新的绿色文化的兴起，这是一个令人向往的美丽征程。

什么样的生活是最美好的？在生态文明时代，朴素的、绿色的生活最美好。当前社会一些人价值观念混乱，比财富比消费，竞相追捧豪华的产品和奢华的生活方式，这是不应该提倡的。

市场经济在使财富迅速增长的同时，也不断刺激着人们的欲望，过度地追求财富，过度地满足声、色、货、利等各种欲望，这势必让人失去内心的平静，沦为欲望的奴隶，面对种种世俗的诱惑，我们应该重温老子和墨子的教诲，控制欲望，节制、节俭，过一种清静简约的生活。

绿色理念已经直接影响到社会生产的方式和人类生活的样式。从生产的过程到消费的过程，从物质生活到精神生活，都与"绿色"密切相连。"绿色"一词已成为当今流行的词语之一，"绿色城市"、"绿色经济""绿色农业"、"绿色食品"、"绿色消费"等，充分反映出了人们对新的生产生活方式的追求。

澳大利亚的坦尼娅·哈写了《绿色生活》（新华出版社 2008 年版）一书。全书十四章，分为绿色能源、绿色厨房、绿色起居室、绿色洗衣间、绿色卧室、绿色办公室、绿色车库、绿色花园、绿色建筑及整修住宅、绿色购物、绿色美容、如何拥有健康的宝宝、热点话题。在作者看来，绿色生活涵盖了我们生活的方方面面。其中贯穿了一个思想，就是我们的一切行为，都要贯穿绿色的理念，践行一种健康、环保的生活。坦尼娅·哈是国际绿色环保组织"地球方舟"（PIant Ark）的经理。她极力倡导的打造绿色生活的主张已得到人们的认可和支持。

绿色生活必须符合下面的三个条件。第一，消费者的生活环境和所消费的资料对健康有益或无害；第二，消费者在工作生活中注意节约资源和能源；第三，消费者所使用的物品对环境应该是友好的。

绿色生活作为一种新的时尚，带来了新的生态文化的兴起，这对于提高人的生活和生命质量具有划时代的意义。但是，绿色生活更深刻的意义在于，通过全新的生态和生存体验，可以提升人的精神境界，更自觉地把握自己的生存命运。

2. 绿色生活是自然的生活

绿色，是大自然的本色，是大自然的原生态，大自然自然而然，充满着无限生机，"人法地，地法天，天法道，道法自然"。可以说，中国古代的世界就是一个充满自然色彩的世界。

既然人是大自然的一部分，那么大自然的本性也应该是人的本性。人来自大自然，是大自然的一部分，本来就具有自然性，但人远离了自然，并日益扩大了同自然的对立，若要缓解或消除这一紧张关系，就必须重返自然，找回人丢失了的自然本性。

大自然是人类具有本体意义的安身立命的家园，是精神实现自由解放的归宿。所以，我们只有走进自然才能靠近道，领略道。效法天地自然，回到一种更符合人的自然本性的生活。走向大自然并非只是游山玩水，而是要领略学习大自然的内在精神。

3. 绿色生活是朴素的生活

绿色、简约的生活，是朴素的生活。要想推进生态文明建设、建设富强民主文明和谐美丽的国家需要我们认真思考，什么样的生活是最美好的？生态文明时代，审美形态拥有诸多形态，但朴素是其中标志性的美，因为朴素这一概念最直接、最充分地表达了这种审美形态是以生态为灵魂的。

"朴"是没有雕琢的木，"素"是没有染色的丝。进入工业以及后工业社会，中国传统的朴素观念曾一度被追求财富、追求享受的价值导向所排挤，人们竞相追捧豪华的产品和奢华的生活方式，这是需要我们进行深刻反思的。我们需要在全社会提倡简约、节俭，以朴素为美，形成良好健康的生活风气。

4. 绿色生活是恬淡的生活

倡导绿色生活，既有外在的方面也有内在的方面，而且内在的方面更为重要，这个内在的方面就是如何建立绿色心态的问题，这才是实现绿色生活的关键所在。

当代社会，物欲横流，市场经济使财富迅速增长，但也不断刺激着人们的欲望，人们对物质欲望的追求日盛一日，而且扰乱了人的内心平静，在此环境下，最重要的就是要做到清心寡欲、恬淡宁静、天真自然，这才是人最理想的生存状态。确立绿色的心态，就需要对精神和欲望进行有必要的节制。

人类必须节制自身的欲望。过度地追求感官快乐，满足声色货利等各种欲望，必然会使人成为欲望的奴隶而损害身心健康。因此对于人生的各种欲望，应该以超然豁达的态度去限制它。

面对强大的世俗诱惑，我们应该冷静下来，寻求生命本初的愿望，唯有简单快乐的生存状态，才能让灵魂得到安顿和超脱。在物欲横流的社会背景下，不断地净化心灵，摆脱身外之物的束缚，坦然地应对社会，坦然地面对人生，净化心灵，去掉名利、权势、财富等的牵累，使内心通达明亮。

5.绿色生活是简约的生活

绿色生活，是节俭的生活，也是简单、简约的生活，体现了一种优秀的素养及生活品质，选择绿色简约生活方式的人，简单而有品位，大气而有约束，是选择了一种理性化了的精致生活。

万物之始，大道至简。"大道至简"的"简"是理性的、有原则的、能够真实反映事物本性的简。而这种理性、原则和真实反映本身就是对简的规定。

亚里士多德曾说过，人的生活目标是追求快乐和幸福，逃避痛苦。作为简约的生活可以让我们获得快乐和幸福并同时逃避各种纷扰，可以让我们找到生活的恬淡、自然与真实。

简约就是客观地反映出了大道至简的道理。简约是建立在深厚功力基础之上的。精简、干练、简洁、明快的处事风格和人生品位，源于渊博的学识、丰富的阅历、切身的感悟，是客观现实与心智碰撞的火花。

简约，是一种智慧的人生态度。从简单到复杂是一种进步，从复杂再到简单更是一种进步。在现实生活中，虽然复杂的思维在一定程度上体现出我们的成熟，但简单的思维也会在一定程度上表现出我们的老练，在复杂基础上的简单并非单纯，而是智慧的体现。

许多成功人士的简约风格，都是建立在一定的理论修养和经验积累基础之上的，精简、干练、简洁、明快的处事风格，源于渊博的知识、丰富的阅历，以及对现实生活的切身感悟。

第三节　绿色简约生活的践行

当今世界，低碳环保、绿色生活渐成时尚，人们提倡简约、节俭，用新的观念看待生活的品质，绿色生活方式包括绿色服装、绿色饮食、绿色居住、绿色出行等，得到越来越多人的认可，日益深入人心，形成一股前所未有的绿色浪潮，这也是一场深刻的变革。

一、绿色简约服装

绿色服装是欧美国家 20 世纪 90 年代初提出的一种设计理念。它从人们生存的环境保护出发，旨在通过合理的科学设计，创造一种无污染、有利于人体健康的生态环境。

简单地说，绿色服装又称为生态服装、环保服装。它是以保护人的身体健康，使其免受伤害为目的，并有无毒、安全的优点，在使用和穿着时，给人以舒适、松弛、回归自然、消除疲劳、心情舒畅感觉的纺织品。

从专业角度讲，作为绿色服装要符合以下三个要求：其一是生产的生态性，指的是生产过程的环保；其二是用户的生态性，即使用者的环保，对使用者不带来任何毒害；其三是处理的生态性，是指织物或服装使用后的处理。

所谓的"绿色服装"一般是指绿色纺织品。目前国际上已开发上市的"绿色纺织品"一般具有防臭、抗菌、消炎、抗紫外线、抗辐射、止痒、增湿等多种功能。这类产品在我国也已经出现，比如以内衣为主的一些品牌，由于这类纺织品对人体的健康有益，因而是比较受消费者欢迎的。

所谓的"生态服装"则是以天然动植物材料为原料，如棉、麻、丝毛之类，不仅从款式和花色设计上体现环保意识，而且从面料到附件也都采用无污染的天然原料，从原料生产到加工也是从保护生态环境的角度出发，避免使用化学印染原料和树脂等破坏环境的物质。

　　人类很早便开始使用并且到现在还在一直使用的"棉、麻、丝、毛"四大天然纤维，是理想的服用纤维。比起那些以不能再生的煤、石油、天然气等材料为原料制作而成的纤维更能节约能源，也更容易于处理，而且不会造成对环境的污染，对人的身体健康也有益处。其中，棉、麻类服装的保健性能比较突出，但若要保证棉、麻在种植过程中无污染，就必须禁止使用那些有毒的杀虫剂、农药、化肥等，以防止其残留在服装上，危害人体的健康。另外，还可以开发除上述这四种天然纤维以外的其他天然纤维，如香蕉叶纤维、木棉纤维、甘蔗纤维等。

　　有些国家规定，环保服装须要有经过毒物测试的相应标志。天然纤维，无论是棉、麻，还是丝绸，都以其无毒、无害、无副作用而受到消费者的普遍青睐，也成为当代的消费热点。传统的棉毛料服装之所以受欢迎，是因为这种服装被丢弃两三年后，会自动分解腐烂，可以减少对环境的污染。

　　目前，完全意义上的生态服装目前市场上还不多见，价格也比较昂贵，但一些含有"绿色纤维"的面料及服装还是比较畅销的。

　　据有关资料显示，自从德国政府颁布禁止使用有毒偶氮染料的规定以来，世界上消费生态服装潮流已成为新的趋势。关于生态绿色纤维纺织品及服装的消费，在我国也开始兴起了。近年来，上海组建了我国最先进的"绿色纤维"开发基地，深圳也推出了天然彩色棉服饰的生态服装。此外，彩色棉织物、蚕丝织物等都成为市场的"新宠"，牛奶纤维内衣受到时尚青年的青睐。

　　服装也是社会文明的一个重要标志，生态服装的兴起，体现在其材料的生态性生产、服装的生态性设计之中。越来越多的消费者受到生态文化的影响，反对资源浪费，抵制过度消费，追求回归天然，回归自然的绿色生活，这些都体现了消费者生态文明意识的增强。

二、绿色简约饮食

一日三餐，饮食关系到每个人的健康，前些年，面对毒奶粉、水资源污染、食品安全等问题，人们提出了"我们还能吃什么?"的疑问，这是很正常的社会现象。社会上暴露出来的空气、水、食品的污染问题较为普遍，每年3·15曝光出的案例，令人触目惊心，经过了整治，应该说有所缓解，但仍不够彻底，食品安全的问题仍需加大打击力度，不能掉以轻心。

有些蔬菜农药残留还比较严重，一些生产者自己都不吃，但可以心安理得地卖给消费者。有些食品中含有太多的添加剂、防腐剂、化学用料等，这些东西会危害人的健康。甚至有毒蔬菜、有毒水果也会在市场上出现。要解决这些问题，任重道远，既要制定严厉的监管制度，也要发动广泛的社会监督作用，要让那些违规者付出应有的代价。

据有关方面的调查，仍有为数不少的城市水资源在不同程度上受到了污染，不少城市的地下水不仅匮乏，而且质量也是个问题。对于水资源的重视和保护，必须制定出严格的法规，而且执行要有力度，形成长久的治理机制。比如，严禁随意往地下灌注污水，一旦发现，严厉惩处，并追究其责任。要从根本上治理各种水污染，水资源保护法的制定是重要的保证，对于个别对水资源污染严重的企业，要本着对民生负责的态度，该停就停，该关就关，绝不能为了当地经济利益而迁就。对于污染的河流水源，要进行科学的治理，保障水资源的清洁可靠。

另外，爱护水源人人有责，每个人都要有爱护水源的意识，要像爱护自家水源一样爱护公共水源。目前，不管是水资源充足的城市还是水资源匮乏的城市，居民的用水浪费现象都较为普遍，社会还应加大宣传，培养节水意识，让市民养成节约用水的良好习惯。

三、绿色简约居住

绿色生活，居住也是其中的一个重要方面。

经历了这些年的井喷式建设，我国的居民条件有了极大的改善，建筑质量和人均居住面积都有了显著提高。但仍存在一些需要改进的地方：其一，是设计标准不高，有些住房使用寿命短，住不了多久就变成了危房，甚至威胁到人们的生命安全，如果拆除重建势必又会造成很大的浪费；其二，是建筑装修材料不达标，有些甚至含有各种有害的挥发性物质，会对人的健康造成伤害；其三，是一些楼群过于密集，使一些住户得不到足够的阳光，而且配套的绿地过少，停放的车辆太多，光污染、噪声污染也比较严重，这也不利于人们的生活和健康。

实现绿色生活，必须要重视和克服这些较为突出的问题。建筑要有前瞻性，无论是哪种住宅都需要认真设计，要能经得起长久的检验，而不能急功近利，糊弄对付。

在建筑的配套方面，居室、卫生间，都考虑到简洁、健康、环保、实用。所有的设计和安装都从实用健康出发，没有必要一味地追求奢侈豪华，也没有必要一味地追求过大的住房面积。

应该提倡节能装修，尽量减少装修铝材使用量，减少装修钢材使用量，减少装修木材使用量，减少建筑陶瓷使用量，这样有利于国家的节能减排。

提倡使用各种节能电器，如节能冰箱、洗衣机等。采用节能型的家庭照明方式，让更多的家庭照明改用节能灯，以高品质节能灯代替白炽灯，不仅减少耗电，还能提高照明效果。

在城市推广使用清洁能源，通过调整供暖时间、强度，使用分室供暖阀等措施，在农村住宅继续推广使用太阳能供暖。

四、绿色简约出行

除了服装、饮食和居住，绿色生活还包括绿色出行这一重要方面的内容。近些年来，由于空气污染较为严重，包括京津冀在内的区域曾一度成为"雾霾"的重灾区，空气质量问题已经成为人们关切的一个重点，也是各大媒体的一个热点话题。

"雾霾"生成的原因是多方面的，除了工业二氧化硫排放、燃煤等对空气的污染外，交通工具的燃油排放也是造成空气污染的一个重要方面。为了有效地治理"雾霾"，改善空气质量，绿色出行随之兴起。出行的"绿色化"直接相关于"低碳化"，绿色出行、低碳出行，可以节约能源、减少污染，而且也有益于健康，有益于提高生活品质。

"绿色交通"的口号并不是近些年才有的，多年前的英国也曾面临着和我国近些年来同样严重的"雾霾"困扰。自 20 世纪 80 年代开始，交通污染取代工业污染成为伦敦空气质量的主要威胁。为此，伦敦市开始了长达数十年的交通治理，限制、规范全市交通车辆的排放。不但要求所有新车必须加装净化装置以减少氮氧化合物排放，还大力推广新能源型汽车；不但大力推进公共交通系统的发展，还对进入市中心的私家车征收"拥堵费"；除了限制和限制私家车的用户数量，还提倡以自行车为标志的"绿色交通"。城市交通系统的规划和发展，必须要考虑到环境、健康、安全和效率等方面的问题，走城市交通可持续发展的道路。通过推广和实施"绿色交通"，伦敦最终摆脱了"雾都"的帽子，有效地缓解和改善了城市空气质量。

英国的伦敦、芬兰的赫尔辛基、法国的里昂等欧洲城市，在为城市做发展规划时，都考虑到了为自行车、拼车的交通方式提供方便，还将一些道路和停车场逐渐改为自行车和行人专用的通道，以减少市内交通对汽车的高度依赖。荷兰更是把脚踏车文化结合绿色科技与艺术，推出了全球第一条太阳能板组装成的脚踏车道，其首都阿姆斯特丹是国际闻名的"脚踏车城市"，脚踏车的数量也很大。

"绿色出行"有着低污染、低能耗、低成本、高品质等优点，"绿色出行"强调的是以较低的成本发展环保多元化的城市交通，通过正确的引导、科学的规划，减轻交通拥挤程度、降低交通对大气的污染。

目前，中国城市尤其是大城市的交通拥堵还是比较严重的，除了有设计规划方面的原因外，机动车数量过大是一个主要原因。青岛和香港相比，2012 年，青岛和香港人口差不多，香港的交通秩序就好得多。为什么？据统计，香港的机动车 60 万辆，私家车是 44.34 万辆。① 青岛是多少？据相关统计，2012 年全市机动车保有量约为 180 万辆，其中私家车约为 105.7 万辆。一方面是机动车的数量问题，另一方面是出行方式的选择问题。香港城区狭窄，人口密集，但香港有多层次的发达的公共交通，市民出行较为便捷，私家车并是非唯一的选择。

许多欧洲国家都是比较流行小型两厢车，简单节省，讲究的是实用。在中国就不一样，好多人喜欢长轴距、大排量、大空间的车，把进口两厢改成三厢，讲究的是气派，这里有个观念问题。

作为行车的驾驶人员，应该不断加强绿色意识。每月少开一天，每车每年可节油约 44 升，相应减排二氧化碳 98 千克。如果全国私人轿车的车主都做到这一点，那每年可节约的汽油、减排二氧化碳的数量会是多少呢？应该优先考虑选购小排量汽车、混合动力、新能源汽车，注重节约性、实用性。另外，还要学会科学用车，注意车辆保养，这样可以减少油耗，节省开支。

最近几年，各大中城市陆续出现了共享单车，共享单车是一个很好的创意，既低碳环保节省能源，又有利于锻炼身体，因此受到许多年轻

---

① 《香港私家车遇冷：700 多万人口仅 60 多万辆车》，《人民日报》2012 年 7 月 18 日。

人的欢迎。但是也出现一些问题，主要是一拥而上，缺少规划，管理混乱，暴露出许多问题，甚至给一些城市增添了负担。共享单车在为出行带来方便的同时，也带来了一些公共管理和社会治理上的难题。据相关调查显示，问题比较突出的是：一些城市共享单车过多，超出了承载能力；车辆任意停放，损坏车辆乱丢，影响市区环境；骑行违章，影响交通安全，这些都对车辆的管理提出严峻考验。2017 年清明小长假，央视新闻报道，大约有近 10 万辆共享单车让西湖一带寸步难行，市民意见强烈。2018 年，杭州共享单车计划要瘦身三分之一，由 77 万辆减至 50 万辆。这说明，在杭州运营的共享单车不可能让其任意发展，要对共享单车进行总量控制。另据 2018 年 3 月《杭州市互联网租赁自行车发展研究报告》提供的信息，杭州的共享单车，适宜的数量是 32 万—46 万辆，可是目前杭州市场上的单车约有 77 万辆，远远超过了这个数字。显然，盲目的投放已经远远超出杭州市民的出行需求，而且大量投放的单车占据了道路资源，给市民的出行带来不便，意见很大。

近些年来，为了绿色发展，国家有关部门陆续推出了一些新的交通发展措施，各大城市都根据自己的城市特点和交通状况，提出了适合可持续发展的绿色交通措施。在北京、上海、广州、深圳等一线城市，交通拥堵是比较突出的，尽管城市交通系统较为完善，但车的数量庞大，应大力发展轨道交通和智能交通。在杭州、武汉、青岛等新一线城市，城市交通系统也是相对完善的，但人口数量增长较快，需要继续发展地铁等快速公共交通。在二、三线城市，道路状况相对良好，绿色交通发展空间广阔，应做好科学规划，关注可持续的现代交通模式，比如新能源汽车的发展。总之，推进城市绿色交通建设是我国推进可持续发展战略的重要一环。

衣食住行这四个大方面，涉及的内容是很多的，我们讲的绿色生活，它的范围也是相当广泛的，几乎涉及生活的每一件事物。

　　倡导绿色生活，不能仅仅停留于口号，重在践行，重在从自身做起，从社会到家庭，从群体到个人，都要践行绿色生活，要让生态文明和绿色生活的理念深入人心。

　　绿色简约生活，是一场深刻的社会生活方式的转型，也是人与自然和谐共存、可持续发展的深刻变革。在这新的历史征程中，中国古代伟大思想家墨子的尚俭精神，依然会给我们带来深刻的启示。让我们继承中华民族悠久的节俭传统，走进绿色的新时代，实现美好的新生活。

参考文献

许慎撰：《说文解字》，（清）段玉裁注，上海：上海古籍出版社 1998 年版。

许慎：《说文解字》，（宋）徐铉校勘，北京：中华书局 2009 年版。

阮元校刻：《十三经注疏》，北京：中华书局 1980 年版。

朱熹：《四书章句集注》，北京：中华书局 1983 年版。

王文锦：《礼记译解》，北京：中华书局 2001 年版。

《诗经》（春秋），程俊英、蒋建元注释，长沙：岳麓书社 2000 年版。

《楚辞章句疏证》（全五册），黄灵庚疏证，北京：中华书局 2007 年版。

《毛诗正义》，（汉）毛亨传，郑玄笺，（唐）孔颖达等正义，（清）顾广圻校，北京：中华书局 1980 年版。

《尚书正义》，（汉）孔安国传，（唐）孔颖达等正义，（清）徐养原校，北京：中华书局 1980 年版。

《周易正义》，（魏）王弼、韩康伯注，（唐）孔颖达等正义，（清）李锐校，北京：中华书局 1980 年版。

《礼记正义》，（汉）郑玄注，（唐）孔颖达等正义，（清）洪震煊校，北京：中华书局 1980 年版。

王文锦：《礼记译解》，北京：中华书局 2001 年版。

司马迁：《史记》，（宋）裴骃集解，（唐）司马贞索引，（唐）张守节正义，北京：中华书局 1982 年版。

班固：《汉书》，（唐）颜师古注，（清）王先谦补注，北京：中华书局，1982 年版。

韩非：《韩非子》，陈奇猷《韩非子集释》本，上海：上海人民出版社 1974 年版。

陈秉才译注：《韩非子》，北京：中华书局 2007 年版。

杨柳桥：《荀子诂译》，济南：齐鲁书社 1985 年版。

安小兰译注：《荀子》，北京：中华书局 2007 年版。

商鞅：《商君书》，石磊注译，北京：中华书局 2009 年版。

吕不韦等：《吕氏春秋》，陈奇猷《吕氏春秋校释》本，上海：学林出版社 1984 年版。

《晏子春秋》，吴则虞《晏子春秋集释》本，北京：中华书局 1962 年版。

陈涛译注：《晏子春秋》，北京：中华书局 2007 年版。

刘安等：《淮南子》，刘文典《淮南鸿烈集解》本，北京：中华书局 1989 年版。

桓宽：《盐铁论》，王利器《盐铁论校注》本，天津：天津古籍出版社 1983 年版。

应劭：《风俗通义》，影印常熟瞿氏铁琴铜剑楼藏元本，上海：上海古籍出版社 1990 年版。

赵蕤：《长短经》，《丛书集成初编》本，北京：中华书局 1985 年版。

朱熹：《朱子语类》，北京：中华书局 1994 年版。

顾炎武，《日知录》，上海：上海古籍出版社 2006 年版。

杨伯峻：《列子集释》，北京：中华书局 1979 年版。

杨伯峻：《论语译注》，北京：中华书局 1980 年版。

杨伯峻：《孟子译注》，北京：中华书局 1960 年版。

程树德撰，程俊英、蒋见元点校：《论语集释》，北京：中华书局

1990 年版。

　　陈鼓应等：《周易今注今译》，北京：商务印书馆 2005 年版。

　　黄寿祺等：《周易译注》，上海：上海古籍出版社 2001 年版。

　　周振甫：《周易译注》，北京：中华书局 1991 年版。

　　李学勤主编：《十三经注疏·周易正义》，北京：北京大学出版社
1999 年版。

　　朱谦之：《老子校释》，北京：中华书局 1984 年版。

　　陈鼓应：《老子注译及评价》，北京：中华书局 1984 年版。

　　任继愈：《老子今译》，北京：古籍出版社 1956 年版。

　　马叙伦：《老子校诂》，北京：古籍出版社 1956 年版。

　　张松如：《老子校读》，长春：吉林人民出版社 1981 年版。

　　张松如、陈鼓应等：《老庄论集》，济南：齐鲁书社 1967 年版。

　　许抗生：《帛书老子注译及研究》，杭州：浙江人民出版社 1982 年版。

　　王凯：《老子〈道德经〉释解》，北京：人民出版社 2012 年版。

　　郭庆藩：《庄了集释》，北京：中华书局 1961 年版。

　　王先谦：《庄子集解庄子集解内篇补正》，北京：中华书局 1987 年版。

　　王夫之：《庄子解》，北京：中华书局 1964 年版。

　　陈鼓应：《庄子今注今译》，北京：中华书局 1983 年版。

　　曹础基：《庄子浅注》，北京：中华书局 2000 年版。

　　《南华真经注疏》，（晋）郭象注，（唐）成玄英疏，北京：中华书局
1998 年版。

　　蒋锡昌：《庄子哲学》，上海：商务印书馆 1937 年版。

　　刘武：《庄子集解内篇补正》，北京：古籍出版社 1958 年版。

　　刘文典：《庄子补正》，昆明：云南人民出版社 1962 年版。

　　崔大华：《庄学研究》，北京：人民出版社 1992 年版。

　　崔大华：《庄子歧解》，郑州：中州古籍出版社 1988 年版。

王凯：《道与道术：庄子的生命美学》，北京：人民出版社 2013 年版。

《金刚经·坛经》，钟明译注，太原：山西古籍出版社 1999 年版。

郭朋：《坛经校释》，北京：中华书局 1983 年版。

普济：《五灯会元》，北京：中华书局 1984 年版。

王安石：《杨墨辩》，《古今图书集成》本，成都：巴蜀书社 1985 年版。

梁启超：《墨子学案》，《饮冰室合集》专集三十九，北京：中华书局 1989 年版。

墨翟：《墨子》，（清）孙诒让：《墨子间诂》诸子集成影印本，上海：上海书店 1988 年版。

高亨：《墨经校诠》，北京：科学出版社 1958 年版。

郭沫若：《十批判书·孔墨的批判》，北京：东方出版社 1996 年版。

任继愈：《墨子与墨家》，北京：商务印书馆 1998 年版。

童书业：《先秦七子思想研究》，北京：中华书局 2006 年版。

张纯一：《墨子集解》，成都，成都古籍书店 1988 年版。

谭家健，孙中原：《墨子今注今译》，北京：商务印书馆 2009 年版。

侯外庐：《中国思想通史》，北京：人民出版社 1957 年版。

陈顾远：《墨子政治哲学》，上海：泰东图书局 1934 年版。

詹剑峰：《墨子的哲学与科学》，北京：人民出版社 1981 年版。

李泽厚：《中国古代思想史论》，北京：三联书店 2008 年版。

李绍崑：《墨学十讲》，台北：水牛出版社 1990 年版。

陈问梅：《墨学之省察》，台北：学生书局 1988 年版。

谭宇权：《墨子思想评论》，台北：文津出版社 1991 年版。

王桐龄：《儒墨之异同》，北京：北平文化学社 1923 年版。

陈柱：《墨学十论》，南宁：广西师范大学出版社 2010 年版。

伍非佰：《墨子大义述》，南京：南京国民印务局 1933 年版。

方授楚：《墨学源流》，北京、上海：中华书局、上海书店联合出版

1989 年版。

　　杨俊光：《墨子新论》，南京：江苏教育出版社 1992 年版。

　　邢兆良：《墨子评传》，南京：南京大学出版社 1993 年版。

　　孙中原：《墨学通论》，沈阳：辽宁教育出版社 1993 年版。

　　谭家健：《墨子研究》，贵阳：贵州教育出版社 1995 年版。

　　胡子兴、李权兴《墨子思想研究》，北京：人民出版社 2007 年版。

　　吕世荣、刘象彬：《义利观研究》，郑州：河南大学出版社 2000 年版。

　　郑杰文：《中国墨学通史》，北京：人民出版社 2006 年版。

　　周山：《中国学术思潮史卷——子学思潮》，上海：上海社会科学院
出版社 2006 年版。

　　郑春元：《侠客史》，上海：上海文艺出版社 1999 年版。

　　龚鹏程：《大侠》，台北：锦冠出版社 1987 年版。

　　徐照伟：《墨子义利观研究》，济南：山东师范大学学位论文，
2012 年。

　　黄伟合：《墨子的义利观》，《中国社会科学》1985 年第 3 期。

　　解启扬：《二十世纪墨学研究述要》，《社会科学动态》1999 年第 12 期。

　　张骏：《五十年来墨学研究综述》，《四川师范大学学报》2002 年第
4 期。

　　谭家健：《中国近二十年之墨学研究》，《齐鲁学刊》2000 年第 1 期。

　　树瀛、增源：《滕县发现东周乐器》，《音乐小杂志》1984 年第 8 期。

　　洁轩：《"乐"字析疑》，《音乐研究》1986 年第 1 期。

　　修林海：《"乐"之初义及其历史沿革》，《人民音乐》1986 年第 3 期。

　　周通旦：《墨子非乐辩》，《东方杂志》1944 年第 40 卷第 23 期。

　　刘再生：《中国古代音乐史简述》，北京：人民音乐出版社 2001 年版。

　　夏野：《中国古代音乐史简编》，上海：上海音乐出版社 2004 年版。

　　李纯一：《先秦音乐史》，北京：人民音乐出版社 2005 年版。

金文达：《中国古代音乐史》，北京：人民音乐出版社 2004 年版。

蒋孔阳：《先秦音乐美学思想论稿》，合肥：安徽教育出版社 2007 年版。

杨荫浏：《中国古代音乐史稿》上册，北京：人民音乐出版社 1981 年版。

蔡仲德：《中国音乐美学思想史》，北京：人民音乐出版社 1999 年版。

杨宽：《中国古代陵寝制度史研究》，上海：上海古籍出版社 1985 年版。

王明珂：《慎终追远——历代的丧礼》，载《港台及海外学者论中国文化》，上海：上海人民出版社 1988 年版。

黄展岳：《中国古代的人牲与人殉》，北京：文物出版社 1990 年版。

李玉洁：《先秦丧葬制度研究》，郑州：中州古籍出版社 1991 年版。

宋德胤：《丧葬仪观》，北京：中国青年出版社 1991 年版。

陈戍国：《先秦礼制研究》，长沙：湖南教育出版社 1991 年版。

郭于华：《死的困扰与生的执着——中国民间丧葬仪礼与传统生死观》，北京：中国人民大学出版社 1992 年版。

邓卓明、邓力：《中国葬俗》，重庆：重庆出版社 1992 年版。

要英：《穿越生命的时空——中国丧葬文》，沈阳：沈阳出版社 1997 年版。

王炜民：《中国古代礼俗》，北京：商务印书馆 1997 年版。

徐吉军：《中国丧葬史》，南昌：江西高校出版社 1998 年版。

王夫子：《殡葬文化学——死亡文化的全方位解读》，北京：中国社会出版社 1998 年版。

万建忠：《中国历代葬礼》，北京：北京图书馆出版社 1998 年版。

陈华文：《丧葬史》，上海：上海文艺出版社 1999 年版。

丁凌华：《中国丧服制度史》，上海：上海人民出版社 2000 年版。

晁福林：《先秦民俗史》，上海：上海人民出版社 2001 年版。

常金仓：《周代社会生活述论》，长春：吉林人民出版社 2007 年版。

李章印：《自然的沉沦与拯救》，北京：中国社会科学出版社 1996 年版。

余谋昌：《创造美好的生态环境》，北京：中国社会科学出版社 1997 年版。

余正荣：《生态智慧论》，北京：中国社会科学出版社 1996 年版。

蕾切尔·卡逊：《寂静的春天》，长春：吉林人民出版社 1997 版。

马斯洛：《人性能达到的境界》，昆明：云南人民出版社 1987 年版。

萨克塞：《生态哲学》，文韬译，上海：东方出版中心 1991 年版。

Arne Naess, *The Shallow and The Deep, Long-Range Ecology Movement*. Ingury, 1973.

Bill Devall and George Sessions, *Deep Ecology: Living as if Nature Mattered*, Salt Lake city: Peregrine Smith Books, 1985.

后　记

　　中国墨子学会顾问、武汉大学的朱传棨先生在学界德高望重，虽年事已高，但仍认真阅读了我的书稿并欣然答应为此书作序，他对该书的理论创新，尤其是关于墨子节俭思想在墨子思想体系中的地位、墨子尚俭思想与当代绿色发展等内容，给予了积极的肯定和高度的评价，尽管比较简短，但高屋建瓴，言简意赅，评价得当，对墨子思想及其现实意义的把握精准到位，显示出先生多年来从事墨学研究的深厚功力。

　　成琳、邵彦平分别参加了第四、五章内容的撰写，在此特做说明。人民出版社的洪琼先生为本书的出版付出了辛苦的劳动，在此深表谢意。